卡內基成功學經典

人性的優點

附全文配樂
朗讀線上音檔

戰勝憂慮的不朽經典，影響全球三億讀者！

How to Stop Worrying & Start Living

戴爾・卡內基——著
盛世教育——譯

笛藤出版

前 言

戴爾・卡內基（Dale Carnegie 1888-1955）畢生致力於人性的研究，活用心理學與社會學理論，開創出獨樹一格的成人教育系統，激勵無數人邁向成功、獲得幸福。其暢銷著作有 「人性的弱點」、「人性的優點」、「人性的光輝」、「美好的人生」、「語言的突破」…等。

本社特別精選其中最經典的兩本代表作「人性的弱點」、「人性的優點」作為「卡內基成功學經典」系列出版。本書即為兩本書中的「人性的優點」一書。卡內基發現除了人際關係之外，困擾成人的另一個最大問題就是憂慮，因此決定著手寫出一本如何克服焦慮的指導手冊，「人性的優點」於焉誕生。本書記錄成千上萬人如何擺脫憂慮走向成功。只要運用書中的原則與技巧發揮人性的優點，便能戰勝憂慮、快樂過生活。本書全球暢銷不衰，已突破9000萬冊，影響全球3億讀者！ 喬治・庫克將軍曾說 ：「我們所有的憂慮和不快，幾乎都是來自本身的想像而並非現實。 」就讓我們棄絕不必要的想像與恐懼，跟著卡內基的教導了解憂慮的真相吧！

成功學大師卡內基在本書中，親授戰勝憂慮必修7堂課：

PART 1　面對憂慮的真相

PART 2　分析憂慮的基本技巧

PART 3　如何在被擊垮之前改變憂慮的習慣

PART 4　7個培養平安快樂心的方法

PART 5　如何遠離想免受批評的憂慮

PART 6　常保充沛活力的6種方法

PART 7　「我是如何克服憂慮的」30個真實故事

另外，本社特別精選書中各篇章佳句之中英對照專欄，睿智的雋永話語，盡是真實人生經驗的珍貴累積，值得一再省思，深印您心。

卡內基的經典快樂學，幫助您活用人性的優點、善用行動力，忘卻恐懼不再杞人憂天，把握當下，快樂自信過生活！

卡內基成功學經典導讀

由卡內基開創並倡導的個人成功學，
已經成爲這個時代有志青年邁向成功的階梯，
透過他的傳播和教導，無數人明白了積極生活的意義，
並因此改變他們的命運。卡內基留給我們的不僅僅是
幾本書和一所學校，其眞正價值是他把個人成功
的技巧傳授給了每一個嚮往成功的年輕人。

——約翰·甘迺迪

戴爾·卡內基，美國著名的演講口才藝術家，被譽為美國現代成人教育之父、人性教父、人性關係學鼻祖，20世紀最偉大的成功學大師。

現在世界上每天都有很多人在認真探討卡內基的教學課程，但他們也應該明白，卡內基自身的經歷就是一部活生生的教材。

1888年，卡內基出生於美國密蘇里州一個貧窮的農民家中，天性憂鬱的他，小時候他又寬又大的耳朵是同學嘲弄的對象，稍大以後他更加胡思亂想，想自己的衣著、舉止會不會被女孩子取笑，擔心沒有女孩子願意嫁給他……

成功的契機來自卡內基大學期間參加的演講比賽。高中畢業後，他就讀於密蘇里州華倫堡州立師範學校；為了出人頭地，他去參加演講比賽，但他沒有演說天賦，參加了12次比賽都未勝出。卡內基後來回憶道：「當時我的確想過自殺……我那時才認識到自己是很差

勁的……」歷經失敗後，卡內基奮發振作，重新挑戰自我。第二年，他獲勝了，這次獲勝不僅使他成為全院的風雲人物，還為他帶來前所未有的自信，「我雖然歷經了12次失敗，但最後終於贏得了辯論比賽；更讓我激勵的是，我訓練出來的男學生贏了公開演講賽。女學生也獲得了朗讀比賽的冠軍。從那一天起，我就知道我該走怎樣的路了……」

然而，成功並未接踵而來，他之後又當過教師、推銷員和演員。這些工作都不合他的理想。他決心白天寫書，晚間去夜校教書，為商業界人士開設一個公開演講班，把自己在演講、人性方面的研究傳授給需要的人們，從而開始他為之奮鬥一生的事業。

卡內基的成功學研究讓他走向了成功，也幫助了無數陷入迷惘者，鼓起他們的鬥志，激勵他們取得輝煌的成功。他運用心理學和社會學知識，對人類共同心理特點進行探索和分析，開創並發展出一套獨特且融演講、推銷、為人處事、智能開發於一體的成人教育方式。在他的作品中，「人性的弱點」和「人性的優點」是具有代表性的兩部巨著。

「人性的弱點」於1936年出版後，八十多年來暢銷不衰，被西方世界視為社交技巧聖經之一。本書透過展示許多人的真實經歷來傳達人生智慧，如同一位閱讀豐厚的長者在訴說人生，娓娓道來，令人樂在其中、茅塞頓開。

「人性的優點」主要講的是如何克服憂慮，也是一本記錄成千上萬人如何擺脫心理問題走向成功的實例彙集。該書一經出版，便在全球暢銷不衰，被譽為「克服憂慮獲得成功的必讀經典」、「世界勵志聖經」。

這些書的內容不是說教，也不是佈道，只是展示一個個不同的情境，它沒有強迫我們接受某種觀點，而是引領我們看到人性的弱點和優點，讓我們思考在各種情境下如何做才是最恰當的，透過這種方式，我們的品格將日臻完善。

人最大的敵人永遠是自己，人格魅力與良好的品性向來攜手而行。卓越之人必有其人格閃亮之處，正是這亮光處，使其擺脫平庸，卓爾不凡。改善品性是一門藝術，而不是一門技術；品性的改善沒有捷徑，他人的人生感悟無法直接複製。我們需要自己去經歷、去體悟，久而久之，人性才會慢慢得到改善。讀一讀卡內基，看看這個曾經缺乏自信，被各種莫名其妙的憂慮纏繞的小伙子，是如何體味人生，最終成為給人自信、讓人樂觀的心理激勵大師，相信將能帶給你全新的啟發。

目錄
CONTENTS

前言……3
卡內基成功學經典導讀……5
此書的寫作過程與初衷……12

PART 1 面對憂慮的真相……17

1. 在「今日艙」中生活……18
2. 讓你拋開煩惱的「萬能公式」……29
3. 憂慮的結果……36

PART 1 小結……47

PART 2 分析憂慮的基本技巧……49

1. 如何分析和解決焦慮問題……50
2. 如何消除工作上50%的焦慮……58

PART 2 小結……63

PART 3 如何在被擊垮之前改變憂慮的習慣……65

1. 如何排除你內心的憂慮……66
2. 不因瑣事而垂頭喪氣……75
3. 用概率戰勝憂慮……82

4. 學會處理無法避免的事實 ……………………89
5. 給憂慮一個「底限」 ……………………99
6. 不要去擔心已經發生過的事情 ……………………106
PART 3　小結 ……………………112

PART 4　7個培養平安快樂心的方法 ……………………115
1. 可以改變你人生的八個字 ……………………116
2. 不要想著報復別人 ……………………130
3. 樂善好施，不求回報 ……………………139
4. 珍惜已經得到的恩惠 ……………………146
5. 找回自我，保持本色 ……………………154
6. 如果手裡僅存檸檬，就做杯檸檬汁吧！ ……………………162
7. 如何在14天內擺脫沮喪 ……………………171
PART 4　小結 ……………………186

PART 5　如何遠離想免受批評的憂慮 ……………………189
1. 欣然接受成為眾矢之的 ……………………190
2. 這樣做，任何非難都傷害不了你 ……………………194
3. 我的「蠢事記錄簿」 ……………………199
PART 5　小結 ……………………205

PART 6　常保持充沛活力的6種方法 ……………………207
1. 如何每天多清醒一小時 ……………………208
2. 疲勞的原因與如何消除疲勞 ……………………213
3. 如何防止疲勞，永保青春 ……………………218
4. 預防疲勞和憂慮的4種良好工作習慣 ……………………224
5. 如何驅逐煩悶 ……………………229

6. 如何遠離失眠的困擾 ……………………………237
PART 6　小結 ……………………………………243

PART 7　「我是如何克服憂慮的」30個真實故事 …………245
1. 六大麻煩一起降臨 ……………………………246
2. 我能夠迅速變得樂觀起來 ……………………249
3. 我是如何克服自卑的心理 ……………………251
4. 我曾住在阿拉的花園裡 ………………………256
5. 我消除煩惱的5種方法 ………………………260
6. 熬過昨天，就不懼今天 ………………………264
7. 我並不曾期望能活到天明 ……………………266
8. 去健身房練拳擊或者在戶外健行 ……………268
9. 我曾經是「維吉尼亞的煩惱大王」 …………270
10. 支撐我走下去的一句話 ……………………273
11. 我跌到谷底並存活下來 ……………………274
12. 我曾狠狠嘲笑自己 …………………………276
13. 我總是保證自己的補給線暢通 ……………279
14. 我在印度聽到來自主的召喚 ………………283
15. 當警長來到我家門前 ………………………286
16. 憂慮曾是我最強悍的對手 …………………290
17. 祈禱自己不被送進孤兒院 …………………293
18. 不要自找麻煩 ………………………………295
19. 不再煩惱的方法如此簡單 …………………299
20. 找到憂慮的癥結 ……………………………302
21. 時間可以解決一切 …………………………304
22. 做最壞的打算 ………………………………306
23. 要拿得起放得下 ……………………………308

24.繼續憂慮的後果很嚴重 ……………………………310
25.每次只處理一件事 ……………………………313
26.尋找人生的那一扇門 ……………………………315
27.洛克菲勒的快樂法則 ……………………………318
28.不懂得讓自己放鬆無異於慢性自殺 ……………………………326
29.奇蹟真的降臨在我身上 ……………………………328
30.它賦予我新的人生 ……………………………330

Column 人性的優點 佳句精選……………………………332

【配樂朗讀MP3音檔請至連結下載】

https://bit.ly/deetenad

※請注意英數字母大小寫區別

■MP3中文發聲|常青

此書的寫作過程與初衷

1909年，我是紐約最不開心的年輕人之一。當時我靠推銷貨車謀生，我不知道貨車是如何運轉的，不僅如此，更糟糕的是我根本就不想知道；我瞧不起這份工作。我討厭自己住在西56號大街那個簡陋的小屋裡——那屋裡到處都是蟑螂。還記得有次我把一打領帶掛在牆上，當我早上伸手想找一條新領帶時，驚得蟑螂四處逃竄。我也討厭在廉價骯髒的小餐館吃飯，那些餐館也可能滿是蟑螂。

每天晚上我都帶著一種病態的頭疼回到那間冷冷清清的小屋，那是因為失望、焦慮、痛苦和抗爭而造成的頭疼。

我抗爭是因為大學期間曾經憧憬過的美夢都變成了惡夢。這就是生活嗎？這就是我曾經熱切期盼的人生冒險嗎？這就是人生所能給予我的全部嗎——一份我自己都瞧不起的工作，與一群蟑螂同住，吃著難以下嚥的飯，對未來不抱希望？……我渴望能有閒暇讀書，寫那些早在大學時代就夢想著要寫的書。

我知道，要是放棄這份工作，我不會失去任何東西，反倒會得到很多。我對賺大錢並不感興趣，而是喜歡讓人生過得有意義。簡言之，我到了需要破釜沉舟的那一刻，這一刻是每個開始人生之旅的年輕人都要面對的。於是我作出了決定——一個徹底改變了我之後人生的決定；這使我後來生活得既愉快，又富有價值，遠遠超出我烏托邦般的期望。

我的決定是這樣的：我要放棄我所厭惡的工作，既然我在密蘇里州的瓦倫堡州立師範學院受了4年教育並準備去教書，我想我可以到夜校去教成人班；如此一來，我白天就有足夠的時間來看書、準備演講、寫些小說和短篇故事，我決定要「為寫作而生活，靠寫作來謀生」。

在夜校我應該教這些成人什麼科目呢？當我回顧自己在大學所受的訓練，我發現在公眾演講方面的訓練對我的工作和生活是最有實用價值的，這比其他所有學科加起來還要有價值得多。為什麼這麼說？因為那些經驗消除了我的羞怯，幫助我建立自信，讓我有與人交往的勇氣和信心，它也清楚表明能站起來表達自己想法的人往往具備領導才能。

我向哥倫比亞大學以及紐約大學都提出了申請，請學校讓我在夜校為公眾講授演說課，可是這兩所大學都拒絕了我。

當時我很失望，但是現在我多麼感謝他們拒絕了我，因為後來我到基督教青年會的夜校授課，在那裡我必須快速地向他們展示立竿見影的效果，這對我真是一種挑戰！這些學員可不是為了大學學分或社會地位來上課的，而只是為了一個目的——希望能解決自己現實的問題。

有些人希望自己能在業務會議上站起來說幾句話，而不是因恐懼而暈倒；那些推銷員希望自己能有勇氣拜訪一些難纏的客戶，而不需要在街上徘徊良久以鼓起勇氣；他們希望自己沉著自信、業績突出，能為家裡多賺點錢。既然那些人的學費是以分期付款的方式支付的，也就是說，如果他們覺得沒有什麼效果，可以不再繼續支付學費。我當時不是領取固定薪水，而是按利潤比例抽成，為了糊口，我不得不腳踏實地地工作。

我當時覺得授課困難重重，現在才意識到那真是一種寶貴的訓練。我必須激勵學員，必須幫助他們解決所遇到的問題，必須讓每堂課都鼓舞人心，這樣他們才會繼續上課。

我喜歡這份激動人心的工作；看到那些生意人如此迅速地建立起自信，其中還有些人那麼快就獲得了晉升和加薪，我真的很吃驚。這個班辦得非常成功，遠遠超出我最樂觀的期望。

在3個季度內，曾經拒絕每晚付我5美元薪水的基督教青年會，如今以每晚按抽成比例付我30美元。剛開始我只教公共演講，後來隨著時間的推移，我發現這些成年人也需要贏得朋友和影響他人的能力；既然我找不到一本關於人類關係合適的教科書，就只好自己來著作一本。它寫成了——不，它不是以慣常的方式寫成的，它是從課上那些人的人生經歷裡面成長並發展起來的，我將它題名為「人性的優點」。

因為這只是為了我課堂上學生所寫的一本教科書；因為我還寫過另外4本大家聞所未聞的書籍，所以我從沒想過這本書會有如此大的發行量——我可能是這世上仍活著且最感震驚的作家了。

時間慢慢流逝，我發現困擾成人的另一個最大問題就是憂慮。我的學生大多數都是商務人員——主管、推銷員、工程師、會計，各行各業的縮影，他們大多數人都有問題。

班裡也有女學員，她們有的是女企業家，有的是家庭婦女，她們竟然也都有問題！明顯地，我需要的是一本關於如何克服焦慮的書。

我去了紐約第五大道42街的公共圖書館，讓我吃驚的是，我只找到22本關於憂慮的書；而有意思的是，關於昆蟲的書竟有189本，這幾乎是關於憂慮的書的9倍！很讓人震驚，不是嗎？既然憂慮是人類面臨的最大難題之一，你可能認為（為什麼不這樣認為呢？）世界上每一所高中、大學都會開設一門關於「如何不再憂慮」的課程；然而，我從沒聽說過這世上有哪所大學開設過這種課程。

難怪大衛．西伯利在他的作品「如何有效克服煩惱」中說：「我們成年了，但面對壓力我們仍然無所適從，就像書呆子被要求跳芭蕾一樣，毫無辦法。」

結果呢？醫院裡一半以上的病床上躺著神經或是情緒方面的疾病患者。我翻看了紐約公共圖書館那22本關於憂慮的書，另外，我還買了這方面所有我能找到的書；然而我就是找不到一本可以在成人班上使用的教材；因此，我決定親自寫這樣一本教材。

7年前我就開始著手寫這樣一本書了。怎麼做呢？首先是閱讀古往今來的哲學家們關於憂慮的論述，我讀了從孔子到邱吉爾的幾百本傳記，另外我還拜訪了大量各行各業的傑出人士，如傑克．鄧普希、奧馬爾．布萊德雷將軍、馬克．克拉克將軍、亨利．福特、伊蓮娜．羅斯福和桃樂絲．迪克斯，但這只是一個開始。

我還做了一些比拜訪和閱讀更重要的事；我在一個克服憂慮的實驗室裡工作了5年——一個在我成人班上運作的實驗室。據我所知，這是世界上第一個也是唯一一個此類實驗室。這就是我們所做的事。

我們給學生一套關於如何停止憂慮的原則，並讓他們把這些原則應用到生活當中，然後讓他們在課堂上講述其所獲得的結果；其他人還會介紹他們在過去生活中所使用的克服憂慮的技巧。

結果，我所聽到關於如何克服憂慮的演講比世界上任何人都多。

另外，我還閱讀了大量透過郵件傳給我的此類演講；這些演講有的在世界各地我們所組建的課堂上還獲了獎。因此該書並非源自象牙塔，也不是關於克服憂慮的學術說教；反之，我試著寫一本快速有效、簡明扼要、有理有據的報告，這個報告寫的是成千上萬成年人是如何克服憂慮的。有一件事是確定的，那就是——這本書非常實用，你可以完全照著這本書去做。

法國哲學家瓦萊利說過：「科學是許多成功秘訣的結合體。」這本書就是這樣，裡面關於消除憂慮的秘方都是經過時間驗證的，都是有效的。然而，我要提醒你：你不可能在這本書裡發現新鮮的論調，而是會發現沒被大家普遍使用的東西。對於如何擁有完美生活我們知道得夠多了，我們都知道黃金法則，也知道耶穌的山上寶訓；問題不在於我們有多麼無知，而在於我們沒有行動力。該書的目的就是重述、驗證、精簡、調整並發揚光大那些古老又基礎的真理——立即行動吧！把這些真理應用到你的實踐中去。

你拿起這本書並不是想知道它是如何寫成的，而是要尋找行動力。好的，讓我們開始行動吧。請先閱讀完本書的PART 1和PART 2，如果此時你還是感受不到動力和激情，讓你停止憂慮享受生活，那麼你就把這本書扔一邊吧！即使你全讀完它也不會對你有任何幫助。

PART 1

面對憂慮的真相

Fundamental Facts

You Should

Know about Worry

1
在「今日艙」中生活

人生的首要之務並非擔憂難以預測的未來，
而是把握當下。
——湯瑪斯·卡萊爾

1871年春天，一位青年讀到了一本書，書中的一句話令他終身受益。在這之前，這個蒙特利爾綜合醫院的醫學生，對生活充滿了憂慮：怎樣才能順利通過期末考試？未來該何去何從？如何透過不斷實踐去開創自己的事業以謀生？

這位年輕的醫學生在1871年讀到的這句話，使他日後成為當時最著名的醫師。他一手創辦了舉世聞名的約翰·霍普金斯醫學院，同時還成為牛津大學醫學院的欽定客座教授——大英帝國給予醫學界人士的最高榮譽；他還被冊封為大英帝國的爵士。在他故去之後，記錄其一生輝煌成就的兩大冊書籍厚達1466頁。

他就是威廉·奧斯勒爵士。1871年春天，出自湯瑪斯·卡萊爾的一句話指引他從生活的困惑迷茫中解脫出來，他讀到的這句話是：「人生的首要之務並非擔憂難以預測的未來，而是把握當下。」

42年後，一個春風和煦的夜晚，鬱金香遍佈耶魯大學的每個角落，威廉·奧斯勒爵士向這裡的學生發表了演講。他對耶魯大學的學生們說，像他這樣曾經在大學裡擔任客座教授，還撰寫過一本暢銷書籍的人，通常會被大眾認為具有「超常智力」，其實不然。他的好友都知道他其實是一個「再普通不過」的人。

那麼，他成功的秘訣又是什麼呢？他認為真正的原因是他可以生活在「今日艙」中。而這又意味著什麼呢？在他發表耶魯演講的幾個月之前，威廉．奧斯勒爵士曾乘坐一艘油輪橫渡大西洋，他親眼看見船長站在駕駛艙裡按下一個按鈕，一陣機器急速的響聲後，船的幾個部分就立刻分離成防水的隔艙。

「在座的諸位，」威廉．奧斯勒爵士對耶魯大學的學生們說：「相對於那艘油輪，你們的精細程度更為複雜，未來旅程也更為遙遠。我想奉勸各位——此時此刻，你們也應該學會控制自己，只有在『今日艙』中，航行過程才能確保萬無一失；站在駕駛艙中，你會發現船上所有的大隔艙都在井然有序地航行。按下按鈕的同時仔細傾聽，不難發覺在你生活中的各個層面，都能以鐵門將過去隔離——

> 隔絕那些已經逝去的昨天；按下另一個按鈕，阻斷未知的將來，然後你就可以泰然自若了，因為你擁有了一個完整的今天！……

與你的過去斷交，埋葬那些會把傻子引上死亡之路的昨天……對未來的困惑再加上昨日的煩惱，再強悍的人也寸步難行。因此，我們要把未來像過去那樣緊緊地關在鐵門之外……未來就掌握在今天……不要去想明天如何，人類自我救贖的日子就是今天。一個總為未來擔心的人會終日萎靡不振、精神恍惚……那麼，就讓我們把前後的船艙隔斷，逐步形成一種好的習慣——在『今日艙』中生活。」

奧斯勒爵士是不是告訴人們不必為自己的未來做任何規劃呢？不

是，完全不是。在接下來的演講中，他就這問題進行了解釋：將你的智慧和所有的熱情全部投入到今天的工作中，這就是你能為未來所做的唯一準備。

奧斯勒爵士奉勸那些耶魯大學的學生們，要在一日之際，吟誦聖經上的經文：「請賜予我們今日的食糧吧！」

切記我們僅僅要求得到今天的麵包，而並非抱怨昨天吃的酸麵包，也沒有說：「噢，天哪！最近麥田非常乾旱，也許我們又要遇到一次旱災，那明年秋天我們哪有麵包吃呢？——抑或是萬一我失業——哦，天哪！我該如何養家糊口呢？」這句禱文教我們只尋求今天的麵包，而且我們能吃到的麵包也就只有今天。

從前，一個身無分文的哲學家，流浪到一處窮鄉僻壤，那裡的人們生活非常艱苦。一天，山頂上有一群人聚集在他身邊，他講出了也許是迄今為止被人們引用過最多的一句話。這段話雖然僅有短短的26個字，卻經歷了幾個世紀，流傳至今：「不憂慮明天，那是明天才該考慮的事，承受今天的痛苦就足夠了。」

「不要思考明天。」多數人都不相信耶穌的這句話。他們把它當作一種完美化的勸誡，某種帶有東方神秘色彩的東西。他們說：「我必須為以後做打算，為我的家人買保險，將多餘的錢存起來以備養老所用，我必須及早做準備。」沒錯！你所做的這一切都是應該的。然而，300多年前詹姆斯王朝時代所翻譯耶穌的那句話與現在的含義並不一致。300多年前，思考一詞通常意指憂慮，新版「聖經」把耶穌的這句話翻譯得更為精準：「不要為明天而憂慮。」是的，無論如何我們都要為明天著想，認真地考慮、計畫和準備，只是不要過於擔心。

第二次世界大戰期間，軍事領袖要為日後的戰略出謀策劃，可是他們沒必要去承擔任何焦慮。指揮美國海軍的海軍上將厄耐斯特・金恩說：「我已經將最好的裝備提供給了最優秀的人員，並且部署了看起來最明智的戰略決策，我能做的僅此而已。」

他又繼續說：「如果一艘船已經沉了，我不可能將它撈起；如果一艘船正在下沉，我也無法阻止。將時間花在努力解決明天的問題上，要比為昨天所做的事後悔好很多。況且，如果總是糾結於這樣的事情，我很快就會支撐不住的。」

無論是處於戰爭時期還是和平年代，積極和消極的想法間的區別就在於：積極的思考顧及事情的前因後果，從而提出合乎邏輯並具有建設性的計畫；而消極的想法則會使人精神緊繃，最後導致崩潰。

最近，我非常榮幸地採訪到聞名全球的「紐約時報」發行人亞瑟·蘇茲柏格先生。他告訴我，第二次世界大戰的戰火蔓延到歐洲時，他對未來感到異常焦慮，這令他徹夜難眠。他常在半夜從床上爬起，拿著畫布和顏料，對著鏡子裡的自己畫一幅肖像。儘管那時他對繪畫一無所知，但是他還是嘗試著透過繪畫來平息內心的憂慮。然而，他告訴我他始終沒有平息他的憂慮和擔心，直到他將一首讚美詩中的5個字作為座右銘。這5個字就是：「一步已足夠」。

指引我吧，那仁慈的燈光……讓你常伴我身旁，
我並不奢望看到遠方的風景，只要一小步就可以了。

大概就在同一時期，歐洲某地有個服役的年輕人也同樣認識到了這一點。他叫泰德·班傑明，來自馬里蘭州的巴爾的摩——他也曾經非常憂慮，幾乎完全喪失了生活的意志。

泰德·班傑明寫道：「1945年4月，我非常焦慮，以至於患了一種被醫生稱之為結腸痙攣的疾病，這種病使人極其痛苦，要是戰爭沒在

當年結束，我的身體肯定已經完全垮掉了。」

「那一陣子我整個人心力憔悴、疲憊不堪，當時我在第94步兵師擔任士官職務，我的工作是做一些關於作戰中傷亡、失蹤和入院士兵的人員情況記錄，同時協助將那些在激戰中陣亡後被草草埋葬的敵我雙方士兵的遺體挖掘出來，把他們的遺物交到親友手中。這些物品對於死者親友是如此重要，因而那一段時間裡，我總是擔心自己會犯下嚴重的錯誤、會出醜，我懷疑自己的身體能否熬過這段時間，是否還能回去親自抱抱我那剛出世不久卻尚未謀面16個月大的兒子。我情緒低落，身體每況愈下，竟然瘦了34磅，這樣的環境讓我幾乎精神崩潰。我詫異地發覺雙手已經瘦得皮包骨了，害怕自己會拖著疾病纏身的軀殼回家。我真的快要崩潰了，像一個孩子似的獨自顫抖著哭泣。有一段時間，就是德軍最後大反攻開始不久，我經常暗自落淚，一度失去了嚮往正常生活的勇氣。」

「我最終住進了軍隊醫院。在那裡，一位軍醫給了我一些忠告，就是他的話完全改變了我的生活。在為我進行全面身體檢查後，他告訴我，我的問題純粹出在心裡，他說：『泰德，我希望你把生活想像成一個沙漏。在它的上半部，有成千上萬顆沙粒緩慢有序地通過漏斗中間的瓶頸，除非打破瓶子，你我都無法讓兩粒沙同時通過瓶頸。而我們正恰有如這個沙漏一般，當新的一天來臨，我們總感覺事情纏身，必須完成的任務有好幾百件；但如果我們不逐一地去處理，讓它們像沙粒一樣一顆一顆慢慢地通過，平緩而有序地度過一天，那麼我們必定會損害自己身體和精神的健康。』」

「從軍醫告訴我這些話的那天起，我在日常生活中就始終實踐著這一思想。『一次只通過一顆沙粒……一次只盡力完成一件事。』這一建議將那個飽受摧殘的我從戰時渾噩的狀態中拯救出來，並對我目前在廣告設計及印刷公司的公關和廣告部主管的工作也有莫大的幫助。我發現在經營生意中，也有類似戰場上的問題發生：即力求每次都要完成幾件事，但時間卻很有限。我們發行的股票市價依然很低，許多材料要補充、很多新的表格要加緊填寫，同時又有新的股份安排、變更位址、分公司開張或關閉等等事情都要去處理。但我已經不再慌亂不安，我重複那個軍醫對我的忠告：『一次只通過一顆沙粒……一次只盡力完成一件事。』就這樣，我的工作方式更有效率，再也沒有原來戰場上幾乎使我崩潰的困惑、混亂。」

目前我們的生活方式最讓人擔心的就是，醫院半數以上的床位居然都留給了精神或神經上有問題的患者，他們就是那些在沉重昨日和惶恐明日的千斤重壓之下崩潰的人。然而，他們當中的大部分，其實本可以擺脫病床，過上幸福而有意義的生活，只要他們能牢記耶穌的那句話：「不要為明天憂慮。」只要他們能記住奧斯勒爵士的那句話：「在『今日艙』中生活。」

這一秒，你我都站在兩個永恆的交會點上：即永遠逝去的往日和永無盡頭的未來。我們不可能同時生活在過去與未來之間，哪怕是一秒鐘也不行，那樣會毀掉我們的身心；既然如此，我們就應該安心地生活在當下。羅伯特・路易斯・史蒂文生曾在他的著作中寫道：

> 「無論多麼艱辛，人們都能夠將肩上的擔子扛到天黑。人們可以辛勤地工作一整天，同樣，人們也可以讓這一天的生活充滿溫馨與甜蜜，純潔而簡單，直到夕陽西下……這就是生活的真正意義。」

的確，這恰恰是生活對我們的全部要求。可是，住在密西根州薩吉諾的傑爾德太太，在體認到「生活就是透過一天的勞作而最終進入夢鄉」這個簡單道理之前，卻感到極度頹喪，崩潰到了將要自殺的邊緣。她向我講述了那一段生活：

「1937年，我丈夫去世了，我深感無望——而且幾乎身無分文。我寫信給我過去的老闆裡奧羅西先生——他是坎薩斯城羅浮公司的老闆——並重新開始我以前的工作。我從前的工作是向學校推銷世界百科全書。在那之前兩年我丈夫生病時，我將汽車賣了，但我還是勉強湊了點錢以分期付款買下一部舊車，又開始出去賣書。」

「我原以為重新回到工作崗位或許能夠將我從頹喪中解脫出來，可是，孤孤單單地獨自一人駕車、吃飯的生活幾乎使我無法忍受，再加上有些地方圖書根本推銷不出去，所以即使分期付款買車的貸款不多，我一時間也很難付清。」

「1938年春天，我當時正在密蘇里州維沙理市推銷書籍。那裡的學校很窮，路又很不好走。我孤獨沮喪，曾一度想自殺，覺得自己在事業上沒有成功的可能，對生活也不抱有任何的希望了。每天早上起床都很恐懼，不知道該如何面對接下來的生活；我什麼都害怕：怕付不起分期付款的車錢、怕付不起房租、怕沒錢去買食物、怕一旦身體搞垮又沒有錢去看病。唯一使我活下去的理由是，我擔心我的姐姐會因此悲傷欲絕，況且我還真沒有足夠的錢來支付我的喪葬費。」

「我隨後讀到一篇文章，它使我從消沉中振作起來，讓我鼓足勇氣繼續生活。我深深地感激文章中那一句令人振奮的話：『對於一個聰明人來說，每一天都是新的。』我用打字機把這句話打下來，貼在汽車的擋風玻璃上，這樣在開車過程中的每時每刻都能看見它。我發現一次只過一天並不是那麼難，我學會了不去想過去和未來。每天清晨我都對自己說：『今天又是新的一天。』」

「我成功地克服了自己對孤寂和慾望的恐懼。現在的我一直是處於幸福時刻，事業也相當成功，對生活充滿了熱情和喜愛。我知道無論將來面對什麼樣的生活我都不再畏懼，我也不必懼怕未來，我知道我現在能夠一次只活一天——而『對於一個聰明人來說，每一天都是新的』。」

猜猜下面幾行詩是誰寫的：

這個人很快樂，只有他能這麼快樂，
他能完全活在今天；
他安逸而無所顧忌，能夠說：
「無論明天會多麼糟糕，我已經過了今天。」

這幾句詩頗具現代詩作的意味，但它們卻是古羅馬詩人賀瑞斯在基督誕生前39年寫下的。

我認為人性中最可悲的就是，我們總是在延遲生活；我們成天嚮往天邊有一座奇妙的玫瑰園，卻從不欣賞自家窗外盛開著的玫瑰。

我們怎麼會這麼傻，這麼愚不可及呢？

「我們生命的歷程是多麼奇特呀！」史蒂芬·理高克寫道：「小孩子老說：『等我長大的時候……』可是又怎麼樣呢？大孩子常說：『等我長大成人以後……』等他長大成人以後，他又說：『等我結婚以後……』可是結婚後最終又能怎樣呢？他們的想法又變成了：『等我退休以後……』然而，退休之後，他回過頭看著所經歷的一切，像一陣寒風吹過，什麼都沒能留下。他錯過了一切，而一切又都一去不復返。生命，在於生活，在於每日每時每件瑣事之中。這一點，我們往往領悟得太晚。」

底特律城已故的愛德華·伊文斯先生，在理解「生命，在於生活，在於每日每時每件瑣事之中」這句話之前，差點因憂鬱而自殺。愛德華出身貧寒，最初靠賣報為生，後來在雜貨店做店員；由於家中7口人都要靠他供養，他只得另覓新的工作，做了助理圖書管理員，儘管工資微薄，他依然害怕被辭退。8年之後，他才鼓起勇氣開創自己的事業，用借來的55美元作為原始投資，竟然經營到一年淨賺兩萬美元，可惜他的事業經歷了一次致命的打擊，他為朋友做商業擔保，而朋友的公司最後竟宣告破產；雪上加霜的是，不久他遭遇了另一場致命的打擊——他存錢的銀行宣告倒閉。他不但損失了全部財產，還負債16000美元，他禁不住這樣的打擊。

「我吃不下，睡不著，」他說：「我開始生起怪病，整天除了憂慮就是憂慮。有一天我走路時居然昏倒在路邊，之後再也不能行走，只能臥床休息，而且全身生瘡，連躺著都痛苦不堪，身體也越來越虛弱，這時醫生告訴我，我大約只能活兩個星期了。我大為震驚，只得寫好遺囑躺下等死。再也不必為什麼去擔心憂慮了。我一下子釋然了許多，放鬆下來，準備睡上一覺，畢竟這幾個星期以來我都沒能連續睡上兩個小時；隨著先前的憂慮煙消雲散，此時的我睡得像個嬰兒，隨後幾天，漸漸地有了些食慾，體重也開始增加。」

「幾星期後，我能拄著拐杖走路了；6星期後，我又能回去繼續工作。我曾經年薪兩萬美元，但現在卻為找到每週30美元的工作而開心。我的工作是推銷一種擋板，它的作用是在運送汽車時安放於輪子後面阻擋滑動。我已學到教訓，不再為自己擔心，也不再為過去後悔，更不害怕將來，而是將全部時間、精力、熱忱都放在推銷工作上。」

愛德華．伊文斯的事業迅速發展。幾年後，他已是伊文斯工業公司的董事長，其股票長期在紐約證券交易所掛牌交易。愛德華．伊文斯1945年去世時，已成為美國成功商業進步人士的傑出代表。如果你去格陵蘭，可能會降落在伊文斯機場，這是為紀念他而命名的；但是，如果他沒學會在「今日艙」中生活，就絕不可能有後來的成功。

在耶穌降生前500年，一名希臘的哲學家赫拉克利特告訴他的學生：「萬物都在變，只有變化本身是永恆的。」他提到：「你不可能前後兩次踏進同一條河流。」河流每時每刻都在變化，而踏進河流的人本身也是如此，生命是無休止的變化，唯一確定的就是當下。我們又為何要為了那些變化莫測的未來而放棄享受今日生活的美好呢？

古羅馬對此有一句話加以描述，或者可以說是兩句話。「享受今天」或「把握今天」。沒錯，我們要把握今天，要最大限度地好好利用它。這就是洛厄爾．湯瑪斯的哲學觀念。

最近我在他的農場待了將近一周，我注意到在他播音室的牆上掛有寫著聖經詩句的相框。原來這樣他就可經常以此來提醒自己：

今天是上帝所賜予的；我們應該欣喜而樂在其中。

作家約翰．羅金斯的書桌上擺放著一個刻有文字的石頭，上面寫道：「當下。」儘管我沒有這樣一塊意義非凡的石頭，但是在我的鏡子上卻也貼著一首小詩以便每天清晨刮鬍子時都能看見，威廉．奧斯勒爵士也一直將它放在書桌上面，出自著名的印度劇作家迦梨陀娑：

向黎明致敬！
看著這一天！
因為它就是生命的源泉。
在它短短的時間裡

有你存在的所有變化和現實
生長的福澤
行動的榮耀
成就的輝煌
昨天不過是一場夢，
明天只是一個幻影。
但過好今天，
卻能使昨天成為快樂的夢，
使明天變成有希望的前景。
好好看著這一天吧，
你要這樣向黎明致敬。

原則一　為了擺脫一切可能的煩惱和憂慮，快樂地生活下去，你就應該像奧斯勒爵士說的那樣：

「用鐵門把過去和未來隔斷，活在『今日艙』中。」

看看下面的話，何不捫心自問，而後給出自己的答案：

一、我是不是因為憂慮明天，或是幻想「天邊玫瑰園」那樣不現實的事物而耽誤了今天呢？

二、我是不是有時會為了追悔過去發生的事而抱怨現在的生活，即使那些事情早已過去？

三、我早晨起來的時候，是不是決定「緊握住今天」，盡全力利用好這24個小時？

四、如果我在「今日艙」中生活，是否能從生命中收穫更豐富的內涵？

五、我應該從什麼時候開始這麼做？下星期？明天？還是今天？

2
讓你拋開煩惱的「萬能公式」

要接受既定的事實，接受已經發生的事情，
才是克服任何困難的第一步。
——威廉·詹姆斯

你想知道一種立竿見影迅速趕走憂慮的辦法嗎？它可以讓你在繼續閱讀之前就能馬上付諸實踐。

接下來讓我介紹這種方法，它是由威利·凱瑞爾所發明。凱瑞爾是個開創空調產業的聰明工程師，同時也是位於紐約世界知名凱瑞爾公司的老闆。他的秘密公式是我見過解決憂慮的最好方式之一，這是我們在紐約的工程師俱樂部裡共進午餐時，他親口告訴我的。

凱瑞爾先生跟我說：「年輕時，我在紐約水牛城的水牛鋼鐵公司做事。有一次我去密蘇里州水晶城的匹茲堡玻璃公司下屬工廠著手安裝價值上百萬美元的氣體淨化裝置；這個裝置是用來清除氣體中的雜質從而保護引擎的。這種方式是全新的，在此前僅試用過一次，試用條件也有所不同。在這次工作中，我遇到了許多意想不到的困難，儘管裝置最終能夠運行，但它的性能卻沒有達到我們所承諾的效果。」

「我震驚於自已的失敗，彷彿挨了當頭一棒，再加上我的胃痛，好像我的五臟六腑都在糾結反轉，有一段時間我憂慮得簡直睡不著覺。」

「最後，常識提醒了我，畢竟憂慮解決不了問題，於是我便琢磨出一個無需焦慮卻能解決問題的辦法。這個方法非常有效，我一用就是30年，而且異常簡單，任何人都可以使用。它包括以下3個步驟：」

「第一步，我坦然地分析這次失敗可能導致的最壞結果。可以肯定的是，沒人會因此來囚禁我，更不會槍斃我。當然，我很可能會丟掉現在的職位，而且客戶可能不得不拆除這個裝置，這樣我們前期投入的20000美元就化為泡影了。」

「第二步，在分析可能出現的最壞結果後，我說服自己接受這個最壞的結果。我告訴自己，這次的失敗會成為我的一個污點，也可能會被解雇，但如果真是那樣，我還是可以重新謀到另一個職位；境況也可能更糟，如果工廠發現新設備還在試驗階段，而這個試驗讓他們損失了兩萬美元，他們可能會自行承擔，也可能會向我們索賠。」

「在認識和接受了最壞的結果以後，我忽然覺得輕鬆了不少，那是一種那些天來我從未有過的輕鬆感。」

「第三步，隨後我冷靜地把全部時間和精力都用於努力改善這個我已經接受了的最壞結果。」

「我先儘量想辦法將可能造成兩萬美元的損失減少。在經過多次測試之後，我發現如果再花5000美元買些其他設備，我們的問題即可迎刃而解了。果然，我們添加了設備之後，公司不但沒丟掉那原以為鐵定會損失的20000美元，反而賺了15000美元。」

「當時我要是一直惶惶不可終日，恐怕也不可能做到這些事。憂慮為人帶來的最壞影響是讓我們無法在一件事上集中精力，我們一旦開始擔憂，就會開始胡思亂想，同時難以做出判斷和決定；但是如果我們強迫自己從精神上面對和接受最壞的結局，我們就能排除一切干擾，集中精力解決問題。」

「這件事已過去多年，但這種解決憂慮的辦法十分有效，我多年來一直使用它，結果我的生活裡就幾乎不再有什麼煩惱了。」

從心理學角度來看，為什麼凱瑞爾先生的辦法如此行之有效呢？原因是它能夠把我們從被焦慮蒙蔽的灰色迷霧中拉出來，讓我們擺脫一切憂慮的干擾；它讓我們堅實地站在現實中，了解自己的處境。如果我們沒有站在現實中，又怎麼能指望自己想出解決問題的辦法呢？

應用心理學之父威廉．詹姆斯教授已於1910年謝世，假如他此時還活著，也聽說過凱瑞爾先生的這個公式，肯定會加以讚賞，因為他曾對自己的學生說：「要接受既定的事實，接受已經發生的事情，才是克服任何困難的第一步。」

林語堂先生在他所寫那本深受歡迎的「生活的藝術」中也表達過同樣的觀點。這位中國哲學家說：「心理上的平靜來自接受最糟糕的境遇。我認為在心理上這就意味著煥發新的活力。」

林先生的這句話太對了！在心理上這就意味著煥發新的活力！當我們接受了最壞的結果，我們就不會再有什麼損失了，這就意味著每一樣東西都是我們新獲得的。凱瑞爾先生也說過：「認識到最壞的結果以後，我忽然覺得輕鬆了不少，那是一種那些天來我從未有過的輕鬆感，從那時起，我終於能夠開始思考問題了。」

有道理！我們的生活中已經有成千上萬的人由於憤怒而破壞了自己的生活，只因為他們不願接受最壞的情況，不願對最壞的狀況加以改善，不願從中挽救一些東西。他們不去重建財富，而是沉溺於痛苦中並且付諸一些「經驗性的暴力紛爭」，最終成了精神憂鬱症的犧牲者。

你想看看其他人是如何運用凱瑞爾公式解決問題的嗎？下面這個例子就是關於我班上一名紐約油商所說的故事：

「我被敲詐了！」他對我說：「我真不敢相信會有這種事，這荒唐得簡直就像是電影裡的情節！但我的確是被敲詐了！事情是這樣的：我主管的石油公司有自己的運輸車輛和司機，那段時間戰爭條例嚴格限制石油的輸出，而我們也僅僅是按照規定配額賣油給我們的客戶。儘管當時我並不知情，不過有跡象表明我們的某些司機把應該賣給常規顧客的油擅自扣一部分下來，再轉手賣給他們自己的顧客。」

「我第一次發現這些事情的蛛絲馬跡源於某天一個自稱『政府調查員』的人來找我，向我索要『封口費』，他聲稱已經掌握我們司機暗地裡交易的證據，他威脅我說，如果我不給錢的話，他就把證據轉交給地方檢察官。」

「當然整件事我並沒有什麼好擔心的，因為至少與我個人沒有任何關係；但我也清楚法律上有規定，公司必須對職員的行為負責，而且，萬一這件案子被提交到法院，經過報紙的報導，所造成的影響會毀了我的生意；而我為自己的生意感到驕傲——那是我父親在24年前所開創出來的。」

「我當時急得病倒了，三天三夜食不下嚥、輾轉難眠，急得團團轉。到底該付『封口費』—5000美金—還是該告訴那個人，你想怎麼辦就怎麼辦吧。我自始至終拿不定主意，每天晚上都做惡夢。」

「然後，就在星期天的晚上，我隨手拿起一本小冊子——『如何不再憂慮』，這還是我去聽卡內基公開演講時得到的。當我讀到威利．凱瑞爾的故事時，看到這樣的一句話：『勇於面對最壞的情況。』於是我問自己：『如果我不給封口費」，勒索者把證據交給地方檢察官，那麼可能發生的最壞情況又會是什麼呢？』」

「答案是：『我的生意完蛋了——這就是最壞的結果了。但是我不會因此坐牢，僅僅是我的事業被公眾輿論給毀壞。』」

「於是，我對自己說：『好了，生意被毀了，我可以在心理上承受這一點，但接下去還會發生什麼呢？』」

「嗯，生意被毀掉，我可能得去找個工作，這不算什麼，我對石油行業很熟悉——很多家公司也會雇用我……我開始感覺好了，三天三夜來的那種精神緊張也開始逐漸消散，情緒漸趨穩定，更令人驚奇的是，此時此刻的我又能開始思考了。」

「我已經能清醒地看到第三步——**盡可能改善這種不利的處境。**當我思考解決辦法時，眼前浮現出一個嶄新的情景。如果我把整個情況告訴我的律師，他也許能為我找到一個我從沒想到的解決辦法——當然我承認自己從來沒有認真思考過這件事，我只是一直忙著著急！於是，我打定了主意——第二天一早就去見我的律師——接著我上了床，舒心地睡覺了。」

「事情的結果又如何呢？第二天早上，我的律師建議我去見地方檢察官，並把實情告訴他，我完全照他的話做了，出乎意料的是，當我說出整個事件時，地方檢察官卻說，這種敲詐最近已經持續了幾個月，那個自稱是『政府官員』的人，其實是個通緝犯！在我猶豫著是否該把5000美元交給那個職業罪犯而憂慮了整整三天三夜之後，聽到他的這番話，真是無比舒心。」

「這次經歷為我上了終身難忘的一課。現在，每當面臨一些讓我開始焦慮的難題時，『威利．凱瑞爾的老公式』就會派上用場。」

就在凱瑞爾在密蘇里州的水晶城為了那個淨化裝置而傷腦筋的時候，一個住在內布拉斯加州布羅肯堡的傢伙正在琢磨他的遺囑，他名叫艾爾．漢尼，他患有十二指腸潰瘍。3個醫生，包括一個這方面的專家，都判定他的病無法治癒，他們告訴他要忌口、保持平和心態，還建議他寫下遺囑！這種病不得不叫他放棄原來收益豐厚的工作，現在什麼都做不了，只能等死。

最後，他做了個決定，一個罕見卻很棒的決定：「鑒於我只剩下一點點時間，我想要充分利用我剩餘的時光。我一直都想在死前去環遊世界，如果我還依然想這樣做的話，那麼現在就要抓緊時間去做。」於是他為自己買了機票。

醫生們聞訊後頗為吃驚，對漢尼說：「我們必須警告你，這件事荒唐透頂，如果你去環遊世界，你肯定會死在路上，葬在海裡。」「不，不會的」他回應道：「我已經答應過我的親友，我死後要葬在布羅肯堡的家族墓園裡，所以此次旅行我打算隨身帶著棺木。」

於是他真的買了一副棺木運上船，並且和輪船公司商定，萬一他中途死去，就把他的屍體放在冷凍庫中，直到商船回到他家。就這樣他一個人踏上了旅程，心裡默念著老奧瑪的那首詩：

啊，在我們零落為泥之前，
豈能辜負這一生的歡娛？
物化為泥，永寐於黃泉之下，
沒酒、沒弦、沒歌伎，而且沒有盡頭！

但是他沒像詩中寫的那樣「沒酒」，他在給我的信裡寫到：「我在旅途中喝雞尾酒、抽長雪茄，什麼食物我都吃——甚至是那些別人說吃了就會讓我送命的奇特當地食品，這麼多年來我從未這樣享受過！我們碰到季風和颱風，差點就把我送進了我的棺木，甚至是被嚇死，但我從這次冒險中得到了很大的樂趣。」

「我就這樣在船上不斷地玩遊戲、唱歌、交友，有時甚至與他們調侃到深夜。到了中國和印度之後，我發覺自己過去所遇到的那些商業糾紛和顧慮，與在東方看到的貧困和饑餓相比，真是天壤之別。我停止愚蠢的擔憂，感覺良好。當我回到美國後，發覺自己的體重增加了90磅，這甚至叫我完全忘記我曾患過十二指腸潰瘍。我感覺身體狀況前所未有地好，我迅速將棺材賣掉，然後重新回去工作。從那以後我甚至一天病也沒生過。」

當這件事發生時，艾爾．漢尼並沒有聽說過什麼凱瑞爾公式。但是他最近告訴我：「我發覺自己在潛意識中運用了與凱瑞爾克服憂慮完全相同的原則；我先讓自己接受可能發生的最壞情況，對我來說那就是死亡，然後透過讓自己在最後的這段日子盡可能地享受人生來改善，如果我在船上還不斷地擔憂，那我肯定會躺在棺材裡回來。但我徹底放鬆自已，我忘記了我的病，而這種冷靜的思維給了我全新的能量，保住了我的生命。」（艾爾．漢尼目前生活在麻省曼徹斯特市韋吉梅爾大街52號）

如果凱瑞爾可以挽救2萬美金的合約，一個紐約生意人可以逃脫被敲詐的命運，艾爾．漢尼可以拯救他自己的性命，那麼利用這個神奇的公式，你我都能從各自的煩惱中解脫出來，即使是那些看似不能解決的難題最終也會迎刃而解。

原則二　如果你正處於憂慮中，就要以威利．凱瑞爾的萬靈公式來做下面3件事：

一、捫心自問：「可能發生的最壞情況是什麼？」

二、如果不得不如此，你就要準備接受這個結果。

三、最後鎮定下來，想盡辦法改善這個最壞的情況。

3
憂慮的結果

那些不知該怎樣消除憂慮的人都會短命。
——亞利西斯·柯瑞爾博士

很久以前，有位鄰居晚上來按我家的門鈴，通知我們全家去接種牛痘疫苗，預防天花，而他只是整個紐約市幾千名負責通知的志願者中的一名。當時驚懼的人們排隊等候數小時接種疫苗，接種站不僅設在所有的醫院，還設在消防隊、派出所和大工廠裡，大約有2000名醫生和護士夜以繼日地忙碌著為人們接種疫苗。這樣的恐慌是怎樣造成的呢？原來，紐約市有8人得了天花——其中兩人死亡——就是說800萬人口裡僅僅死了2個人而已！

如今我在紐約已住達37年了，可是從沒有人來按鈴警告我預防精神上的憂鬱症——而恰恰是這種病，在同樣的時間裡所造成的損害，比天花至少要大上10000倍。

從來沒有人按門鈴告誡我，就目前的生活狀態而言，每10個在美國生活的人中就會有1人患精神疾病，大部分病例的誘因是憂慮和感情衝突；所以我現在寫這一章，就是要來按你的門鈴警告你。

諾貝爾醫學獎得主亞利西斯·柯瑞爾博士說：「不懂得如何消除憂慮的商人壽命不長。」其實，何止是商人，家庭主婦、獸醫和泥瓦匠也都是如此。

幾年前，我度假路過德州和新墨西哥州時，與聖塔菲鐵路的醫務處長郭伯爾博士談到憂慮對人的負面影響，他說：「那些尋醫看病的人中，要是有70%的人能夠消除他們自身的恐懼和憂慮，病自然就會痊癒。我倒不是說他們的病是幻想出來的，實際上，他們的病的確都像蛀牙一般真實，有時甚至還要比那嚴重100倍，如神經性消化不良、某些胃潰瘍、心臟功能紊亂、失眠症、一些頭痛症，以及某些麻痹症等。」

「這些病都是真實的，我很了解。」郭伯爾博士強調說：「因為我自己就得過12年胃潰瘍。」

「恐懼引發憂慮，憂慮使人緊張，進而影響到人的胃部神經，使胃液的分泌狀態變得不正常，最終導致胃潰瘍。」

「神經性胃病」一書的作者約瑟夫．孟坦博士也說過同樣的話。他指出：「胃潰瘍不是由於你吃的東西所引起的，而是由於你憂慮的狀態時刻侵蝕著你。」

梅育診所的法瑞蘇博士認為：「胃潰瘍通常隨著人情緒壓力的起伏而發作或消失。」

這一說法以梅育診所15000名胃功能紊亂患者的病歷為基礎。其中4/5的病人並非由於生理原因而患病，恐懼、憂慮、憎恨、極端自私以及對現實生活無法適應才是他們罹患胃部疾病和胃潰瘍的主要原因。胃潰瘍是一種致命的疾病。根據「生活」雜誌的報導，胃潰瘍現居致命疾病前10位。

我最近與梅育診所的哈羅．海彬博士有過一些接觸，他在全美內外科協會的年會上宣讀過一篇論文，內容是他所研究176位平均年齡為44.3歲的企業經理人員，**超過1/3的人由於生活過度緊張而患有心臟功**

能紊亂、消化系統潰瘍或高血壓這3類疾病中的一種。想想看，在我們的商業精英中居然會有高達1/3的人患有心臟病、潰瘍和高血壓，而他們的平均年齡卻還不到45歲，成功的代價太高啦！況且這樣的代價還不一定能換得成功。任何人都能透過犧牲自己的健康而保證取得生意的發展嗎？就算有人能贏得全世界，卻損失了健康，這對他來說又有什麼好處呢？即使他擁有全世界，還是每次睡覺只能睡在一張床上，每天只能吃3頓飯而已。這一點連一個小雇員都能做得到，而且還能比一個大權在握的經理睡得更安穩，吃得更香。坦白說，我情願做一個彈著五弦琴的阿拉巴馬州佃農，也不願意在自己還不到45歲時，就為了管理一間鐵路公司或是一家香煙公司，而心力交瘁到毀掉自己的健康。

世界最知名的香煙製造商最近在加拿大森林中想消遣一下的時候，突發心臟病死了。他雖然擁有幾百萬的財產，但61歲就死了。他也許是犧牲了多年的壽命，才換取最終所謂「事業上的成功」。

在我看來，這位坐擁百萬資產的香煙製造商，其成功還不及我父親的一半——一個密蘇里州的農夫，雖然生前一文不名，死後沒有留下一分錢，但卻活到了89歲。

著名的梅育兄弟宣佈，他們的醫院中有一半以上的病人患有神經疾病，可是，在高級電子顯微鏡下，以最現代的方法檢查他們的神經細胞時，卻發現大部分患者都是非常健康的，他們的神經差不多和傑克．鄧普西一樣健康。顯然他們的「神經問題」並非由於神經細胞受損，而是情緒上的悲觀、煩躁、焦急、憂慮、恐懼、挫敗和頹喪等等。柏拉圖說過：「醫生所犯的最大錯誤在於，他們想要醫治患者的身體，卻不嘗試醫治他們精神上的問題；但實際上精神和肉體是一體的，治療的過程中不可分開處理。」

醫藥科學界花了2300年的時間才認清這個道理。現今我們正在發展一門嶄新的醫學「心理生理醫學」——一種同時兼顧生理和精神治療的醫學。現在正是我們發展這項科學的最好時機，因為現代醫學已消除大量由病原體引起的疾病——比如天花、霍亂等曾把數以百萬計的人送進墳墓的傳染病；可是醫學界暫時還不能治療那些並非由病原體引起，而是由於患者情緒上的憂慮、恐懼、憎恨、煩躁以及絕望所引起的生理或心理病症。這種情緒性疾病所引發的惡果正日益加重、擴散，而且發展的速度非常快。第二次世界大戰時應召的美國年輕人，每6個人中就有一個因為精神方面的問題而不能服役。

是什麼引發精神失常的呢？沒有人知道答案。但是恐懼和憂慮極有可能是最主要的原因。焦慮和煩躁的人因為無法適應現實社會而跟周圍環境斷絕所有聯繫，進入自我封閉的狀態，躲進他的幻想世界，從而解決他所憂慮的問題。

我書桌上擺著愛德華·波多爾斯基博士寫的「除憂去病」一書中有以下幾章題目：

憂慮對心臟的影響
憂慮造成高血壓
憂慮可能導致風濕症
為了你的胃減少憂慮
憂慮會使你感冒
憂慮和甲狀腺
憂慮的糖尿病患者

另外一本闡明憂慮對人影響的好書，是同樣來自梅育診所的卡爾．明梅爾博士所著的「自找麻煩」。這本書不是告訴你如何避免憂慮，而是列舉一些可怕的事實，讓你看清楚人們是怎樣在不知不覺中以憂慮、煩躁、憎恨、懊悔等情緒來傷害身心健康的。你也許能在附近的公共圖書館中借閱到這本書。

憂慮甚至能使最強壯的人生病。在美國內戰臨近結束的日子裡，格蘭特將軍發現了這一點。故事是這樣的：當時格蘭特將軍的部隊圍攻瑞其蒙已經長達9個月之久，敵對方李將軍手下的士兵們已經衣衫不整、饑餓不堪，這樣的部隊眼看就快要被打敗，軍中不少士兵在他們的帳篷裡祈禱、叫著、哭著，由於過度的焦慮還看到了種種的幻象。眼看這場戰爭即將終結，李將軍手下的人放火燒了瑞其蒙的棉花和煙草倉庫也燒了兵工廠，然後，在烈焰升騰的黑夜裡準備棄城而逃。此時格蘭特將軍則乘勝追擊，從左右兩側會和同盟軍並一道從後方夾擊南部聯軍，謝裡丹派出的騎兵也從正面截擊炸毀鐵路線，切斷敵人的補給。

但是，格蘭特將軍當時卻由於劇烈頭痛導致眼睛半失明而無法跟上隊伍，暫住在一家農戶家裡。「我在那裡過了一夜」格蘭特在回憶錄中寫道：「我把雙腳泡在加了芥末的熱水裡，還把芥末藥膏貼在我的兩個手腕和後頸上，希望我第二天早上能復原。」

隔天早上，他果然立刻康復了，可是，使他復原的真正原因並不是芥末藥膏，而是從前方戰場歸來的騎兵所帶來敵人首領的降書。

「當那個軍官（帶著那封信）走到我面前時，」格蘭特寫道：「我的頭依舊疼得很厲害，可是當我看完那封信的內容後，立刻就好了起來。」

顯然正是格蘭特的憂慮、緊張和情緒上的不安導致他產生病痛，一旦他在情緒上恢復了自信，想到成功勝利，病就馬上好了。

70年後，在羅斯福時期擔任內閣財政部長的亨利．莫建索發現，焦慮會讓他身體不適，以至於感到眩暈。當時總統為了提高小麥價格，竟然一天之內購買了440萬蒲式耳的小麥，這使他非常擔心，焦慮不安。他的日記裡寫道：「在這件事進行的過程中，我覺得頭暈眼花，午飯後我得回家睡上2小時。」

假如我現在就想看看憂慮會對人造成什麼樣的影響，那我不必到圖書館找文字記載或者去醫生那裡找相關的病人，我只需停筆抬頭望望窗外，就會發現對面那座樓房裡有人已經由於憂慮而精神崩潰，另一個人則因為憂慮而患上糖尿病，當金融市場股票猛跌時，他的血糖和尿糖肯定會升高。

著名法國哲學家蒙田，在他被選為其家鄉波爾多市的市長時曾對市民們這樣說過：「我願意親自用我的雙手來處理你們的事務，但不會讓它們傷及到我的肝和肺。」

我的一位鄰居卻將股票市場的風雲變幻帶到他的血液中，過高的血糖幾乎要了他的命。

假如我現在就想提醒自己憂慮會對人造成的影響，我不必去看我鄰居的房間，只需抬頭看看我現在寫字的房間，這讓我想起它以前的主人就是因為焦慮而導致意外死亡的。

憂慮能使你終身癱在輪椅上，飽受風濕和關節炎的折磨。世界著名的關節炎治療權威，任職於康奈爾大學醫學院的羅素．西基爾博士，列舉了4種最容易得關節炎的情況：

一、婚姻破裂。

二、財務問題。

三、孤獨憂慮。

四、長期憤怒。

顯然，這4個因素遠遠不是導致關節炎的僅有原因，還有許多由於其他原因而產生的關節炎。但是，西基爾博士所列舉的4種情況，是最常見的病因。我的一個朋友在經濟蕭條時財務方面遭到很大的損失，煤氣公司已經停止供應煤氣，銀行也沒收了他抵押的房產，他的夫人恰在此時患上關節炎，雖然經過多方治療但仍不見成效，直到他的財務狀況有所好轉，他夫人的病才有所改善。

憂慮甚至能讓你患齲齒。威廉·麥克高陵格博士在全美牙醫協會的一次演講中說到：「由於焦慮、恐懼、煩惱等產生的不快情緒，都有可能影響到人體內鈣離子的平衡，使得人們容易蛀牙。」麥克高陵格博士談到他有位病人過去牙齒都很健康，直到他的妻子罹患疾病以後，他開始擔心。在他妻子住院的3周裡，他突然有了9顆蛀牙——都是由於焦慮引起的。

你是否見過急性甲狀腺亢進的患者？我見過，我可以告訴你，他們會渾身戰慄、顫抖，就像是個半死的人。其實甲狀腺的功能是使身體規律化，它的失調會使心跳加快，整個身體會亢奮得像一個打開所有爐門的火爐，此時若不進行手術或加以治療，病人很可能就此死亡，因為處於這樣的危險狀態就好比「將他自己燃燒殆盡」。

前不久，我陪同一位患有這種疾病的朋友到費城拜訪主治此病症長達38年的著名專家。在他候診室的牆上，掛著一塊大木牌，上面寫的是給患者們的忠告，當我在外面候診時我將它們抄在了一個信封的背面：

輕鬆和享受

最能使你輕鬆愉快的是：

健全的信仰、睡眠、音樂和歡笑。

相信上帝——學會睡得安穩——

喜歡動聽的音樂——幽默地看待生活——

健康和歡樂就會屬於你。

就診時，他向我朋友詢問的第一個問題就是：「你情緒上有什麼問題會使你產生這種病情？」隨後他又勸誡我的朋友，如果再繼續憂慮下去，還可能染上其他的併發症，例如心臟病、胃潰瘍或者糖尿病。這位醫生說：「所有這些疾病都是相互關聯著的，甚至聯繫十分緊密。」

當我去採訪女明星曼兒·奧白朗時，她曾經告訴我她絕對不會憂慮，因為憂慮會摧毀她在銀幕上的本錢——那就是美貌。

她告訴我：「我剛開始涉足電影界時，既擔心又害怕，因為那時候我剛從印度來倫敦找工作，在倫敦沒有半個熟人，雖然我曾經找過幾個製片人，但是他們沒有一個肯雇用我。我當時僅有的一點錢也用完了，自己都快要放棄了，整整兩星期的時間，我只能靠一點餅乾和水充饑。當時我不僅僅是憂慮，還很饑餓。我對自己說：『也許妳是個傻子，妳永遠也不可能闖進電影界，畢竟妳沒有經驗，從沒演過戲，除了一張漂亮的臉蛋，妳還有些什麼呢？』」

「我照了照鏡子，才驚訝地發現了些許變化，憂慮已經蠶食了我的好容貌，看著漸漸生出的皺紋，還有那焦慮的表情，我對自己說：『妳必須立即停止憂慮！妳能奉獻的只有容顏，而憂慮則會徹底毀掉它。』」沒有什麼會比憂慮令女人老得更快，更能摧毀她的容貌了。憂慮會凝固我們的表情，使我們牙關緊咬，久而久之我們臉上就會出現皺紋，顯得愁眉苦臉，頭髮也會變白，甚至脫落；憂慮還會破壞你的皮膚，使你臉上出現雀斑、潰爛和粉刺。

心臟病是當今美國人的頭號殺手。在第二次世界大戰期間，大約有30幾萬人戰死沙場。然而，在同一時期內，心臟疾病卻殺死了200萬平民——其中100萬人的心臟病都是由於憂慮和生活過度緊張所導致的。沒錯，亞力西斯．柯瑞爾博士說：「那些不知道如何消除憂慮的商人們會過早地死亡。」而心臟疾病的確是最主要的原因之一。

威廉．詹姆斯說：「上帝可能原諒我們所犯的錯，但我們的神經系統卻不能自我饒恕。」

這的確是一件令人吃驚而且難以置信的事實：據統計每年自殺的美國人，比死於5種最常見傳染病的人數還要多。

為什麼？答案主要是「憂慮」。

中國古代一些殘忍的將軍在折磨俘虜時，常常把俘虜的手腳綁起來，放在一個不停滴水的袋子下面，水就這樣一滴一滴地滴著……滴著……夜以繼日，最後，這些不停滴落在頭上的水聲，似乎就像是槌子在敲擊的聲響，最終會使那些俘虜精神失常。而這種殘忍的折磨方式，在西班牙宗教法庭和希特勒統治時期的德國集中營都曾使用過。

憂慮好比那些不停往下滴的水，而一滴一滴地持續流下，最終會使人精神失常甚至自殺。

當我還是一個密蘇里州鄉村的孩子時，每週日聽到牧師形容地獄的烈火都會嚇得半死，可是他卻從來沒有提到，那些憂慮的人在這個世界上到處可以感受到的那些由憂慮帶來生理上的地獄之火；就好比說，如果你總是憂慮，總有一天你會患上人類最痛苦的病症——心絞痛。

你熱愛生活嗎？你想要享受生命和健康嗎？這些就是你所能做的。我在這裡再次引用亞利西斯．柯瑞爾博士的話：「在現代城市的混亂中，只有能保持內心平靜的人才不會被神經疾病所困擾。」

你能否在現代城市的混亂中保持內心的平靜呢？如果你是個正常人，答案當然是「可以」、「絕對可以」。大多數人實際上都要比自己想像的堅強。我們每個人內在還有許多尚未挖掘的力量，正如梭羅在他的不朽名著「瓦爾登湖」中所說的：

「我不知道有什麼會比一個人下定決心努力提升他生活的希望而更為令人振奮了……如果人能充滿信心地朝他理想的方向努力，下定決心過他所想過的生活，有朝一日，他一定會獲得意想不到的成功。」

誠然，我始終相信所多讀者都會有像歐嘉．佳薇的那種意志力和內在力量。她住在愛達荷州，即使在最為艱苦的環境中，她發現自己仍舊能夠克服憂慮，我堅信你我一樣也可以，只要我們相信本章節中所討論的這些古老真理。歐嘉．佳薇講述道：「8年半前，醫生宣告我將不久於人世，就是那種很慢、很痛苦地死於癌症的方式。國內最有名的醫生梅育兄弟也同時證實了這個診斷，這使得我走投無路，眼看著死亡就要撲向我，但是我那麼年輕，真的不想死，出於絕望，我哭著打電話給我的醫生告訴他我內心的絕望。他顯得有些不耐煩地對我說：『歐嘉，妳怎麼了？難道妳被自己的疾病給征服了嗎？妳要是一直這樣哭下去的話，妳當然會死的。不錯，妳確實碰上了最倒楣的情況，不過妳要學會面對現實，沒有必要再去憂慮了，想點辦法去做些什麼更有意義的事情。』就在那一瞬間，我握緊拳頭發了一個毒誓，態度嚴肅得連指甲都深深掐進了肉裡，而且背上一陣寒顫，『我不會再憂慮了，我不會再哭泣了；如果還有什麼需要我用精神去戰勝，那就是我一定要贏，我一定要活下去！』

「對於我這種末期患者來說，常規劑量的放射治療已經不起作用，所以醫生每天為我照14分半鐘，連續照了49天；雖然我當時已經骨瘦如柴，而且兩腳重得像鉛塊，但是我卻從不憂慮，一次也沒哭過。反之，整個過程我都會面帶微笑，我承認，當時的確是在強迫自己微笑。」

「我當然不會傻到以為只要微笑就能治癒癌症，但我確信只有這樣愉快的精神狀態才有助於戰勝病魔，無論如何我的確親身經歷了一次治癒癌症的奇蹟。在之後的幾年裡，我從未像現在這樣健康過，這多虧了我的醫生在電話中告訴我的這句給予我勇氣和信心的話，『妳要學會面對現實，沒有必要再去憂慮，想點辦法去做些什麼更有意義的事情。』」

原則三

在結束這一章的時候，我要再重複一次亞力西斯．柯瑞爾博士的那句話：「那些不知該如何消除憂慮的人都會短命。」

追隨先知穆罕默德的人們往往以古蘭經文刺其胸部以明心志，我希望本書的每位讀者都能將這句話記在心中：「那些不知該如何消除憂慮的人都會短命。」

柯瑞爾博士是否在說你呢？

仔細想想，很有可能。

PART 1

小結

克服憂慮的基本原則

原則一

如果你想避免憂慮，就要像威廉・奧斯勒爵士一樣，
在「今日艙」中生活，不要擔憂未來，只要安心地過好今天。

●

原則二

下次你再碰上麻煩——感覺走投無路的時候，
試試威利・凱瑞爾的萬靈公式：

1. 捫心自問：「如果無法解決麻煩，可能發生的最壞情況是什麼？」
2. 如果不得不如此，做好接受最壞情況的心理準備。
3. 鎮定下來，然後想盡辦法改善這個最壞的情況。

●

原則三

常常提醒自己憂慮會使你付出高昂的健康代價，
「那些不知該如何消除憂慮的人，都會短命。」

PART 2

分析憂慮的基本技巧

Basic Techniques

in Analysing Worry

1
如何分析和解決焦慮問題

如果一個人可以將他的時間用於公正客觀地掌握事實，
那麼他的焦慮就會在知識的光芒中煙消雲散。

6位忠實的僕人
（我所知的一切皆為他們所授）：
他們的名字是：什麼、為什麼、如何、何時、何地、何人。
——魯德亞德·吉卜林

有了第一卷第二章中威利·凱瑞爾的神奇公式，所有的焦慮問題就能迎刃而解了嗎？不，當然不是。

那麼，答案是什麼呢？答案是：

我們一定要掌握以下3個分析問題的基本步驟，它們將讓各種焦慮的問題迎刃而解。這3個步驟即：

一、了解事實。

二、分析事實。

三、作出決定——然後照辦。

顯而易見的事？是的，亞里斯多德教授它並運用它。如果我們想擺脫那些日日夜夜折磨著我們，讓我們如同生活在地獄裡的問題，那麼，我們也一定要這樣做。

讓我們來看第一條：了解事實。為什麼了解事實如此重要？因為除非我們已掌握事實，否則即使只是嘗試去明智地解決問題都是不可能的。無法認清事實，我們所能做的就只是一頭霧水地乾著急。這是我個人的觀點？不，這是哥倫比亞大學哥倫比亞學院院長赫伯特·霍克斯的看法，在其任職的22年間，赫伯特曾成功幫助20萬學生解決他們的焦慮問題，正是他告訴我「困惑是焦慮的首要原因」。他說：「世界上一半的焦慮，都是因為人們在掌握足以做出決定的資訊之前，試圖去做決定而造成的。」

「比如說，如果我有一個問題，必須在下週二3點前得到解決，那麼我不會試著去做出決定，而是一直等到下週二。這期間，我將集中精力去獲得與之相關的事實，我不會焦慮，不會為這個問題備受折磨，不會為之夜不能寐，我只做一件事，了解事實。如此一來，到了星期二的時候，如果我已經了解到所有的事實，通常問題自然就解決了！」

我問霍克斯院長，他是否已然徹底地戰勝焦慮。「是的，」他說：「我想我可以問心無愧地說，現在我的生活中已經完全沒有焦慮了。我發現，」他繼續說道：「如果一個人可以將他的時間用於公正客觀地掌握事實，那麼他的焦慮就會在知識的光芒中煙消雲散。」

讓我重複一遍這句話：「如果一個人可以將他的時間用於公正客觀地掌握事實，那麼，他的焦慮就會在知識的光芒中煙消雲散。」

但是，我們大多數是怎麼做的？我們真的在乎事實嗎？湯瑪斯·愛迪生曾經非常嚴肅地說：「想避開認真思考的權宜之計是不存在的。」我們真的在乎事實嗎？我們像追逐獵物的獵犬般追逐著那些能支持我們已有觀念的事實，而對其他所有的一切置若罔聞，我們想要的只是那些能證明我們所做為正確的、合我們如意算盤的能讓我們所持偏見順理成章的事實。

正如安德列・莫洛亞所說：「所有合我們意的，看來總像是真的；所有不合我們意的，則令我們狂怒。」

真是這樣的話，難怪我們費盡力氣也找不到問題的答案。這就像做二年級的算術題一樣，如果我們事先假設2加2等於5，我們又怎麼能得出答案呢？然而世界上有很多這樣的人，他們堅持2加2等於5，甚或等於500，從而讓自己和他人的生活像在地獄裡一樣糟糕。

對此我們能做些什麼呢？我們必須拋開情感因素去思考，必須像霍克斯院長所說的，用「公正」、「客觀」的方式獲得事實。

然而，當我們焦慮時，這並不是一項簡單的任務。焦慮襲來時，我們往往會情緒激動；不過，當我試著跳出自己的問題時，我發現了兩個很有幫助的辦法，這能使我們清晰、客觀地看到事實：

一、了解事實時，我會假設我不是在為自己做這件事，而是為了別人。這幫助我以一種冷靜、中立的態度去對待種種證據，幫助我掃清情感的影響。

二、當我努力收集那個讓我焦慮問題的相關資訊時，有時我會假想自己是反方的辯護律師；換句話說，我努力去收集所有那些對我不利的資訊，那些讓我期望落空，讓我不願面對的資訊。

然後，我會將我這一邊和對方的所有資訊都寫出來，通常，我會發現，真理在這兩極中間的某個位置上。

我要指出的正在於此。無論是你、我、愛因斯坦還是美國最高法院，都不可能聰明到在沒有了解事實前就做出一個能解決問題的明智決定。湯瑪斯・愛迪生深知這點，他死後留下2500本筆記本，上面記滿了他所面對問題的事實。

所以，解決我們問題的第一條原則：了解事實。讓我們像霍克斯院長一樣行事，如果沒有從中立的角度去了解事實真相，就不要試圖去解決問題。

然而，即使得到世上所有的事實，如果我們不對它們進行分析和解釋，亦將對我們毫無助益。

將事實寫下來後再對它們進行分析將會容易得多，這是我付出高昂代價所得到的教訓。事實上，僅僅將事實寫在一張紙上，就將會幫助我們在明智解決問題的道路上前進一大步。正如查理斯．凱特靈所說：「一個被陳述明白的問題，是一個已經被解決一半的問題。」

讓我告訴你這一點在現實生活中是如何發揮作用的。中國有句古語：「百聞不如一見。」現在我就帶你看看這個人是如何將我所說的付諸實施。

我認識加林．里奇菲爾德有很多年了，他是美國最成功的遠東商人之一。1942年日本入侵上海時，里奇菲爾德先生正在中國。下面這個故事，是他在我家做客時告訴我的：

「日軍轟炸珍珠港後不久就蜂擁而入，佔領了上海。我當時是上海亞洲人壽保險公司的經理，日軍派來一個所謂『軍方的清算員』——實際上是個海軍上將——並命令我協助他清算我們的財產。我可以選擇『合作』或『別的』，但選擇『別的』就一定是死路一條。」

「我做出遵命行事的樣子，因為我別無他法，不過有一筆大約75萬美元的債券，我沒有列在那張上交的清單中，因為這筆錢屬於我們的香港公司，與上海公司的資產無關；儘管如此，我還是怕如果日本人發現我做了什麼，我的處境會非常不利，然而，他們很快就發現了。」

「他們發現時我不在辦公室，但我的主任會計在場，他告訴我那個日本海軍上將勃然大怒，又是跺腳又是咒罵，說我是強盜、叛徒，說我在向日本皇軍挑戰。我知道這意味著什麼，我將被扔進廊橋。」

「廊橋！日本憲兵隊的刑訊室！我有幾個朋友寧願自殺也不願意被送到那個地方去，而另外一些朋友在被審訊和施刑10天後，慘死在那裡；現在，我也在憲兵隊的名單上了！」

「聽說這個消息是在星期日下午，我當時做了什麼呢？我想我本該被嚇傻了的，要不是我有一個明確解決問題的方法的話，我一定會被嚇傻的。多年來，每當我擔心的時候，總會坐在打字機前，打下以下兩個問題及其答案：」

1. 我擔心的是什麼？

2. 我該怎麼辦？

「過去我一度試圖直接回答這些問題，而不將它們寫下，不過，幾年前開始我不再這麼做了，我發現寫下問題和答案能使我思路清晰，所以，那個星期天下午，我直接回到在上海基督教青年會的住處，取出我的打字機，打出：」

1. 我擔心的是什麼？

我怕明天早上被關進憲兵隊。

「之後，我打出第二個問題。」

2. 我該怎麼辦？

「我花了幾個小時釐清問題，並寫下4種可以採取的行動及其後果。」

1. 我可以試著向日本軍官解釋。可是他不講英文，如果我試圖透過翻譯來跟他解釋，會再次惹惱他，這意味著死，因為他的殘暴會直接把我扔進憲兵隊而不想和我費口舌。

2. 我可以試著逃走。這點幾乎不可能，他們一直在監視著我，如果我打算逃走的話，必須要登記和離開我的房間，那很可能被他們抓住而槍斃。
3. 我可以留在我的房間裡不再靠近我的辦公室。如果我這樣做，那個海軍上將很可能會起疑心，也許會派兵來抓我，根本不給我說話的機會就把我關進憲兵隊。
4. 我可以星期一早上照常上班。如果我這麼做，那麼有可能那個海軍上將非常忙，已經忘了那件事，即使他又想起那件事，也可能已經冷靜下來，不再找麻煩了。這樣的話，我就沒事了，即使他來找麻煩，我仍然有機會向他解釋，所以，週一早上照常上班，就像什麼事都沒發生過一樣，將為我帶來兩個免於被抓進憲兵隊的機會。

「在我想明白並決定採取第四個方案——星期一早上像平常一樣去上班——之後，我立刻感覺如釋重負。」

「第二天早上我走進辦公室時，那個日本海軍上將就坐在那裡，嘴上叼著香煙，他像平常一樣瞪了我一眼，什麼話也沒說。6個星期後——感謝上帝——他回東京了，我的焦慮就此告終。」

「正如我所說，在星期天下午坐下來寫出所有我可能採取的措施，並寫出每一種措施的後果，然後冷靜地做出決定，這可能救了我的命。如果我沒有那麼做，我很可能在那個混亂的時刻掙扎躊躇並做出什麼錯事來；如果我沒有想清楚我的問題並做出決定，可能會在整個周日下午驚慌失措，我可能會整夜無眠，可能會在週一早上上班時滿臉的焦慮和疲倦，而這就有可能讓那個日本軍官起疑心，並刺激他有所行動。」

「經驗一次次地向我證明做出決定所擁有的重大價值。不能達到一個預期的目標，繞著一個圈子瘋狂原地旋轉而無力停止，正是這些讓人精神崩潰。我發現，一旦我做出一個清楚、明確的決定，50%的焦慮就會消失。而當我開始執行這個決定時，通常又有40%的焦慮會不復存在。所以，透過採取以下4個步驟，我驅散了90%的焦慮：」

1. 明確地寫出我在為何而焦慮。
2. 寫出我能對其做些什麼。
3. 決定做什麼。
4. 馬上照決定去做。

加林・里奇菲爾德現在是SPF公司遠東地區負責人，掌管大宗保險和金融權益業務，他是美國在亞洲地區最重要的商人之一。他向我坦言，他成功大多的因素歸功於分析焦慮問題的方法和直面焦慮的態度。

他的方法好在哪裡呢？好在其有效、明確並直接指出問題的核心。除此之外，不可或缺的第三點法則是：做些什麼。除非我們貫徹我們的行動，否則之前所作的那些尋找事實、分析事實的工作都將是迎風吹口哨——純屬白費力氣。

威廉・詹姆士說過：「決定一旦做出，執行就是首要之務。至於應負的責任和對結果的關心，則應完全置之度外。」（在這裡，威廉・詹姆士所說的「關心」無疑是「焦慮」的同義詞）。他的意思是說，一旦你以事實為基礎，做出一個很謹慎的決定，就立即「投入戰鬥」。不要停下來重新考慮，不要遲疑、擔憂和猶豫；不要在自我懷疑中迷失，那將引起更多的懷疑；不要再回頭。

我曾向懷特・菲利浦——奧克拉荷馬州最成功的石油商人之一，請教如何把決心付諸行動。他回答說：「我發現持續地思考問題超過一定限度，必然導致困惑和焦慮。某一時刻起，調查和思考都變得有害而無益，這就是我們必須做出決定，並且義無反顧地行動的時候了。」

何不立刻就用加林・里奇菲爾德的方法來解除你的焦慮呢？

第一個問題——我在擔心什麼嗎？

第二個問題——我能怎麼辦？

第三個問題——我決定如何做。

第四個問題——我何時開始？

2
如何消除工作上50%的焦慮

我們總是在連問題是什麼都懶得搞清楚時，
不斷談論自己的麻煩，從而將自己置於焦慮之中。

如果你是個生意人，也許現在正對自己說：「這個標題太荒謬了。我做這行已經十幾年了，即使有人知道這個問題的答案，那也該是我，居然有人想要告訴我怎麼消除生意上50%的麻煩——簡直是荒謬絕倫。」

這話一點也不錯——如果我在幾年前看到這樣的標題，也會有這樣的感覺。這個標題給出了一個大大的承諾，而承諾往往是廉價的。

讓我們開誠佈公地說：也許我的確不能幫你解決生意上50%的憂慮，從我剛才分析的來看，除了你自己，沒有人能做到這一點；可是，我所能做到的是，讓你看看別人是怎樣做的，剩下的就是你的事了。

你或許還記得在本書中我曾引用過聞名世界的亞力西斯．柯瑞爾博士的一句話：「那些不知道該如何消除憂慮的人都會短命。」

既然焦慮的後果如此嚴重，那麼，如果我能幫你消除其中的一部分，即使只有10%，你應當會願意吧？是嗎？好！那麼，接下來我將告訴你的就是一位企業主管如何消除了一半的焦慮，同時成功地節約過去用於開會時間的75%。

此外，我不會向你講什麼「約翰先生」、「某先生」或者「我認識的一個俄亥俄人」的故事，這些故事背景含糊無從查證。這個故事發生在一個活生生的人身上——里昂·史恩肯，他是坐落於紐約洛克菲勒中心、美國最著名出版公司之一的西蒙舒斯特出版公司前合夥人和總經理。

下面就是他的一些經歷，他說：「15年來，我幾乎每天都要花一半的工作時間開會和討論問題，我們該做這個還是該做那個？還是根本什麼都不做？會上大家很緊張，坐立不安、走來走去、彼此辯論、繞圈子。夜幕降臨時，我會感到筋疲力盡，我滿心以為我將在這樣的事情中度過我的後半輩子，從沒想過事情可能會有更好的解決方法。如果有人對我說我可以減去這些令人焦慮的會議3/4的時間，可以消除3/4的精神壓力，我一定會認為他是一個糊裡糊塗、空口說白話的人，然而，我卻制定出了一個恰好能做到這一點的方案。這個辦法我已經用了8年，對我的辦事效率、健康和快樂，都有意想不到的好處。」

「這聽上去很神奇，但是，就像所有神奇的把戲，當你看到它是如何做到時，你會發現，其實它簡單至極。」

「下面就是我的秘訣：第一，我立即停止15年來我們會議中所使用的程式——我那些煩惱的同事們先列舉一遍出了問題環節的所有細節，最後以『我們該怎麼辦？』這個問題結束發言。第二，我訂下一個新的規矩——任何一個想要把問題給我的人必須先準備並提交一份書面報告，回答以下4個問題：」

「**1. 究竟出了什麼問題？**（過去人們常會在一個焦慮的會議上花一兩個小時，卻沒人具體、明確地知道真正的問題是什麼；我們總是在連問題是什麼都懶得搞清楚時，不斷談論自己的麻煩，從而將自己置於焦慮之中。）」

「**2. 問題的起因是什麼？**（我在回顧自己的生涯時，吃驚地發現自己在那些令人焦慮的會議上浪費了很多時間，但卻從未試圖弄清楚問題的根本狀況是什麼。）」

「**3. 這些問題可能有哪些解決辦法？**（過去只要有人在會議上提出建議，就會有另一個人跟他爭辯，接下來的談話就會充滿火藥味。辯論常常離題，會議結束的時候，也不會有人記錄下一些能夠讓我們解決問題的方法。）」

「**4. 你建議用哪種辦法？**（我與一位男士參加過一場會議，他花了數小時的時間為某一情況擔憂，不斷地在這個問題上繞圈子，但卻從未對所有可行的方法進行思考，最後在紙上寫下：『這是我建議的解決方案。』）」

「現在，同事們很少帶著問題來找我了。為什麼呢？因為他們發現，為了回答這4個問題，他們必須去尋找上面提到的所有內容，並在這些方面思考自己的問題。等做完這些後，他們會發現有3/4的情況是根本不需要向我諮詢的，因為合適的解決方法已經像麵包從烤麵包機中自動跳出來一樣獲得了。即使非討論不可，所花時間也不過是過去的1/3，因為討論的過程有條理而且合乎邏輯，最後得出一個理性的結論。」

「如今公司內關於焦慮和到底問題出在哪的談話，花費的時間比以前少得多了，取而代之的是讓事情步入正軌。」

我的朋友，一位美國頂尖保險人法蘭克·貝特格告訴我，運用類似的方法，他不僅減少了商業煩惱，同時還獲得較以前2倍之多的收入。

「幾年前，」法蘭克·貝特格說：「我剛開始推銷保險的時候，對這份工作充滿了熱情，後來發生了一些事，使我非常氣餒以至於開始看不起自己的職業並考慮要放棄這個職業。我想如果不是那個星期六的早晨，我坐下來，嘗試去找出自己憂慮的根源，然後得到一些想法的話，我可能已經放棄了。」

「1. 我首先問自己：『問題到底是什麼？』問題是我並沒有從那些數量驚人的電話當中獲得相應足夠的回報率。在我開始向顧客推銷的時候，總是看上去談得不錯，但一旦快要成交時，他們就會對我說：『我再考慮考慮，貝特格先生，你下次來再說吧。』我又得在接下來的電話上花費很多時間，這使我覺得很沮喪。」

「2. 我問自己：『有什麼可行的解決辦法？』回答之前，我當然得先研究一下這些問題的情況。我拿出過去12個月的記錄本，仔細研究了上面的數字。」

「我吃驚地發現，這上面清清楚楚地反映出，在我所賣的保險裡有70%是在第一次見面成交的，另外有23%是在第二次見面成交的，而那些讓我破敗不堪、耗費時間的是第三、第四、第五次見面才達成的交易，這些只占7%。換句話說，我幾乎一半的工作時間只換來了7%的銷售業績。」

「3.『那答案是什麼呢？』答案其實很明顯，我立刻停止第二次以後的拜訪，而將空出的時間用於尋找新顧客。結果讓人難以置信，在很短的時間內，我就使每次拜訪獲得的收益提高了將近一倍。」

正如我前面提到的，法蘭克・貝特格已經是美國最好的人身保險業務員之一了，每年銷售的保險業務都在100萬美元以上，可是在他準備承認失敗的最後時刻，他曾一度想放棄自己的職業。直到他分析出自己的問題，然後推動自己重新走上成功之路。

你可以將這些問題運用到你的工作問題中嗎？再一次重申我提出的挑戰—— 它們可以使你的憂慮減少50%。它們是：

一、問題是什麼？

二、問題的成因是什麼？

三、可能的解決問題方法有哪些？

四、你建議用哪一種方法？

PART 2

小結

分析憂慮的基本技巧

原則一

了解事實。記住霍克斯院長的話：

「世界上一半的焦慮，都是因為人們在掌握足以

做出決定的充足資訊之前，就試圖去做決定而造成的。」

●

原則二

在仔細權衡所有事實之後，做出決定。

●

原則三

一旦謹慎地做出決定，就要抓緊時間落實你的決定，

將對結果的擔心扔到腦後。

●

原則四

當你或你的同事為某個問題憂慮時，
請寫下下列問題，並給出答案：

1. 問題是什麼？

2. 問題的起因是什麼？

3. 所有可能的解決方法是什麼？

4. 最好的解決方法是什麼？

PART 3

如何在被擊垮之前改變憂慮的習慣

How to Break the Worry Habit Before It Breaks You

1
如何排除你內心中的憂慮

憂慮最能傷害你的時候，不是在你忙碌的時候，
而是在一天工作結束以後。
——詹姆斯．馬歇爾

我永遠都不會忘記幾年前的那個晚上。當時在我課堂上有個叫馬利安．道格拉斯的學生（依他的請求，我用了假名，但這是一個他向我講述的真實故事。）他向我傾訴他家裡曾連續遭受的兩次不幸。第一次，他失去了年僅5歲的女兒，那是他非常寵愛的孩子，當時他和妻子根本無法承受這個打擊，然而，更為不幸的事又再次發生了，「10個月後，上帝賜予我們另一個女兒——但她僅僅活了5天的時間。」

這接二連三的打擊讓他幾乎無法承受，「我沒法擺脫出來，」他繼續說：「那幾天，我根本沒有食慾，一晚上總在失眠，無法休息或放鬆，我覺得我的精神受到了致命的打擊，失去全部的自信，無奈之下我只好去看醫生。」一位醫生為他開了些藥片，而另一位則建議他安排一次旅行；他遵照醫囑進行嘗試，但結果卻都沒有用。他說：「我的身體好像被繩子捆住了，而且愈捆愈緊。」這種感覺，只有也曾有過類似經歷的讀者們，才能真正體會到其中的苦楚。

「不過，還是要感謝上帝，我還有一個孩子——一個4歲的兒子，

也正是他幫我解決了困擾已久的問題。一天下午，我呆坐在那裡為自己難過，這時他跑來問我：『爸爸，你能不能為我造一條船？』當時我實在沒有做船的心情，但這個小傢伙很纏人，我也只得依著他。」

「雖然造那條玩具船足足花了我3個多小時，但是等做好時我才醒悟到，這3個多小時的時間是我許多天來第一次感到放鬆和平靜的時刻。」

「這一發現使我如夢初醒，讓我幾個月來第一次有精神去思考一些事情。我清楚地領悟到：**當你開始動腦忙於手頭的工作，你就很難再去憂慮別的事情了**。透過為兒子造船這件事情，我的憂慮在整個過程中早已蕩然無存，因此我在心裡提醒自己要變得忙碌起來。」

「第二天晚上，我把每個房間都仔細檢查了一遍，把所有該做的事情列在一張單子上面，這時我才發現有好些小東西需要修理——書架、樓梯、窗簾、門把、鎖頭、漏水的龍頭等等。兩個星期內，我出乎意料地列出了242件需要完成的事情。」

「在過去的兩年中我幾乎完全做完了這些小事，同時我為自己的生活安排了許多有趣的活動：每週用兩個晚上的時間到紐約市參加一個成人教育班，還參與了一些小鎮上的活動。現在我的職務是校董事會主席，我參加各種會議，協助紅十字會和其他機構的募捐；總之，現在的我簡直忙得沒有時間憂慮啦！」

沒有時間憂慮！這正是前英國首相邱吉爾在戰事緊張到每天要工作18個小時時所說的。當別人問他是否為當時的職位擔憂時，他卻回答道：「我太忙了，根本沒有時間考慮那些。」

查理斯・柯特林在研製汽車自動點火器時也遇到過這種情形。直到柯特林先生退休前，他一直是通用公司的副總裁，掌管世界知名的通用汽車研究公司；可是當年他非常貧窮，不得不選用堆稻草的穀倉來作為實驗室，而家裡的全部開銷則靠他妻子在外面教鋼琴的1500美元酬金。再往後，他又不得不從自己的人身保險中挪出500美元補貼家用。我問過他妻子在那段時間裡是否很憂慮，她說：「是的，我擔心得睡不著覺，可是柯特林先生卻一點也不，因為他整天埋頭工作，根本沒有時間去憂慮。」

偉大的科學家巴斯特曾說：「在圖書館和實驗室能找到真正的平靜。」為什麼會這麼說呢？因為在那裡，人們會埋頭工作，不會為別的事情分心。做研究工作的人很少罹患精神疾病的，因為他們沒有時間來享受那樣的「奢侈」。

究竟為什麼保持忙碌能夠讓人遠離憂慮？那是由於一項再基本不過的法則——不論一個人多麼聰明，都不可能一心二用。如果你不相信，我們可以做一個小實驗：

假設你靠坐在椅子上閉起雙眼，試著同時去想自由女神和你明天早上準備做的事情（一定要試一試啊）。

結果會發現你只能輪流想其中一件事，而不能同時惦記著兩件事情。你的情感也是如此：我們不可能一邊激動、熱忱地去做那些令人興奮的事情，同時又因為憂慮而被拖延下來；兩種感覺不可兼顧，結果必然是一種感覺取代另一種感覺。正是這個簡單的發現，使軍隊的心理治療專家在二戰期間創造了許多奇蹟。

那些從戰場上退役下來的士兵們經常患有「精神衰弱症」，軍醫就用「持續忙碌」療法來治療他們。白天的每一分鐘裡，醫生會讓他們的生活充滿各種活動，特別是一些戶外活動，類似釣魚、打獵、打球、拍照、種花以及跳舞等，根本不讓他們有空去回想那些可怕的經歷。

「攻佔療法」是近代心理醫生所用的醫療術語，也就是把工作當作治病的方式，這是歷來就有的一種療法。西元前500年，古希臘的醫生就已經採用了。

在富蘭克林時代，費城教友會也用這種療法。1774年有一個人去參觀教友會的療養院，他驚訝地發現那些患有精神病的人正忙著紡紗織布，他還以為這些可憐的病人在被迫進行勞動——直到後來教友會的人向他解釋，他們發現患有精神疾病的人只有處在工作狀態時，病情才能得到緩解，原因可能是由於工作能穩定他們的情緒。

所有的精神病學家都相信保持持續工作的狀態正是對於精神病患者強而有力的麻醉劑。著名詩人亨利·朗費羅在失去妻子的那段日子裡正是這樣做的，他的妻子因火災不幸致死，當時他雖然聽到喊聲及時趕到現場，卻沒能救活已嚴重燒傷的妻子，在隨後的日子裡，這段可怕的回憶幾乎快要把他逼瘋。不幸的是，他身邊還有3個幼小的孩子需要照料。儘管那時的朗費羅內心非常痛苦，但為了孩子，他身兼父母兩職，帶他們散步，為他們講故事，和他們一起玩耍，並把他們之間的感情永遠記錄在「孩子們的時間」一詩裡。同時，他還翻譯了但丁神曲。繁忙的工作和生活狀態使他重新獲得內心的平靜。正如坦尼森在最好的朋友亞瑟·哈蘭死時，曾說過的：「我一定要讓自己沉浸在工作裡，否則就會因此悲痛欲絕。」

當我們忙於眼前的那些事情時，我們幾乎沒有時間去悲痛欲絕；但是在工作之餘，情況就相當危險了。本來這些空閒的時間裡，我們可以充分地享受生活，然而，憂慮等情緒會慢慢向我們襲來，進而將內心的平靜和快樂都趕了出去，也正是這時候，我們開始想生活中的自己該何去何從，是否踏上了正軌，上司今天說的那句話是否有「特殊的含義」，或者，我們已經開始掉頭髮了……

在我們空閒時，頭腦就變得像是真空狀態一樣。每一個學過物理的人都知道：「自然界中沒有真空狀態。」我們常見到的真空狀態也只是存在於自家所使用的白熾燈泡內，一旦被打破，空氣就會立刻鑽進去，填上理論中真空的那一塊空間。

當你的頭腦空閒下來，自然也會有東西填充進去；是什麼呢？通常都是一些情緒因素；為什麼呢？因為憂慮、恐懼、憎恨、嫉妒和羨慕等等情緒，都是我們內心中最原始的情緒，此時它們會表現得異常猛烈，進而把我們所有平靜、快樂的思想和情緒都趕出去。

詹姆斯・馬歇爾是哥倫比亞學院教育學的教授，他在這方面說得很好：「憂慮最能傷害你的時候，不是在你忙碌的時候，而是在一天工作結束以後。這時的你想像力開始混亂，使你把任何荒謬透頂的事情或每一個小錯誤都加以誇大。這個時候，你的思想就像一輛卸了載的車子橫衝直撞，撞毀一切，直至把自己也撞成碎片。最好的補救辦法就是讓自己全神貫注地做一些有意義的事情。」

但是，你不必成為一名大學教授之後才會懂得這個道理，即使平凡的你也能將其付諸實踐。第二次世界大戰時，我曾遇到一對家住芝加哥的夫婦，那家的主婦親口告訴我她是如何「讓自己忙於做一些有建設性的事情而消除憂慮的」。那是在我從紐約前往密蘇里州我的農場的火車餐車中。

這對夫婦告訴我，他們唯一的兒子在珍珠港事變的第二天就參軍了，那位夫人由於憂慮幾乎損害了自己的身體健康，因為她每天都擔心兒子的生命安危。

我問她後來是怎麼克服憂慮的，她回答說：「我儘量讓自己忙碌起來。」最初她把女傭辭退，想讓自己忙於家務，但效果並不明顯。「原因是，家務基本上是機械化的，根本不用費腦子。所以當我鋪床、洗碟子的時候，腦子裡還是一直擔憂著。最後我發覺自己需要換一個新的工作，使我在每天的每一個小時都讓身心忙碌起來。於是我就到一家大百貨公司擔任售貨員。」

「這樣做非常有效，」她說：「我立刻發覺自己沒有閒著的時候，顧客們擠在我四周詢問價錢、尺寸、顏色等問題，沒有一秒鐘能讓我去想工作以外的事情。晚上，我只想趕緊脫下鞋子好好休息一會兒。每天吃完晚飯後，我倒頭便睡，既沒有時間，也沒有體力再去憂慮。」

這位夫人所發現的方法正是約翰．考伯爾．伯斯在「忘記不快的藝術」一書中寫到的：「舒適的安全感、內心的平靜以及快樂而祥和的感覺，正是人們在專心工作時所表現出的精神狀態。」

世界最著名的女冒險家奧莎．強生，最近告訴了我她是如何排解憂慮和悲傷的。有的讀者可能閱讀過她撰寫的書籍「與冒險結伴」。如果有哪個女人將要與冒險結伴終生，那麼她就是其中一個。她16歲與馬丁．強生結婚，在之後的25年裡，她與丈夫一起周遊世界各地，拍攝亞洲和非洲逐漸絕跡野生動物的影片。幾年以後他們再次回到美國，到處巡迴演講，放映他們那些有名的電影。不幸的是，他們從丹佛市飛往西岸的途中飛機墜毀，她丈夫當場身亡，而醫生們說她也將永久癱瘓在床。可是，醫生們怎麼也沒想到，就在3個月之後，她開始坐著輪椅發表演講。事實上，她就這樣為上百名觀眾進行了演講。當我問她為什麼這樣做的時候，她說：「我之所以這樣做，是讓自己沒有時間再去悲傷和憂慮。」

奧莎．強生所發現的真理也正是坦尼森在一個多世紀以前曾經歌頌過的：「我一定要讓自己沉浸在工作裡，否則就會因此悲痛欲絕。」

海軍上將拜德也發現了這個道理。他當時孤身一人在覆蓋著冰雪的南極小茅屋裡單獨住了5個月，在這片蘊含了大自然最古老秘密的冰原上，整個冰蓋的面積比美洲和歐洲大陸加起來還要大得多，但是方圓百里之內，沒有任何一種生物存在，他就這樣一人在這兒待了5個月。氣候極其寒冷，風吹過的時候他甚至感覺到自己的呼氣都被凍結。在「孤寂」一書中，他敘述了在既難熬又可怕的黑暗裡所過的那5個月的生活。那時他必須不斷忙碌才得已始終保持理智和清醒。

他說：「晚上熄燈之前，我習慣於安排好第二天的工作。為自己做好一切詳細的準備：1個小時檢查逃生的隧道，半個小時挖坑，1個小時弄燃料桶，1個小時安排自己的食物，2個小時修拖人用的雪橇……」

「能把時間分開安排是非常有效果的。」他說：「這樣使我能夠主宰自己的生活，否則日子將會過得沒有目的，而那些沒有目的的日子一天天過去，最後終究變得分崩離析。」

再次記錄下最後一句話：「否則，日子將會過得沒有目的，那些沒有目的的日子一天天過去，最後終究會變得分崩離析。」

如果你和我一樣處於擔心憂慮之中，那就讓我們以一種古老的偏方作為良藥。已故的原哈佛大學醫學院教授理查·柯波特在他「生活的動力」中指出：「作為大夫，我很高興看到我的工作能治癒病人，使他們擺脫由於過分恐懼、遲疑、躊躇所帶來的病症。工作為我們帶來的勇氣，正如愛默生創造出發明成果一般，我們需要自力更生。」

如果我們無法持續忙碌，而是坐著繼續發愁，我們就會產生一大堆被達爾文稱之為「胡思亂想」的東西，而這些「胡思亂想」就像傳說中的精靈，會掏空我們的思想，摧毀我們的意志。

我認識一位紐約的企業家，就是用忙碌來趕走那些「胡思亂想」，使自己沒有時間去煩惱和憂慮。他叫屈伯爾·郎曼，也是我成人教育班上的學生，他克服憂慮的經歷非常有意思，令人印象深刻，所以，下課之後，我請他和我一起去吃宵夜，我們在一家餐廳中坐到深夜，談著他的那些經歷。下面就是他告訴我的一個故事：

「18年前，我曾過度焦慮以至於患上失眠症，當時我精神非常緊張、脾氣暴躁，而且有點神經過敏，我覺得我就快要精神崩潰。」

「我的憂慮是有原因的。我當時是紐約皇冠水果製品公司的財務經理。我們投資了50萬美元，把草莓包裝在一加侖裝的罐子裡出售。20年來，我們一直將這種一加侖裝的草莓銷售給製造霜淇淋的廠商。但是，後來有段時間，我們的銷售突然停止了，原來那些大型霜淇淋製造商，像國家乳製品公司之類的，產量急劇增加，他們為了節省時間、降低成本，都改用桶裝草莓作為原料。」

「我們不僅無法售出這50萬美元的草莓，而且根據合同規定，在今後的一年之內，我們還必須繼續購買價值100萬美元的草莓。那時，我們已經向銀行借了35萬美元，但如今既無法還清借債，也無法籌集到需要的款項，所以，能想像得到我當時的心情吧！」

「我立刻趕到位於加州華生維裡的工廠，想要說服我們的總經理，告訴他市場的變化，如果再任情況繼續發展下去我們可能面臨破產；但他不肯相信，而把全部問題的責任歸罪於紐約公司那些可憐的銷售人員身上。」

「經過幾天的懇求以後，他終於同意不再按舊的方式包裝草莓，並且把新的產品投放到三藩市新鮮的草莓市場上。這樣一來解決了我們大部分的問題，照理說我應該不再憂慮了，可是我仍然無法做到這一點。憂慮是一種習慣，而我正擁有這種習慣。」

「回到紐約之後，我又開始擔心公司裡的每一項業務，對在義大利購買的櫻桃、在夏威夷購買的鳳梨等等，我都緊張不安，睡不著覺。這期間，就像我剛剛說過的那樣，簡直就快要精神崩潰。」

「在絕望中，我採取了一種嶄新的生活方式，從而治癒我的失眠症，並且不再憂慮。我儘量使自己忙碌，忙到我必須付出所有的精力和時間以至於沒有時間去憂慮。過去，我每天工作7個小時，現在我每天工作15到16個小時；我每天清晨8點鐘就到辦公室，一直待到半夜。我開始讓自己承擔新的任務，負起新的責任。半夜回到家時，總是筋疲力盡地倒在床，很快便進入夢鄉。」

「這樣忙碌的生活過了差不多有3個月，我終於改掉憂慮的習慣，又重新回到每天工作7到8個小時的正常情形。這件事情發生在18年前，而我再也沒有過失眠和憂慮。」

喬治·伯納·蕭說得很好，他總結說：「讓人愁苦的秘訣就是有空閒時間去想自己到底快樂不快樂。」所以不必去想它，騰出手來讓自己忙碌，你的血液會開始沸騰，你的思想會開始變得敏銳，這樣一來，煩惱就全部解除了——讓自己一直忙著，這是世界上最便宜，也是最好的一種藥。

改掉你憂慮的習慣：

原則一

保持忙碌的狀態。憂慮的人要沉浸在工作裡，否則就會因此悲痛欲絕。

2
不因瑣事而垂頭喪氣

我們應該把時間用於值得做的一些事情和感覺上，
去擁有偉大的思想，去試圖體會眞正的感情，
去完成尚未完成的事業。

為你講一個可能是我一生之中聽過最富戲劇性的故事，故事是由主人翁羅伯·摩爾親口告訴我的，他住在紐澤西州馬普伍德市。

「我一生中最為難忘的一課發生在1945年3月，我在中南半島附近276英尺深的海下一艘載滿88名士兵的巴亞S.S.318型潛水艇中執行任務，我們的雷達偵測到一支小型日軍護航艦隊正朝我們這邊開來。正值拂曉時分，我們開始下潛攻擊。我從潛望鏡裡發現這支艦隊共有一艘日式驅逐艦、一艘油輪和一艘佈雷艦。我們向驅逐艦發射了3枚魚雷，都沒有擊中，應該是魚雷發生了什麼機械故障，而那艘驅逐艦並沒有發現它受到攻擊，仍在繼續前進。我們準備對位於編隊最後的那艘佈雷艦再發動一次攻擊，突然，那艘佈雷艦直朝我們開來（一架日軍飛機把我們的位置用無線電通知了它）。為了躲避敵方的偵查，我們又繼續下潛到150英尺深的地方，同時做好應付深水炸彈的準備。我們加緊鎖好艦艇上各個艙門的備用螺栓，同時為了進一步讓艦艇消音，甚至關閉整個冷卻系統和所有電力設備。」

「3分鐘後，地獄般的景象降臨了。6枚深水炸彈在我們四周炸開，強烈的衝擊波把我們的潛水艇直壓到276英呎深的海底。我們害怕極了，在1000英呎的水深下受到攻擊是非常危險的，而在500英呎的水深下通常幾乎是致命的，更何況我們受到攻擊的深度只比500英呎的一半深了那麼一點點，僅有276英呎，那是「齊膝深」的距離呀！這令我們不得不為安全憂慮。整整15個小時，日軍的佈雷艦不停地投下深水炸彈，若深水炸彈在距離潛水艇不到17英呎的距離爆炸的話，我們的潛艇會直接被炸出個洞來。大量的深水炸彈在我們周圍50英呎的範圍內爆炸。當時，所有的官兵奉命靜躺在自己的床上，保持鎮定，但我已經被嚇得難以呼吸，我不斷地對自己說：『這下死定了，這下死定了……』由於所有的風扇和冷卻系統都被迫關閉，潛水艇內的溫度超過100度，可是我卻嚇得全身發冷，以至於披上了毛衣和皮夾克。我怕得牙齒不停地打架，像忽然著涼了一樣，毛衣都濕透了。攻擊整整持續了15個小時，然後突然停止了，顯然那艘佈雷艦用光了所有的炸彈後離開。這15個小時的時間裡我感覺好像有1500萬年那麼長，我過去的生活一一浮現在我的腦海中，我記起做過的所有壞事和曾經擔心過的所有瑣事。我入伍前曾經是銀行的一名職員，我擔憂自己過長的工作時間、低薪酬和黯淡的晉升前景，我因為各種事情發愁，比如沒錢買房子、買新車，沒錢給妻子買好衣服。我曾經那麼痛恨那個不斷嘮叨和責罵我的老闆，我還記得疲憊不堪地回家後，常常和妻子為一點芝麻小事吵架。我還為我額頭上一個小疤發過愁——那是一次車禍留下的傷痕。」

「曾經的那些煩惱在深水炸彈威脅著我生命的那一刻，顯得如此渺小。於是，我對自己發誓，如果我還有機會再看到太陽和星星的話，我永遠不會再發愁了，絕不！我覺得我在潛艇遭受攻擊的那15個小時裡所學到的生活真諦，遠比我在西拉鳩斯大學念4年書學到的還要多得多。」

我們時常能勇敢地面對生活中那些重大變故和災難，卻常常被一些瑣事搞得垂頭喪氣。例如，派皮斯先生在他的日記中寫到關於在倫敦觀看亨利爵士被砍頭的場景：當亨利爵士被安放在斷頭臺上時，他並沒有為自己的生命而祈求，卻祈求劊子手不要將自己的脖子弄疼！

另一個例子是海軍將領拜德先生在寒冷和黑暗的夜裡發現的。他手下的人關心那些瑣事多於那些性命攸關的事情，他們對於那些危險、艱難以及長時間維持在零下8度以下的低溫毫無怨言。

「可是，私底下我卻知道，有好幾個同房的人彼此之間從不說話，他們懷疑別人把自己的工具亂放在別的地方。有一個講究進食細嚼慢嚥的傢伙，每口食物都要嚼28次，而另一人一定要在食堂裡找到一個遠離這傢伙視線的地方才吃得下飯。」

拜德先生說：「在極地營中，即使是很小的事情都會讓那些訓練有素的人處於瘋狂邊緣。」

你可能會說拜德先生提到的這些「小事」如果發生在夫妻生活裡，還會造成「世界上半數的傷心」，至少那是權威人士的話。芝加哥的約瑟夫．沙巴士法官（曾經仲裁過40000多件不愉快的婚姻案件）說：「婚姻生活之所以不美滿的根本原因往往都是起於一些瑣事。」而前美國紐約州地方檢察官法蘭克．霍根說：「我所處理半數以上的犯罪案件都是由於小事端所引起的；酒吧中滋事挑釁、家庭內部問題的爭論、帶有侮辱的言論、詆毀的話語以及粗魯的行徑，所有這些都可能會導致衝突甚至謀殺。我們絕大多數都不是殘忍或者十惡不赦的人，經常都是因為一點點的小事觸怒自尊和虛榮心，最後導致嚴重的後果。」

羅斯福夫人如此形容她的第一次婚姻：「我總在憂慮。」因為她的新廚師飯做得很差。「但如果事情發生在現在，我一定會聳聳肩膀把這事給忘了。」很好，這才是一個成年人理智的做法，就連最專制的凱薩琳女皇，對廚師做壞的餐點，也只是付之一笑罷了。

一次，我和妻子到芝加哥一個朋友家吃飯，我朋友在切肉時出了點錯，我沒有注意到，而且即使注意到也不會太在意，可是當他妻子看到時卻馬上當著大家的面就跳起來指責他：「約翰，你怎麼搞的！難道你就連這麼點小事也做不好嗎？」

接著，她又對大家說：「他總是一錯再錯，從來不改善。」也許他確實沒有好好切肉，但我真佩服他能和他的妻子相處20年之久。坦白說，我寧願安靜地吃一兩個抹上芥末的熱狗，也不願意一邊聽她斥責，一邊吃著北京烤鴨和魚翅。

這件事過後不久，我和妻子邀請了幾個朋友來吃晚餐。客人快到時，妻子發現有3條餐巾和桌布顏色不配。

她後來告訴我：「我急著做飯，後來才發現另外3條餐巾送去洗了，此時客人已到門口，根本沒有時間更換，我急得差點哭了出來！我只想著為什麼我犯了這麼愚蠢的錯誤讓它毀了整個晚上？但轉念一想，為什麼就這樣讓它毀了我呢？後來，我大大方方地走進餐廳吃晚飯，決定開心一點。我的確這麼做了，我情願讓朋友們認為我是一個比較懶散的家庭主婦，也不願意他們認為我是一個神經質壞脾氣的女人，而且據我所知，當時根本沒有人注意到那些餐巾！」

我們都知道的一句格言是：「法律不會去管那些小瑣事。」那些憂慮的人們如果要恢復平靜，就不應該為這些小事憂愁。

多數情形下，我們在克服一些小事引起的煩惱時所要做的就是把自己的重心轉移——讓你重新建立一個新的、開心的觀點。我一位寫過很多作品的朋友作家荷馬・克羅伊，曾告訴我一個關於轉移重點很好的例子。過去他在寫作的時候，常常被紐約公寓中散熱器的蒸汽響聲吵得快要發瘋。

「後來有一次我和幾個朋友去露營，當我聽到樹枝在篝火裡燃燒的劈啪聲時，我突然意識到，這些聲音和散熱器發出的響聲很相似，為什麼我會喜歡這個聲音而討厭那個聲音呢？回來後我告誡自己：火堆裡木頭的爆裂聲很好聽，熱水的聲音也跟它差不多。這時我完全可以蒙頭大睡，不去理會這些噪音。的確，我真的這麼做了，頭幾天我還能注意到這些聲音，但不久我就能完全忘記它的存在。」

「其實很多瑣碎的擔心也是如此，我們不喜歡一些事情，弄得整個人很煩躁，這全是因為我們**誇張**了那些事的重要性……」

迪斯雷利曾說：「生命太短促了，不該再顧及小事。」安德列・摩瑞斯在「本周」雜誌中曾說：「迪斯雷利的話曾經幫助我度過許多痛苦的經驗，我們常常因一點本該忘記或是無視的小事而弄得心煩意亂……我們生活在這個世界上不過短短的幾十年，卻浪費了很多無法重來的時間去斤斤計較一些幾年後沒人會記得的小事。我們應該把時間用於值得做的事情和感覺上，去擁有偉大的思想、試圖體會真正的感情、完成尚未完成的事業。因為生命太短促了，不該再顧及那些小事。」

即使這樣，就連名人吉布林有時都會忘記：「生命太短促了，不該再顧及那些小事。」為什麼呢？他和他的小舅打了佛蒙特州有史以來最有名的一場官司，之後還被出版成書「吉布林的佛蒙特州糾紛」。

事情的梗概是這樣的：吉布林娶了一個名叫卡洛琳・巴里斯特的佛蒙特州姑娘，在佛蒙特州的布拉陀布造了一所漂亮的房子，準備在那安度餘生。他的小舅比提．巴里斯特也成為了他最好的朋友，他們經常一起工作，一起娛樂。

後來，吉布林從巴里斯特手裡買了一點地，兩人事先商量好巴里斯特可以每季度在那塊地上割草，可是有一天，巴里斯特發現吉布林突然把那片草地變成了一座花園，他熱血沸騰，勃然大怒，而吉布林也反唇相譏，弄得佛蒙特州綠山上籠罩著一層烏雲！

一波未平一波又起。幾天後，吉布林騎自行車出去玩時，巴里斯特的車隊突然橫穿馬路，把吉布林擠到路邊摔倒了。這位曾經寫過「眾人皆醉我獨醒」的人也昏了頭，發誓要將巴里斯特送進監獄；接下來就是一場具有轟動效應的官司，各大城市的記者湧入這個小鎮，報導也鋪天蓋地地傳播開來，而問題始終沒能真正解決。結果吉布林只好攜妻永遠離開了美國的家，而造成這一切的原因只不過是一件很小的事——一堆乾草。

培里克利斯在2400年前曾說過：「我們在瑣事上浪費的時間太多了！」我們的確如此。

哈瑞．愛默生．富斯狄克講過這樣一個有趣的故事，它是發生在大森林裡有關戰爭勝敗的故事：

在科羅拉多州長山的山坡上，躺著一棵大樹的殘軀。自然學家經過考證告訴我們其中的緣由：它已經有400多年的歷史。當哥倫布在聖薩爾瓦多登陸時它剛剛破土而出，而當那些教徒在普利茅斯定居的時候它剛長成一半。在它漫長的生命裡，它曾被閃電擊中過14次，還在4個世紀中忍受了無數次狂風暴雨的侵襲，即便如此，大樹都能倖存下來，但在最後，一群甲蟲的攻擊使它永遠倒在地上。那些甲蟲從樹皮開始向裡咬，漸漸傷了樹的元氣。雖然甲蟲的體積相對於大樹來說很渺小，但牠們的攻擊卻是持續不斷的。就是森林中這樣一個歷經多年歲月，蠶食不曾使它枯萎，閃電不曾將它擊倒，狂風暴雨不曾將它動搖的大樹，卻因受到一群用大拇指和食指就能捏死的甲蟲的攻擊，而最終生命完結。

我們不都像上述森林中那棵身經百戰的大樹嗎？我們也曾經歷過生命中無數狂風暴雨和閃電的襲擊，都撐過來了，可是**蠶食著我們心靈的就是類似小甲蟲的那些憂慮**——就是那些用大拇指和食指就可以捏死的小甲蟲。

幾年前，我和懷俄明州公路局局長查理斯．西費德先生以及其他朋友一起去參觀洛克菲勒在提頓國家公園中的一處莊園。我的車轉錯了一個彎，結果迷了路，比其他車晚到了一個小時。只有西費德先生有那裡的鑰匙，所以他在那個又熱又有好多蚊子的森林中等了我們整整一個小時。那裡的蚊子多得足以讓一個聖人發瘋。但是當我們到達的時候，西費德先生沒有詛咒那些蚊子，而是在吹一支用折下的白楊樹枝做成的小笛子。最後，我把這個小笛子當作一個紀念品，來紀念這個不在乎小事的人。

要在憂慮毀了你之前，先改掉憂慮的習慣：

原則二

不要讓我們因為那些本應無視和忘掉的瑣事而心煩，要記住：生命太短促了，不該再顧及那些瑣事。

3
用概率戰勝憂慮

我們所有的憂慮和不快幾乎都是
來自本身的想像而並非現實。
——喬治·庫克將軍

我小時候生活在密蘇里州的一個農場，有一天我幫母親為摘下來的櫻桃去核時突然哭了起來，母親問我：「戴爾，你究竟哭什麼呀？」我抽泣著說：「我害怕有一天會被活埋！」

在那些日子裡，我的內心充滿憂慮。暴風雨來臨時，我怕被閃電擊死；困難時期來臨時，我害怕被餓死；害怕死後會進地獄；害怕一個叫山姆·懷特的男孩像他威脅過我的那樣割下我的耳朵；害怕女孩子在我脫帽向她們鞠躬時取笑我；害怕將來沒有一個女孩子肯嫁給我；我甚至擔心在我跟我妻子結婚時我應該說些什麼。因為我幻想有一天我們會在一個鄉村教堂裡結婚，然後乘著四輪馬車穿越綿延的農田……但是這路途中我究竟應該跟她說些什麼呢？農作時我常常花好幾個小時想這些無聊的問題。

隨著時間的不斷流逝，我逐漸發現自己所擔心的事情中有99%根本不曾發生。

例如，正如我所說的那樣，我一度害怕閃電，但是現在我知道，根據美國國家安全委員會的統計結果，無論哪一年，我被閃電擊中的概率，都只有三十五萬分之一。

而被活埋的擔心更是荒謬透頂，我根本沒有想到即使是在發明木乃伊以前的日子裡——1000萬個人裡也只有一個人會遭到活埋，而當時我竟然為此嚇得哭出來。

每8個人裡就有1個人可能死於癌症；如果我真的應該擔心什麼的話，那應該是癌症——而不是被閃電擊死或遭到活埋。

的確，我一直在談論著年輕時的擔憂，但是許多成年人的憂慮也同樣荒謬。如果我們根據所謂的「概率法則」來計算我們的憂慮究竟會不會發生，那麼90%的擔憂自然就會消除了。

世界上最有名的保險公司——倫敦羅艾德保險公司——靠的就是人們對小概率事件的擔憂傾向而賺進無數的錢財。事實上，羅艾德保險公司是在和人們打賭，那些人們擔心的災難永遠不會發生，但是，它不將之稱為「打賭」，而是換了個名字叫做「保險」。這確實是一種以概率法則為根據的賭博。這家大保險公司已經在過去200多年中不斷壯大，除非人的本性有所改變，不然它還可能透過向你的鞋子、船、火漆什麼的提供保險而繼續壯大5000年，而人們擔心的這些莫名其妙「災難」，其實遠非想像的那麼頻繁。

如果我們仔細研究相關的概率，就會為我們所揭露的事實大為震驚。比如，如果我知道在未來的5年內，我得打一場像蓋茨堡戰役那樣激烈的仗，我一定會嚇壞了，屆時我一定會買盡所有的人壽保險，然後寫下遺囑，將我身後的事情整理清楚，我會說：「我可能無法活著熬過這場戰爭。所以我最好在這餘下的日子裡痛痛快快地活著。」但事實上，根據概率統計，和平時期50歲到55歲之間的死亡率與戰爭時期的士兵陣亡率幾乎是相等的；這就是說，和平時期50歲到55歲的人當中每1000人中死去的人數和蓋茨堡戰役的士兵中每1000人中陣亡的人數幾乎相等。

我在寫這本書時，有好幾章是在加拿大洛磯山弓湖岸邊詹姆斯·辛普森家的數鈦爾加旅館度過的。一年夏天，我在那裡遇到了來自三藩市的赫伯特·沙林吉夫婦，沙林吉夫人看上去平靜、沉著，給人的印象是一個從不憂慮的人。一天晚上在火爐旁聊天時，我問她是否曾被憂慮困擾過。「被憂慮困擾？」她說：「我的生活差點被憂慮毀掉。在學會如何征服憂慮之前，我在自己建造的地獄中生活了整整11年。那時我易怒且焦躁，生活在非常緊張的情緒之下，每週我都會乘巴士去三藩市的商店買東西，但在購物的過程中我會不停地擔心：也許出來時沒關電熨斗，這樣會引發火災，房子會燒毀；也許傭人丟下孩子們跑了；也許孩子們騎著單車被汽車撞死了……採購過程中，我常緊張得冷汗直冒，不得不趕緊衝出商店，跑回家去，看看一切是否安好。不難想像，第一次婚姻就這樣被我毀了。」

「我第二個丈夫是一位律師，很斯文，很具有分析能力，從不為任何事情憂慮，每當我緊張或焦慮的時候，他就對我說：『放鬆一些，讓我好好地想一想……妳真正擔心的到底是什麼呢？我們分析一下它發生的概率，看這種事情是否有發生的可能。』」

「記得有一次，我們在從新墨西哥州阿布奎基開往卡爾斯巴德洞穴的泥濘公路上遇到一場暴風雨，車子不停地打滑，我們無法控制。我肯定我們的車子準會滑到路邊的溝裡去，但我丈夫一直安慰我說：『我現在開得很慢，不會出事的，即使車子滑到溝裡，根據概率我們也不會受傷。』他鎮定自若的態度和自信使我緊張的心情逐漸平息下來。」

「還有一年夏天，我們準備到洛磯山區露營。晚上我們將帳篷紮在海拔7000英尺的地帶，沒料到突然遇上暴風雨。我們的帳篷透過拉繩繫在一塊木頭平臺上，外層在大風中抖著、搖晃著，發出尖厲的叫聲，我腦海裡不斷地翻滾著帳篷被吹垮飛到天上去的可怕場景。當時我真被嚇壞了，但我丈夫不停地說：『親愛的，我們有印第安嚮導，他們對這兒瞭若指掌，在這山上紮營已有60年的經驗，這塊帳篷在這裡也很多年了，不管什麼季節從沒發生過帳篷被吹跑的事。根據概率，今晚我們的帳篷也不會被吹跑，即使真吹跑了，我們也可以躲到別的帳篷裡去，所以妳不用緊張。』聽了這些，我一下子放鬆許多，結果那一夜我睡得很安穩。而且什麼事也沒發生……」

「幾年以前，小兒麻痹症在我們住的加州地區流行，要是以往，我肯定又會歇斯底里，但是我的丈夫勸我要保持鎮定，我們做好了一切防護措施：我們讓孩子們遠離人群密集的地方，包括學校和電影院，待在家裡。在向衛生局詳細詢問後，才知道即使是小兒麻痹症在加州流行最嚴重的一年，整個加州也僅僅有1835個孩子受到感染，而平均每年只有200到300個孩子感染。這樣的感染率讓我清楚地認識到每個孩子患病的概率非常小。」

「『根據概率，這種事情不會發生。』這句話解除了我90%的憂慮，使我過去這20年的生活過得十分美好而又平靜，遠遠超過了我的期望。」

喬治·庫克將軍曾說過：「我們所有的憂慮和不快幾乎都是來自本身的想像而並非現實。」當我回顧過去的幾十年時，發現自己大部分憂慮確實也是這樣產生的。詹姆·格蘭特曾告訴我，他的經驗也是如此。他是紐約詹姆斯·格蘭特分配公司的老闆，每次從佛羅里達州進10到15卡車的水果到紐約。他告訴我以前他腦子裡常有些憂慮的念頭，類似於：「萬一火車失事怎麼辦？」、「萬一運輸車被撞了，水果滾得滿地都是怎麼辦？」、「萬一我的車過橋時那橋忽然坍塌怎麼辦？」

當然，這些水果都保過險，但他仍然擔心火車萬一誤點，他的水果因此沒有及時搶佔市場而賣不出去。他甚至懷疑自己因為焦慮過度患上胃潰瘍，因此去找醫生檢查。醫生告訴他，他根本沒有別的毛病，一切都是心理作用，就是太過緊張了。「這時我才弄明白了。」他說：「我開始捫心自問：『夥計，這麼多年來你處理過多少車水果？』答案是：『大概25000多部車吧。』我又問：『這麼多年裡有出過多少車禍？』答案是：『大概只有5部。』於是我坦然道：『25 000部車中的5部，你知道這是什麼意思嗎？概率是五千分之一！換句話說，要是根據以往的經驗，你還有什麼好擔心的呢？』然後我對自己說：『是的，橋也許會塌。』於是又問自己：『過去你究竟有多少車是因橋塌而損失？』答案是：『沒有過。』我對自己說：『你為了一座從來也沒有塌過的橋擔憂，甚至為了五千分之一的火車失事而患上胃潰瘍，你就是個傻瓜！』」

「然後，我對自己說：『好吧，橋的確可能坍塌！』接著，我又問自己：『現實中，你有多少輛車因為橋的坍塌而遭到損失？』答案是——『一輛也沒有。』於是，我對自己說：『你難道是個傻瓜嗎？竟然為了一座從來沒有坍塌過的橋，和一場出事概率為1/5000的火車事故而憂慮得患上胃潰瘍！』」

「當我再次回顧這些事情時，我發覺自己過去很傻。於是我決定一旦遇到類似憂慮的事情一定要用概率來解決它，因此後來的我再也沒有為所謂的『胃潰瘍』煩惱過了。」

埃爾・史密斯在紐約當州長時，常常不斷反覆地說同樣一句話來回應政治敵人的攻擊和質疑：「讓我們看看記錄。」隨後他給出了事實依據。下回當你擔心的時候，也可以照著他的樣子，查一查以前的記錄，看看這樣的擔心到底有沒有道理。這也正是佛萊德雷·馬克斯塔特害怕他自己躺在墳墓裡時所做的事情。以下就是他在我紐約成人訓練班上所講的故事：

「1944年6月初，當時我正躺在奧瑪哈海灘附近的一個散兵坑裡。那時，我們剛剛隨信號服務公司潛入諾曼第，我看著這個長方形的坑，自言自語道：『這看起來真像一座墳墓。』當我累了準備躺下睡覺時，我越感覺這確實是一個墳墓，我情不自禁地重複著：『也許我真會死在這裡。』晚上11點，德軍的轟炸機開始活動，炸彈紛紛落下，我嚇得人都僵住了，前3天晚上我根本無法入睡，挨到了第四、第五天夜裡，我整個人幾乎崩潰了。我知道要是我不趕緊想辦法的話，我就會發瘋，於是我提醒自己，其實已經這樣子過去了5個晚上，而我還活得好好的，並且我們這一組人都還活得好好的，只有兩個受了輕傷，而他們之所以受傷，並不是被德軍的炸彈炸到，而是被我們自己的高射炮碎片擊中。最後我決定停止憂慮，開始做一些有意義的事情，我在我的散兵坑上造了一個厚厚的木製屋頂來防止被碎彈片擊中，我不斷地告誡自己：『除非讓敵人的炸彈直接命中，否則我不會死在這個又深又窄的坑裡。』接著我算出被直接命中的概率不到萬分之一。這樣想了兩三夜之後，我終於能夠平靜下來。後來就連敵機襲擊的時候，我也能泰然自若，睡得相當安穩。」

美國海軍也常用概率所統計的數字以鼓舞士氣。曾當過海軍水手一職的克萊德·馬斯講過這樣一個故事：當他和船上的夥伴被派到一艘運輸高辛烷值的油輪上時，他們都被嚇壞了。這艘油輪運得都是高辛烷值的汽油，他們認為如果油輪被魚雷擊中，他們必死無疑。

隨後，美國海軍總部為了消除他們的憂慮，立即發出一串正確的統計數字，指出被魚雷擊中的100艘油輪中有60％不會沉到海中。而沉下海的40艘裡也只有5艘是在不到10分鐘的時間沉沒的—— 這意味著他們有足夠的時間逃生，同時意味著災難發生的概率非常小。這些有助於鼓舞士氣嗎？

「知道這些數字之後，船上士兵們的憂慮都大大消除了。」明尼蘇達州聖保羅市瓦納特大街1969號的克萊德．馬斯說：「我們知道我們有得是機會自救，並且根據概率來看，我們不會死在這裡。」

要在憂慮毀了你之前，先改掉憂慮的習慣：

原則三

讓我們看看以前的紀錄，根據概率統計問問自己，我現在擔心的事，可能發生的概率究竟有多大？

4
學會處理無法避免的事實

要樂於接受事實，只有接受已經發生的事實，
才算是走出了克服隨之而來任何不幸的第一步。
——威廉・詹姆斯

小時候，我和幾個朋友在密蘇里州西北部一間荒廢老木屋的閣樓上玩，當我從閣樓爬下來，一條腿搭在窗戶外面準備從閣樓往下跳的時候，我左手食指上的戒指勾住了一枚釘子，扯斷了我整根手指。

我拼命尖叫，也嚇壞了，我當時肯定自己快要死了；但是等手好了以後，我並沒有再為少了根手指煩惱。因為煩惱又有什麼用呢？我接受了這個不可改變的事實。

現在，我通常一整個月都不會想起我的左手只有4個手指頭。

幾年前，在紐約市中心一座辦公大樓裡碰到一名開電梯的工人，我注意到他的左手被截去了，於是問他這是否會影響到他的生活。他說：「哦，當然不會，我一般不會想起這事，我還沒結婚，只有當我做針線活的時候才會注意到。」

我們擁有令人吃驚的接受現實的能力，並且能透過自身調節忘記那些不快的事情。我常常想起刻在荷蘭首都阿姆斯特丹一間15世紀教堂廢墟上的一行字：「事已至此，無法改變。」

當你我在時光中前進，不可避免會碰到許多令人不快的情況，它們已經發生了，不可能改變，此時，我們是有選擇的，我們可以把它們當作不可避免的事實加以接受，並適應它；或者，我們可以加以抵抗，最後在精神崩潰中毀掉自己的生活。

下面是我最喜歡的哲學家威廉・詹姆斯所給的忠告：「要樂於接受事實。只有接受已經發生的事實，才算是走出了克服隨之而來任何不幸的第一步。」

奧勒岡州的伊莉莎白・康黎經過許多困難，終於學到了這一點。以下是她給我的一封信中寫到的：「慶祝美軍在北非獲勝的那天，我被告知我最喜愛的侄子在戰場上失蹤了，隨之不久另一個噩耗傳來，他已經被確認陣亡。」

「我悲痛至極。在此之前，我一直覺得生活很美好，我有著一份自己喜愛的工作，又帶大了這個侄子，在我看來，他代表著年輕美好的一切。而正當我覺得之前所有的努力正要獲得回報的時候，電報回來，讓我的整個世界崩塌了。我覺得此生再無值得留戀。我開始忽略自己的工作和朋友，所有的事情都不聞不問，我的內心充滿痛苦和怨恨，為什麼要挑選我最愛的侄子去上戰場？為什麼偏偏是這樣一個充滿未來和希望的好孩子犧牲了？我無法接受現實。由於悲傷過度，我決定放棄自己的工作，離開家鄉，永遠地把自己藏在眼淚和悔恨之中。」

「就在我整理桌子，準備辭職的時候，突然看到一封我已經遺忘的信——這是幾年前我母親去世後侄子寄來的信。那信上說：『當然，我們，尤其是妳，會非常想念她，不過我知道妳會撐過去的。妳的人生觀會支持妳度過這一階段。我永遠也不會忘記妳教給我的那些美麗真理，無論我身在何處，我們之間距離多遙遠，我永遠都會記得妳教我要微笑面對生活，要像一個男子漢，承受一切可能發生的事情。』」

「我把那封信讀了一遍又一遍，覺得他似乎就在我身邊，跟我說話，他彷彿在問我：『為什麼不照妳教我的辦法去做呢？挺住，不論發生什麼事情，把妳的悲傷藏在微笑下，繼續堅強地活下去。』」

「於是，我又重新回到工作崗位，不再痛苦和糾結。我不斷對自己說：『事已至此，無法改變。但是我能夠像他所希望的那樣繼續活下去。』隨後我把所有的心思和精力都用於工作，我開始寫信給前方的士兵——給別人的兒子們。晚上，我參加成人教育班——尋找新的興趣，還結交了許多新朋友。連我都很難相信自己的改變，我已經慢慢走出陰影，不再為已經永遠過去的那些事悲傷。我現在的生活比過去更充實、更完整，就像我的侄子所希望的那樣，我接受了自己的命運，尋找到了平靜的生活。」

伊莉莎白．康黎學到了我們遲早要學到的東西，那就是：我們必須接受現實並處理無法避免的事情。「事已至此，無法改變」學會接受這一點可不簡單，即使是高居王位的人們也要時刻提醒自己這一點。已故的喬治五世，在他白金漢宮的書房裡掛著下面這句話：「教我不要為月亮哭泣，也不要為灑了的牛奶而後悔。」同樣的道理叔本華也說過：「逆來順受，是你踏上人生旅途中最重要的一件事。」

顯然，環境本身並不能左右我們的快樂，是我們對周圍環境的反應決定了我們的感受。正如耶穌所說：天國自在人心，想必地獄也是如此。

我們都有足夠的能力忍受災難和悲劇，甚至戰勝它們，也許我們一開始不這麼認為，但是我們內在的力量強大得驚人，只要我們肯加以充分利用，它就能幫助我們克服一切。我們比想像中堅強。已故的布斯．塔金頓總是說：「我可以承載命運強加給我的一切，除了失明——那是我絕對無法忍受的。」

然而，在他60多歲的某一天，他注視著地上的地毯，顏色漸漸消退，圖案也變得不清晰。於是他去找一位眼科專家，獲悉了殘酷的事實：他正在喪失視力，其中一隻眼幾乎全瞎，另一隻眼也快了，他今生最害怕的事終於發生了。

塔金頓對此有什麼反應？他是否覺得：就這樣吧，這就是我生命的終結？不是，連他自己也沒想到，他還能感到如此愉悅，甚至還能運用他的幽默感。眼前的黑斑時常困擾著他，阻礙他的視線，而當那些最大的黑斑從他眼前晃過時，他卻說：「嘿，又是老黑斑爺爺來了，今天這麼好的天氣，猜猜它要到哪裡去？」

命運能夠征服像他這樣的靈魂嗎？當然不會，當塔金頓完全失明後，他說：「我發現我能夠面對視力的喪失，就像人能承受別的事情一樣。如果我5個感官全喪失了，我也知道我還能繼續生活在我的思想裡，因為無論我們意識到與否，都會活在自己的思想中。」

為了恢復視力，塔金頓在一年之內做了超過12次手術，每回都需要局部麻醉！他可以拒絕這樣嗎？他知道無法逃避，所以唯一能減輕他痛苦的辦法，就是欣然接受。在醫院裡，他拒絕住在單人病房，而是住進大病房和其他擁有和他一樣麻煩的病人在一起。他努力讓大家開心。當需要再次動手術時，他盡力讓自己覺得是多麼幸運，「多好呀！現代科技的發展，已經能夠為像人眼這樣精細的器官做手術了。」

一般人如果要忍受12次以上的手術以及終日不見天日的生活，恐怕會變成神經病。但塔金頓卻說：「再沒有比這樣的經歷更有樂趣的了。」手術教會他如何忍受，使他了解生命所能帶來的無論歡樂與痛苦他都能接受。正如約翰・密爾頓所發現的：「患上這樣的病其實不算痛苦，真正痛苦的是被疾病所擊敗。」

瑪格麗特・富勒是新英格蘭的女權主義者，曾經提出自己的信條：「我接受一切的可能！」

當資深批評家湯瑪斯・卡萊爾聽到上述言論時，說道：「天啊，她說得太好了！」沒錯，你我最好也接受那些無法避免的事實。

假如我們去反抗，為此悲傷痛苦，我們改變不了事實，但是我們能改變自己。這一點我清楚得很，因為我試過。

我曾經拒絕接受發生在我身邊一件不可避免的情況，我像一個傻瓜一樣咒罵現實，結果弄得自己好幾夜失眠，還讓想起了所有不願意想的事，就這樣經過一年的自我虐待，最終我還是接受了那個不可能改變的事實。

我應該在好幾年前，就學習惠特曼的詩句：

哦，要像樹和動物一樣，
去面對黑暗、暴風雨、饑餓、
愚弄、意外和挫折。

我曾經在農場工作了12年之久，卻從未發現我的牛為了草場久旱未雨而上火、天氣惡劣或男朋友見異思遷而煩惱。這些動物始終平靜地面對黑夜、暴風雪和饑餓，所以他們根本不會精神崩潰或者胃潰瘍，甚至發瘋。

遇到任何挫折，我們都必須低聲下氣嗎？當然不是，那樣就成為宿命論者了。任何情況下，只要還有一點挽救的機會，我們就要為之奮鬥，可是當常識告訴我們有些事情是不可避免的——並且不可能再有任何轉機——那麼，為了保持理智，我們就不要「瞻前顧後，庸人自擾」。

已故的哥倫比亞大學郝基斯院長告訴我，他曾經作過一首打油詩當作座右銘：

天下疾病多，數也數不清，
有的可以救，有的治不好。
如果還有救，就該把藥找。
要是沒法治，乾脆就忘掉。

寫這本書的過程中，我曾採訪過一些美國著名的商人，令我印象最深的是，事實上，他們大都會接受那些無力避免的局面，讓生活避免憂慮，因為假如他們不這樣做，就會承受更大的壓力。下面有幾個很好的例子來加以說明：

傑西・潘尼，遍佈全美的潘尼連鎖商店創始人曾告訴我：「即使我身上所有的錢都賠光了，我也不會憂慮，因為憂慮並不能讓我得到什麼。我只是盡可能把自己的工作做好，至於結果怎樣就要看上帝的安排了。」

亨利・福特也告訴我一句類似的話：「碰到那些我無法處理的事情，我就讓它們順其自然。」

當我問克萊斯勒公司總經理凱樂先生如何避免憂慮時，他說：「當我遇到棘手的情況，只要有我能做的，我就趕緊去做；如果沒有我能做的，就趕緊忘了它。我從不為未來擔心，因為沒人知道未來會發生什麼事情。影響未來的因素太多，沒人能指出哪個起主導作用，因此又何必為它們擔心呢？」如果你說凱樂是個哲學家，他一定會非常慚愧，因為他只是個出色的商人，但他這種想法和19個世紀以前古羅馬大哲學家愛比克泰德的理論卻又有異曲同工之妙。他曾告誡羅馬人：快樂之道就是不去為自己能力以外的事情憂慮。

莎拉・班哈特就是一個很好的例子，她知道如何處理無法避免的事實。長達半個世紀，她一直是4大州劇院最受歡迎的女演員，深受世界觀眾喜愛。在71歲那年，她宣告破產，而且她的醫生波基教授告訴她，她必須把腿鋸斷，原因是在她乘船穿越大西洋時遇到了暴風雨，她摔下甲板把腿撞傷了，情況非常嚴重，傷勢已經發展成嚴重的靜脈炎，而且腿開始萎縮，強烈的疼痛使醫生不得不下決心截掉她的一條腿。醫生以為這個可怕的消息一定會使莎拉歇斯底里，可是，當被告知情況以後，莎拉看了他一眼，平靜地說：「如果非這樣不可的話，那就這樣吧。」這就是命運。

當她坐著輪椅被推進手術室時，她的兒子站在一邊哭泣。她卻朝他揮揮手，高高興興地說：「不要走開，我馬上就會回來。」

去手術室的路上，她開始背誦她演過的臺詞，有人問她是否以此來激勵自己，她卻回答道：「不是呀，是激勵醫生、護士的，他們的壓力應該很大。」

順利地從手術中恢復後，莎拉・班哈特仍然繼續周遊世界，使她的觀眾又為她瘋狂了7年時間。

「當我們停止為那些不可避免的事情抗爭時，」麥考密克在「讀者文摘」中寫道：「我們放開的雙手會為我們創造出更豐富的生活。」

沒有人能有足夠的情感和精力，既可以抗拒那些不可避免的事實，又要去創造一個新的生活，你只能選擇其一，或者在不可避免的暴風雨中適應；或者抗拒它而被折斷！

我在密蘇里州的農場上親眼看到這一場景。我在那裡種了很多樹，起初非常旺盛，緊接著迎來一場暴風雪，枝條被厚厚的積雪所覆蓋，它們不能適應如此重負，紛紛折斷，這些樹最後都被毀了，顯然它們沒能領略到北部森林大自然所給予的智慧。我驅車前往加拿大常綠森林中，並未發現有哪棵樹被積雪折斷，這些樹清楚地知道怎樣去面對這不爭的現實：要彎下它們的枝條，承受不可避免的重量。

日本的柔道大師教育他們的學生：「要像楊柳一樣柔順，而不要像橡樹一樣僵直。」

汽車的輪胎為什麼能在路上支持那麼久，能忍受那麼多的顛簸？起初，創造輪胎的人想要創造一種輪胎以抵抗住路上的任何顛簸，結果這種輪胎不久就被弄破了。後來，他們吸取經驗又製造了一種輪胎，可以吸收路上所碰到的各種壓力，可以「忍受一切」；如果我們在人生旅途上，也能吸收各種壓力和震動所帶來的磨難的話，我們就能活得更加長久，同時也能享受更順利的旅程。

如果我們不去接受這些現實壓力和震動，而去抗拒它們的話會怎樣呢？如果我們不能如楊柳般柔軟而僵直如橡樹的話會怎樣呢？我們會產生一連串內在的矛盾，就會憂慮、緊張、急躁而變得神經兮兮。

如果再進一步，我們拒絕現實中的種種不快，完全活在我們自己編織的夢幻世界裡，那麼最終肯定會精神錯亂。

戰爭時期數以百萬計的士兵們如果不學會接受不可避免的事實就只能被精神壓力壓垮。為了加以說明，讓我們來談談威廉．卡賽柳斯所講過的故事，他也是我在紐約成人輔導班的學員：

「我加入海岸防衛隊不久就被派到大西洋這邊的熱門單位，而我的任務竟然是管理炸藥。我——原來僅僅是一名小餅乾店的店員，居然一下子成了管炸藥的人！光是想到站在幾千幾萬噸炸藥上，我就嚇得渾身不自在。我只接受了兩天的訓練，而我所學到的東西使我內心更加恐懼。我永遠不會忘記我的第一次任務；那天又黑又冷，還下著霧，我奉命到紐澤西州卡文角的碼頭船上5號艙取炸藥。」

「5個身強力壯的碼頭工人正將重達2000到4000磅的炸彈往我的船上裝，而他們對貨物的真實情況一無所知。每一個炸彈都包含一噸的炸藥，足夠把那條舊船炸得粉碎。我心理盤算道：『假設捆炸藥箱的纜繩滑落下來……』此時我怕得不行，渾身發抖、口乾舌燥、膝蓋發軟、心跳加速，但我又不能逃跑，那樣就是逃亡，不但我會丟臉，我父母也會覺得顏面盡失，況且逃亡是會被槍斃的，我只能留下來盯著這幾個工人來回搬運這些危險物品。船隨時都有可能爆炸，在擔驚受怕、緊張了一個多小時之後，我終於能開始考慮問題了，我對自己說：『就算被炸到了，又怎麼樣？反正你也不會有什麼感覺，這種死法也痛快，總比死於癌症要好得多。別傻了，你又不可能長生不老！這工作不能不做，否則要被槍斃，這樣說來還不如好好做。』」

「我就這樣自言自語了幾個小時，開始覺得輕鬆了些。最後，我克服了內心的憂慮和恐懼，讓自己接受了那不可改變的事實。」

「我永遠都不會忘記這一次任務，每回當我要為一些不可改變的事實擔心時，都會自然而然的聳一聳肩膀，告訴自己：『忘掉它。』這的確奏效——儘管只是對一名賣餅乾的店員來說。他說得太好了！讓我們為他再次歡呼！」

除了耶穌基督被釘在十字架以外，歷史上最有名的就是蘇格拉底之死了。即使100萬年以後，人類還會欣賞柏拉圖當時對這件事所作的不朽描寫——這也是所有文學作品中最動人的一章。有群雅典人由於對打著赤腳的蘇格拉底又嫉妒又羨慕，便隨意為他定了一些罪名，審問之後處以死刑。當那個善良的獄卒將毒酒交給蘇格拉底時，對他說道：「對必然發生的事，姑且輕快地去接受它吧！」蘇格拉底確實做到了這一點。他以非常平靜而順從的態度面對死亡，那種態度已達到聖人之境。

「對必然發生的事，姑且輕快地去接受它吧！」這是在西元前399年說的，但在這個始終充滿著憂慮的世界上，今天比以往更需要這幾句話。

在過去的日子裡，我專門閱讀了我所能找到的所有關於如何消除憂慮的文章。你想知道我讀過這麼多報紙、文章、雜誌之後，找到最好的一點忠告是什麼嗎？就是下面這幾句——紐約聯合工業神學院實用神學教授雷恩賀・紐伯爾提供的無價禱詞——這些話可以貼在我們浴室的鏡子上，讓我們每天洗臉時一同洗去煩惱。一共只有40個字：

上帝賜我沉靜，
去承受我不能改變的事；
賜我勇氣，
去改變我能改變的；
賜我智慧，
去判斷兩者的區別。
要在憂慮毀了你之前，先改掉憂慮的習慣：

原則四

學會處理不可避免的事實。

5
給憂慮一個「底限」

我相信人類的不幸，有相當一部分產生於
他們對某種事物的價值，做出了錯誤的估計。
我相信這是獲得內心平靜最大的秘訣之一——
要有正確的價值觀念。

想知道如何從股票市場上賺錢嗎？如果我知道答案的話，這本書將會價值連城，然而，的確是有一個好方法被交易市場中的一些成功人士使用。查理斯．羅伯茲是一名投資顧問，他告訴我這樣一個故事：

「我剛從德州到紐約來的時候，身上只有2萬美元，全都是朋友託我到股票市場投資所用。」他接著說：「原以為我對股票市場非常熟悉，結果事與願違，我賠得一分也不剩。事實上，在一些交易中我是賺進許多，但是最後一筆交易叫我連本帶利全部賠光。」

「這要是我自己的錢，我根本不太介意，可是我把朋友的錢都賠光了，我真的很懊惱。我很怕再見到他們。出乎意料的是，他們對這件事想得很開，而且還對這樣的結果依然保持樂觀。」

「我回想自己的交易，原來大都漫無目的，多數有運氣的成分在裡面，甚至有時會聽信別人的意見。」

「我開始反省我犯過的錯誤，再進股票市場前一定要先學會必要的知識。於是，在我多次尋找之下，我和一位非常成功的股票預測專家波頓·卡瑟斯成為了好友。我相信從他身上能學習到更多的東西。他多年來在股票投資市場一直非常成功，名望極高。而我知道，能有這樣一番事業的人，不可能只靠機遇和運氣。」

「他問了一些我過去如何進行交易的問題，然後告訴我一個股票交易中最重要的原則：『我在市場上所買的股票，都有一個交易底限，那就是賠本的最低標準。例如，我買50元一股的股票後，馬上規定賠本的最低限是45元。』這也就是說，萬一股票跌到比買價低5元的時候，交易系統就自動幫我賣出去，這樣就可以把損失限定在5元之內。」

「『如果你當初交易得當的話，你的賺頭可能平均在10元、25元，甚至於50元。因此，把你的損失限定在5元以後，即使你半數以上的投資發生誤判，也還能讓你賺很多錢。』」

「我馬上接受了這一交易原則，從那以後，它替我的顧客和我挽回了成千上萬美元。」

「後來我發現『底線』的原則不僅適用於股票市場，在其他方面也適用。我開始在每一件讓人憂慮和煩惱的事上都加上『底限』，作用非常神奇。」

「舉例來說，我常和一個很不守時的朋友共進午餐；以前，他總在午餐時間已過去大半以後才出現，後來，我告訴他，以後等你的『底限』是10分鐘，要是你遲到10分鐘以上，我們的午餐約會就算告吹——即使你晚來一點也找不到我。」

上帝！我真希望在很多年以前就學會這種理念用在我那缺乏耐心、壞脾氣、自圓其說、悔恨和其他所有精神與情感的壓力上。為什麼卻都沒有這樣的意識去限制那些可能破壞我內心平靜的情況，並告誡自己：「瞧瞧，卡內基，這件事其實僅值得擔心這麼多，不可能再多了。」

然而，我的生活裡也曾經發生過這樣或那樣難以抉擇的時刻。那是一個面對夢想和現實艱難抉擇的時刻。而立之年，我下定決心以小說寫作為終生職業，想做另一個傑克·倫敦或湯瑪斯·哈迪。我充滿信心，在歐洲住了兩年，在一戰後瘋狂的貶值時期中，我的生活十分拮据。這期間我寫出了首部著作——我把那本書題名為「大風雪」；這個題目取得再恰當不過了，因為所有出版商對它的態度，都冷得像呼嘯著刮過達科塔州大平原的大風雪一樣。當我的經紀人告訴我這部作品不值一文，說我根本沒有寫小說的天賦和才能時，我的心跳幾乎停止了。我在一陣暈眩中離開他的辦公室，感覺受到了無比的創傷。我意識到自己站在生命的十字路口上，必須做出一個非常重大的決定。我該怎麼辦？我應該選擇哪條路？幾個星期之後，我才從這茫然中醒來。當時我還不知道「為你的憂慮設個『底限』」，但現在回想起來，當時所做的正是這件事。我把費盡心血寫那本小說的兩年時間，看做一次寶貴的經驗，然後，「到此為止」。我重新開始組織並教授成人教育班，閒暇時間就開始寫一些傳記和紀實類的書籍。

對於做出這樣的決定我應該慶幸嗎？每每想到這裡我都會異常興奮，可以坦誠地說，我從來就沒因為自己沒有成為另一個湯瑪斯·哈迪而悲傷過。

一百年前的一個夜晚，窗外的貓頭鷹發出刺耳的尖叫聲，梭羅用鵝毛筆蘸著他自己做的墨水，在日記中寫道：「一件事物的代價，我把它稱之為生活的數量，這一代價需要當場交換，或者不斷地去付出。」

用另外一種方式說：如果我們為了某件不值得的事情付出太多代價的話，我們就是傻子。

這也正是吉伯特和蘇利文之間的悲劇。這兩位有名的劇作家知道在舞臺上如何創作出歡快的歌詞和歌譜，但卻完全不知道在現實生活中該如何解決糾紛、尋找快樂。他們寫過許多膾炙人口的經典輕歌劇，但現實生活中卻無法控制自己的脾氣。因為一條地毯，他們破壞了多年的友情。蘇利文為他們的劇院買了一張新地毯，吉伯特看到帳單時大發雷霆，這件事甚至鬧到法院，從此兩人「老死不相往來」。蘇利文替新歌劇譜完曲後，就把手稿寄給吉伯特，而吉伯特填上詞後，再把它們寄給蘇利文。有一次，他們必須一起到臺上謝幕，兩人居然就站在舞臺的兩邊，向不同方向的觀眾謝幕鞠躬，只有這樣才可以不必看見對方的臉。他們不懂得在他們之間的衝突中定下一個「底限」，而林肯卻做到了這一點。

美國南北戰爭期間，林肯的幾位朋友出言攻擊他的一些政敵，而林肯卻說：「你們對私人恩怨的感覺比我要強烈，也許我對此不太敏感，因為我一向認為這樣做很不值得。一個人實在沒有必要把他大半輩子的時間都花在爭吵上，一旦那些人不再攻擊我，我也就不再記他們的仇了。」

真希望我那個伊蒂絲姑媽也有林肯這種寬恕精神。她和法蘭克姑父住在一個抵押出去的農莊上，那裡環境相當差勁，土壤貧乏、灌溉不良，收成又不好，所以每年他們的日子都過得相當拮据，每分錢都要節省著用。可是，姑媽卻喜歡買一些窗簾和其他小東西來裝飾家裡，為此她經常向密蘇里州馬利維裡的一家小雜貨鋪賒賬，而法蘭克姑父為人非常注重信譽，儘管他為這些帳單苦惱，但也不願意拖欠債務，所以有一天他悄悄告訴雜貨店老闆，不要再讓他妻子賒賬買東西，誰知伊蒂絲姑媽聽說後大發脾氣。這事至今差不多有50年了，她還在發脾氣。我曾不止一次聽她提起這件事。最後一次見到她時，她已經快80歲了。我對她說：

「伊蒂絲姑媽，法蘭克姑父這樣做也許不對，可是難道妳不覺得，妳已經埋怨了半個世紀，這比他所做的事還要糟糕！」（結果證明我這話說了還是等於白說。）

伊蒂絲姑媽為她這些不快的記憶付出了幾十年的代價，也付出了自己內心的平靜。

班傑明・富蘭克林7歲的時候也犯下一次錯誤，以至於70年來一直沒有忘記。他看中了一支哨子，當時他興奮過度，把所有零錢放在玩具店的櫃檯上，也不問實際價錢就把哨子買下了。70年後他在給朋友的信中寫道：「後來，我跑回家，吹著這支哨子，在房間裡得意地轉著。」他的哥哥姐姐發現他買哨子時多付了很多錢，都來取笑他，「當時我懊惱地痛哭了一場。」

多年過後，已經位居駐法大使的他仍然記得當時發生的這件事。的確，買哨子多花的那些錢始終讓他糾結於心，遠遠超越了它本身所帶來的快樂。

然而，富蘭克林卻從中學到一個簡單的道理：「長大後，接觸了更多的人事物，發現原來許多人都為買他們的『哨子』付出更多的代價；簡而言之，我相信人類的不幸，有相當一部分產生於他們對某種事物的價值做出了錯誤的估計，也就是說，他們買『哨子』多付了錢。」

吉伯特和蘇利文就為了他們的哨子付出了更多，伊蒂絲姑媽也是如此；在很多時候，我也不例外。甚至兩次世界大戰期間最為著名的小說家——著有「戰爭與和平」和「安娜・卡列尼娜」的作者列夫・托爾斯泰也遇到過這樣的事情。在他去世前的20年中（1890~1910）他的多名追隨者慕名來到他的住所一睹名家風采，這位大家所說過的每一句話都會被記錄下來，簡直成了「天啟之語」，然而一旦歸於現實生活，托爾斯泰居然不能理解富蘭克林7歲時所得出的簡單道理。

這就是我要說的：托爾斯泰娶了一名他非常鍾愛的女子。起初，在一起生活得相當快樂，以至於他們經常跪著向上帝禱告，感謝上帝讓他們生活得如此幸福；可是，托爾斯泰的妻子天生嫉妒心很強，常常喬裝打扮窺伺托爾斯泰的行蹤，甚至跟蹤他，因此他們時常爭吵得不可開交。她有時甚至嫉妒自己親生的兒女，還曾用槍把女兒的照片打了一個洞。她還在地板上翻滾，拿著一瓶鴉片威脅說要自殺，把她的孩子們嚇得躲在房間的角落裡。

那麼托爾斯泰又是怎樣做的呢？如果他暴跳起來，把傢俱砸爛，我倒不怪他，因為他有理由這樣生氣，可是他做的事比這個要壞得多，他秘密地寫了一本私人日記！這就是他的「哨子」。在那裡，他將所有的過錯都推到妻子身上以讓他的子女們原諒他。他妻子如何對付他呢？她發現了這本日記後當然是撕下來並一把火燒了。作為報復，她也寫了一本日記，把所有過錯都推到托爾斯泰身上，她甚至還寫了一本題為「誰之錯」的小說，裡面把她的丈夫描寫成一個破壞家庭的人，而她自己則是犧牲品。

結果又怎樣呢？為什麼這兩個人把自己唯一的家，變成了托爾斯泰自稱的「一座瘋人院」？顯然，原因很多，其中一個就是為了達到目的而誓不甘休的慾望。這兩個無聊的人為他們的「哨子」付出了巨大的代價。50年的光陰都生活在一個可怕的地獄裡，只因為兩人中沒有一個能理智地說：「不要再吵了！」，只因為兩人都沒有足夠的判斷力說：「讓我們立即在這件事上告一段落，我們在浪費生命，讓我們現在就說『夠了』吧。」

不錯，我相信這是獲得內心平靜最偉大的秘訣之一 ——要有正確的價值觀念。我也相信只要我們學會為生活設立一種牢固的標準——哪些事情是對我們的生活有價值的？就一定能消除生活中一半以上的憂慮。

所以，要在憂慮毀了你之前，先改掉憂慮的習慣：

原則五

任何時候，當我們需要為生活付出一些代價時，要先停下來，問自己下面3個問題：

一、我現在正在擔心的問題，到底與我有多大的關聯？

二、在面對憂慮的事情時，我應在何處設置「底限」——然後把它全部忘掉。

三、我到底該付這個「哨子」多少錢？我所付的是否已超過它的實際價值？

6
不要去擔心已經發生過的事情

聰明的人永遠不會坐著緬懷損失，
而會很高興地去找出辦法來彌補創傷。
——莎士比亞

當我寫下這句話時，我可以看到窗外的花園裡有恐龍的足跡——它們留在大石板和木頭上，那是我從耶魯大學皮氏博物館裡買來的，館長還特意來信介紹說，這些足跡是1.8億年前留下的。就連白癡也不想去改變1.8億年前的足跡，而人的憂慮卻和這種想法一樣愚蠢：因為就算是180秒鐘以前所發生的事情，我們也不可能回過頭來糾正它，但恰巧很多人都在這麼做。當然，我們可以想辦法改變已經發生的事情所產生的影響，但我們不可能去改變已經發生了的事情。

唯一可以使過去的錯誤顯得有價值的作法，就是理性地分析那些已經發生的錯誤，從中吸取教訓——然後再把它們忘掉。

我當然知道這樣做才是正確的，但是我真的有做的勇氣和意識嗎？為了回答這一問題，讓我用一個幾年前神奇的切身經歷加以回答。當時我讓30萬美元從指縫中溜走，卻沒為我賺到絲毫利潤，事情是這樣的：我開辦了一個大型的成人教育補習班，並且發展迅速，許多城市都開設了分部，因此在維持費和廣告費上花了很多錢。那時我忙於上課，既沒有時間，也沒有興趣去管理財務問題；我當時真的很天真，不知道應該請一名優秀的財務經理來管理公司的各項支出。

過了差不多一年，我突然驚愕地發現雖然我們各項收入不少，但最終卻沒有獲得一點利潤。發現這個問題以後，我本該立刻做兩件事。

第一，像黑人科學家喬治．華盛頓．卡佛爾在全部財產損失後所做的那樣：當他由於銀行破產失去了畢生的積蓄時，他欣然接受了。我把這筆損失完全從腦中抹去，繼續教授我的課程，然後再也不去提起。

第二，我應該認真分析錯誤，從中吸取教訓。

可是說實話，我一樣也沒有做；相反的，我開始進入一個充滿憂慮和擔心的漩渦，一連幾個月恍恍惚惚，睡不好覺，體重因此下降許多，不但沒有從中學到東西反而又犯了一次同樣的錯誤！

我不得不慚愧地接受自己的愚蠢。很久之後我才真正意識到：「教20個人怎樣做，比成為這20個人中的一個去學自己所教授的東西，要容易得多。」

我多麼希望能夠在喬治．華盛頓高中讀書呀！能有幸聆聽保爾．布蘭德溫博士的教誨，而亞倫．山德士先生正是他的學生。

亞倫．山德士先生告訴我，教過他衛生學的老師保爾．布蘭德溫博士為他上了對他來說最有價值的一課。「當時我只有十幾歲，卻經常為許多事煩惱，為自己犯過的錯誤自怨自艾；考試的時候，我總會緊張地咬自己的手指，害怕自己不能順利通過。我老是在想我已經做過的事，希望當初能以更好的方式解決；我老是在想我說過的話，希望當時把話說得更好一些。」

「一天早晨，我們走進科學實驗室，發現保爾．布蘭德溫老師的桌邊放著一瓶牛奶。大家坐在椅子上，盯著那瓶不該出現在這種場合的東西，心理有著各種猜測。突然，老師站起來，將那瓶牛奶打翻在水槽中，同時大聲喊道：『不要為打翻的牛奶而哭泣。』」

「然後，他把我們叫到水槽邊上看個究竟，說：『仔細看著，我要讓你們永遠記住這一課。你們看牛奶已經漏光了，無論你怎麼著急，如何抱怨，也不能救回一滴了。只要稍作防範，那瓶牛奶就可以保住，而就目前來說這些都已經太遲了——我們所能做的，只是把它忘掉，去想下一件事。」

「儘管過去了這麼多年，那時候學的幾何與拉丁文都忘得差不多了，但這次小小的示範卻使我終生難忘。實際上，它對於我實際生活的啟發比4年高中生活所學的任何知識都深刻。它教我在面對生活時儘量不要打翻牛奶，萬一牛奶被打翻，乾脆就把整件事情徹底忘掉。」

也許讀者會對這樣陳舊的例子嗤之以鼻，「不要為打翻的牛奶而哭泣」的確有點老生常談，也許你已聽說過上千遍，但這樣經典的至理名言卻是非常重要的，是人類智慧的結晶，它們是從多少前人的實際經驗中獲得，就這樣世代相傳下來。即使你讀過各個時代偉人所寫有關憂慮的書本，你也不會看到能比「船到橋頭自然直」和「不要為打翻的牛奶而哭泣」更有用的老生常談了。事實上，只要我們在生活中能多利用一些經典的俗語來告誡自己，就根本不需要看像這本書一樣的勵志書籍了；事實上，如果我們能把古老的諺語應用在生活中，我們可以過一種近乎完美的生活；然而，如果不加以利用，知識就不是力量。本書的目的也並非告訴你一些新的知識，而是要提醒你時刻注意那些你已經背得滾瓜爛熟的俗話，並且激勵你將這些東西加以應用。

我非常欣賞已故的佛烈德．富勒．雪德這種人，他有一種能把古老的真理用獨特方式加以表述的天分。這位「費城公報」的高級編輯有次參加大學畢業班講演時問道：「有誰鋸過木頭，請舉手。」大部分學生都舉了手，他又問：「有誰鋸過木屑？」沒有一個人舉手。

「當然，你們不可能鋸木屑。畢竟那些東西已經被鋸過了！」雪德先生接著說：「過去的事也是一樣，當你開始為那些已經做完的和過去的事憂慮的時候，就好像你在鋸那些木屑。」

在採訪81歲的棒球老將康尼．馬克時，我問他有沒有為輸了的比賽憂慮過。

「是的，我過去經常如此，可是，許多年前我就不再做那些蠢事了，因為我發現這樣做完全沒有好處，磨完的粉不能再磨。」

他說：「畢竟水已經把它們沖到下面去了。」

沒錯，磨完的粉不能再磨，而且木屑也不可能再鋸，但是你卻可以透過做這些事情讓自己的臉上出現更多皺紋甚至患上胃潰瘍。

有一年感恩節傑克．鄧普斯和我一起吃晚飯時，詳細講述了他把重量級拳王的頭銜輸給金．童黎的那一場比賽。當然，這對他來說是一次打擊。

「到了比賽的中場階段，我開始意識到自己已經老了……到了第十回合結束時，我雖然還沒有倒下去，但臉已經腫了，而且有很多傷痕，兩隻眼睛幾乎無法睜開……隱隱約約之中，我看見裁判舉起金．童黎的手，那是宣佈他獲勝的象徵……我不再是世界拳王了，我在雨中往回走，穿過人群回到自己的更衣室，這一過程中，有許多人趕過來試圖抓緊我的手臂，還有一些人眼含熱淚……」

「一年之後，我向童黎挑戰，結果仍是如此，我就這樣永遠完了。不為此事痛苦的確很難，但我對自己說：『我不能生活在過去的陰影裡，我要承受這次打擊，不能讓它把我打倒。』」

而傑克·鄧普斯真的做到了，他是靠著自己內心一遍又一遍地重複「不要為過去的事憂慮」嗎？當然不是，那樣做根本不起任何作用。實際上他已經接受了失敗的現實，而全神貫注地為自己的未來做計畫；他開始經營百老匯的鄧普斯餐廳和位於第57大道的大北方旅館，他還趁機安排和宣傳拳擊賽，舉辦有關拳賽的各種展覽會。如此一來，他既無時間也沒心思去為過去憂慮。「我現在的生活，比我做世界拳王時要好得多。」

鄧普斯先生告訴我說他並沒有讀過很多書，即使那樣，他還是遵從於莎士比亞的一句名言：「聰明的人永遠不會坐著緬懷損失，而會愉悅地找出辦法彌補創傷。」

當我閱讀史記和一些人物傳記時，經常看到一些有能力擺脫過去痛苦和憂慮的人，過上美好幸福的生活。

我曾經到紐約州的星星監獄去看過，那裡最令我吃驚的是：囚犯們看起來都和外面的公民一樣快樂。典獄長告訴我，這些罪犯剛來時可不是這樣，個個心懷怨恨而脾氣暴躁，可是幾個月後，大部分聰明一點的人都能忘掉他們的不幸，開始安下心來適應監獄的生活；他還告訴我，曾經有一個犯人在園林裡工作，他在監獄圍牆內種菜種花時，還能唱出歌來，因為他知道，再怎麼痛苦也是沒有用的。

這個曾在星星監獄內唱歌的囚犯似乎比我們懂得更多的人生哲理，那就是：

寫下你要寫明的，
無論你是否虔誠，
真的能改變過去？
流淚也於事無補。

那麼為什麼要為此流淚呢？當然我們會為自己的罪孽而懺悔，但那又怎樣？誰沒犯過錯呢？拿破崙在他所有重要戰役中戰敗了三分之一。也許我們失敗的平均紀錄比拿破崙還少呢。誰知道呢？

何況，無論如何我們都不能去挽救過去的一些事情了。所以，請記住：

原則六

不要去擔心已經發生過的事情。

PART 3

小結

如何在被擊垮之前改變憂慮的習慣

原則一

讓自己忙碌，把憂慮從你的思想中趕出去；
忙碌的工作是治療「妄想症」最好的方法之一。

●

原則二

不要為瑣事煩惱，不要讓那些生活中
無足輕重的瑣事毀了你的快樂。

●

原則三

用概率來消除你的憂慮，問問你自己：
「這件事可能發生的概率到底有多大？」

●

原則四

會處理無法避免的事實。
如果你知道某種情形是你無力改變或扭轉的，
就要對你自己說：「事已至此，無法改變。」

原則五

要在你憂慮的事情上設立一個「底限」，

決定一件事到底值得你為它擔心多少——然後把它全部忘掉。

●

原則六

讓過去的成為過去，不要去擔心已經發生過的事情。

PART 4

7個培養
平安快樂心的方法

Seven Ways to

Cultivate a Mental Attitude

That Will Bring You

Peace and Happiness

1
可以改變你人生的八個字

人的思想決定一切。
——馬可·奧勒利烏斯

發生的任何事情，無論好壞都不會傷害到一個人，
關鍵是要看他對整件事的態度 如何。
——蒙田

幾年前，我參加了一個電臺的廣播節目，他們對我提出了這樣的問題：「你學到最重要的一課是什麼？」

問題很容易回答：迄今為止，我所學到最重要的一課就是傾聽「內心的聲音」。只要知道你內心想些什麼，就可以知道你是一個怎樣的人，因為一個人的思想會塑造他、改變他，而我們的命運也完全取決於內心的狀態。愛默生曾經說過：「一個人的內心在想什麼，他就會成為那個樣子……」怎麼可能會成為另一種樣子呢？

所以，我要告訴你們最最重要的是，也就是你我必須面對的最大抉擇就是如何尋找正確的思想——歸根究底這才是我們需要應對的唯一問題——如果我們能夠做到這一點，就可以解決一切問題。馬可·奧勒利烏斯——這位曾經統治羅馬帝國的偉大哲學家，將這一觀念總結成一句話——一句可以決定你命運的8個字：「人的思想決定一切。」

的確如此，如果我們所想的都是一些快樂的事情，那現實中的我們就可以因此獲得快樂；如果我們所想的都是一些悲傷的事情，那我們就會因此而悲傷不已；如果我們腦袋裡充滿了恐怖的想法，那我們

就會身陷恐懼之中；如果我們所想的是不好的念頭，那我們的日子也不會好過；如果我們所想的全是與失敗有關的東西，那我們就會因此而失敗；如果我們整天沉浸在自憐中，那別人就會有意避開我們。諾曼・文森・皮爾說：「你雖然並不是你現在想像中的那種樣子，但你卻會在未來變成你所想的那種人。」

我這樣是否在暗示大家應該以這樣的態度去應對一切困難呢？不，其實生活並不像我們想的那樣簡單，但我的意圖在於鼓勵大家儘量多採取積極正面的態度，而不是消極的態度，也就是說，我們必須對自己所面臨的問題有清楚的認識，而不是過多地擔心。究竟怎樣區別認識和擔心呢？這一點我要好好解釋一下：每當我要通過交通擁擠的紐約市區時，我會對這件事給予正確的認識，但那並不是所謂的憂慮。認識的關鍵在於了解問題之所在，然後按部就班地解決它；而憂慮恰恰相反，是盲目而瘋狂地圍繞一件極不可能發生的事心急如焚。

曾經有這樣一個人，他可以關注一些極嚴峻的問題，同時又將康乃馨插在衣襟上昂首闊步，這個人就是羅維爾・湯瑪斯，他的確做到了這一點。我曾經協助羅維爾・湯瑪斯主演過一部著名電影，內容是在記錄第一次世界大戰中有關艾倫貝和勞倫斯的出征。他和助手們在幾個戰爭前線拍攝了紀實鏡頭，用紀錄片的形式精彩地講述勞倫斯和他統率的那支阿拉伯軍隊，同時還記錄了艾倫貝征服聖地的經過。他那貫穿於整部電影中的著名論述，即題為「巴勒斯坦的艾倫貝和阿拉伯的勞倫斯」的演講，轟動了當時整個倫敦甚至全世界，倫敦的歌劇節也因此向後推遲6周，以便讓他在喀爾文花園皇家歌劇院繼續講述這些精彩奇特的冒險旅程，並放映他的影片。就在他於倫敦收穫如此巨大反響之後，又成功地巡迴好幾個國家。緊接著，他花了兩年時間拍攝一部關於印度和阿富汗生活的紀錄片；不幸的是，在經過一連串令人難以置信的打擊之後，不可能的事情還是發生了——他發現自己在倫敦的資產已經嚴重赤字。當時我恰好和他在一起，仍然記得那時候以他的處境而言，我們不得不去街頭的小飯店點些便宜的飯菜。若當時沒有那位蘇格蘭著名的畫家——詹姆士・麥克貝借錢給湯瑪斯，我們幾乎是吃不起一餐飯了。下面正是這個故事要告訴我們的重點：

當羅維爾・湯瑪斯面臨龐大的債務並因此陷入極度失望的時候，他所表現出來的態度只是進一步去認識此事，而並不憂慮，他清楚地明白，一旦被霉運擊垮的話，他在那些債權人的眼裡就會更一文不值。所以，每天早上在他出門辦事之前，都要為自己買一朵鮮花插在衣襟上，然後昂首闊步地走在牛津街頭。他的思想積極而勇敢，絕不讓挫折擊垮他。對他來說，這點挫折並不算什麼——這就是「天將降大任於斯人也，必先苦其心志，勞其筋骨，餓其體膚，空乏其身，行拂亂其所為」。

我們的精神狀態也會對自身力量產生令人難以置信的影響。英國著名心理學家哈德菲曾在他那本只有54頁的小冊子「力量心理學」中以實驗充分地解釋這種現象的存在。「我請來了3個人，」他寫道：「我們採用握力器來測試其生理受心理影響的情況。」他要求3名受試者在3種不同的實驗條件下，竭盡全力抓緊握力器。

實驗在一般狀態下進行時，他們平均的握力是101磅。

第二次實驗將他們催眠，並告訴他們說他們此時身體非常虛弱。結果，他們的握力只有29磅——而這還不到他們正常力量的1/3。（其中一名受試者曾是位拳擊運動員，他後來回憶到當時感覺自己的力量就像嬰兒一般，虛弱無比。）

哈德菲再讓這些人做了第三次實驗：催眠之後，他告訴他們現在身體非常健壯，結果他們的握力平均達到了142磅。當時他們肯定認為自己有這種力量，使結果幾乎增加了近50%。

這就是我們自身的精神力量，光用想像都令人難以置信。

為了說明精神力量的神奇作用，我要告訴你一個曾經發生在美國歷史上最離奇地故事，就這個故事已足夠我寫一大本書，不過在這裡我們還是簡略地概括其中的主要內容：在內戰結束不久的一個寒冷夜晚，有名無家可歸、貧困潦倒的女人敲開了位於馬塞諸塞州韋伯斯特太太的家門，她先生曾是一名船長，現已退休在家。

韋伯斯特太太打開門看到的這個可憐人——格拉夫夫人正設法尋找一處住所能夠讓她有時間去解決困擾她多日的問題。

「當然可以呀！」韋伯斯特太太回答道：「反正我也是孤身一人。」

當時若是韋伯斯特太太的女婿沒有來此度假，或許格拉夫夫人就會被收留在此處。當這位女婿發現眼前的這位流浪者時，大喊道：「我們這裡不需要流浪漢！」並且將她一把推出門外。這時外面下起了大雨，她獨自在雨中顫抖著，最後轉身到路的盡頭尋找避雨處。

下面才是這個故事重要的一章：被那個女婿一把推出去的流浪女人正如世界上其他女人一樣，最後也對這世界做出卓越貢獻。她就是受到信徒們追隨的基督教信仰療法創始人——瑪麗·貝克·艾迪。

然而，瑪麗·貝克·艾迪當初認為疾病、愁苦和不幸充斥著她的生活。她的第一任丈夫在他們婚後不久就去世了，她的第二個丈夫拋棄了她，和一個已婚的女人私奔後死在一家貧民收容所。她只有一個兒子，由於她體弱多病，家裡又窮，不得不在4歲那年把他送人，她到現在也不知道兒子在哪裡，更沒有再見過他。

因為她自身體弱多病，對所謂的「信仰治療法」即產生了極大的興趣，可是她生命中最富戲劇化的轉捩點卻發生在馬塞諸塞州的理安市。某個寒冷一天，她獨自走在路上，不小心滑倒在結冰的路面上，當即暈厥過去。後來送到醫院發現她的脊椎受損，這使她不停地抽搐，甚至連醫生也認為她活不了多久，即使出現奇蹟使她保存了性命，也絕不可能再下床行走。

瑪麗．貝克．艾迪躺在一張看上去像是送終的床上，打開一本聖經，隨著牧師讀到聖馬太中的一段：「有人用擔架抬著一個癱瘓的人來到耶穌跟前，耶穌就對癱瘓的人說：『孩子，放心吧！你的罪被赦免了。起來吧！拿上你的褥子回家去吧。』那人於是起身走回家去了。」

正是耶穌這幾句話使她內心產生了一種力量，正像是一種信仰——一種能夠給予她治療的力量，使她「立刻下床，開始行走」。

「這種經驗，」艾迪夫人強調說：「就像激發牛頓靈感的那顆蘋果般，使我對自己有了新的發現，並逐漸好轉，同時也能勸說別人做到這一點；因此，我極其確定，一切根源就在於你內心的思想，而這一切的影響力都是心理現象。」

艾迪夫人，這個基督教科學的創始者，同時也是世界上唯一一名創立宗教體系的女性，而這一信仰已經傳遍世界各地。

你可能會有這樣的疑問：「這個叫卡內基的傢伙大概是在替基督教的信仰療法作宣傳吧。」不是的，你錯了，我並不是基督教的信徒，但是我所經歷的事情越多，就越深刻理解思想所帶來那種非比尋常的力量。我從事成人教育的35年，使我知道人們只要改變自己的某種想法，就能夠消除憂慮、恐懼和很多種疾病，同時也就能改變自己的生活。我知道！我知道！我知道！所有這些難以置信的變化，都是我親眼目睹過好幾百次的，因為實踐檢驗真理，這些對於我來說早就再熟悉不過。

例如，在我的學生當中，又發生了類似這樣的事情：證明了思想對於我們狀態的改變力量。他曾經歷了一次精神崩潰，原因是什麼呢？憂慮。那個學生法蘭克．惠利對我說：「任何事情都能叫我憂慮。可能是因為我太瘦弱了，或是因為發現我正在掉頭髮，因為我擔心永遠都賺不到足夠的錢來娶老婆；因為我擔心自己沒有辦法做一個好父親；因為我擔心自己的女朋友；因為我對現在的生活不滿意；因為我擔心自己給別人帶來不好的印象；我甚至還擔心自己罹患胃潰瘍，就這樣我再也無法工作，只好辭職。我內心緊張得要命，時刻緇緊了弦，就像一個沒有安全閥的鍋爐，內心的壓力最後還是令人難以承受，最終就會導致這樣或那樣的結果——的確不妙的事情還是發生了。如果你從來沒有經歷過精神問題的話，那麼就感謝上帝吧！希望你永遠也不要有這種體驗，因為真的沒有任何一種肉體上的疼痛能夠比精神上的那種折磨更讓人痛苦。

「我當時精神很頹廢，甚至不能和家人交流，我已經無法控制自己的頭腦，心裡充滿恐懼，經常會被一點點聲響嚇得跳起來。我開始有點自閉，時常無緣無故地哭起來。「我每天都備受煎熬，覺得自己會被所有人遺棄——甚至上帝也會如此對我。當時我很想投河自盡，終結自己悲慘的生活狀態。」

「後來我決定去佛羅里達旅行，希望這樣的改變能對我有所幫助。在踏上旅途之前，父親交給我一封信，並告訴我等到達佛羅里達後再拆開。佛羅里達那時正值旅遊旺季，旅館已經訂不到合適的房間，於是我只能在一家汽車旅館住下來。我想在邁阿密一艘不定期的貨船上找一份差事，但沒有成功，於是多數時間都在海灘上消磨時間，那時的我可以說比在家更難受，於是，我拆開了那封信，想知道父親給我的建議。信中寫道：『兒子，你現在在離家1500英里遠的地方，但你並不覺得有任何改變，這一點我早就能預料到，因為困擾你已久的問題依然存在——那就是你自己本身。實際上，無論身體還是精神，你都沒有任何問題，因為這一切僅僅是由你的各種想像所造成的，事實並非如此。人們常說，一個人的心裡想些什麼，他就會成為什麼樣子，當你真正理解了其中的含義，我的兒子，馬上回來吧！因為那時你已經痊癒了。』」

「這封信叫我十分生氣，此時此刻我更需要的是同情和憐憫，而不是這種所謂家長似的教導，於是我下定決心不再回家。就在那天晚上，我路過邁阿密一條小街時，身旁出現一座教堂，裡面正在舉行禮拜，反正我也無事可做，於是走進教堂，聽了一場佈道，名為『可以征服自己精神的人，比攻佔城池者更強』。我當時坐在教堂裡，聽著和我父親信中所說的同樣想法——於是，我認真地去思考其中的含義，發現自己一直都很糊塗，終於看清自己後我顯得更加震驚，因為本來我還想改變這個世界以及全世界所有的人呢，但實際上唯一需要改變的卻是我以前所關注的那些事情。」

「第二天早上，我就收拾好行李回家了。一個星期以後，我又重新回到了工作崗位上；4個月以後，我結婚了，我的伴侶就是那個我一直害怕失去的女孩。現在我們組建了一個快樂的家庭，撫養著5個子女，生活各方面都非常滿意。當初在我精神崩潰的時候，工作也相當不滿意，手下也只有18個工人，而現在我卻成了一家紙箱廠的廠長，掌管著450多名員工。和以前的生活相比，更加充實而快樂。我現在真正了解了生命的價值，每當我感到惶恐不安的時候，我就會告訴自己，只要修正自己的思想，就沒有解決不了的事情。」

「坦言之，現在的我很高興有過這樣的經歷，因為它使我發現思想對身心的強大作用力，如今我能夠控制自己的思想，不會再對自己造成傷害；我認識到父親給我的忠告是正確的：那些曾經讓我飽受煎熬的，就是我自身的想法，而與客觀事實無關。當我認識到這一點之後，我的生活恢復了正常，可以這樣說，我已經在這一問題上痊癒了。」這就是我們班上那位學生的親身體驗。

我始終相信內心的平靜和生活中的快樂，並不取決於我們在哪裡、我們擁有什麼，或者我們是什麼人，而取決於我們的心境如何，外在環境的影響並不大。讓我們以老約翰·布朗的事蹟為例加以說明，當時他因為非法獲取武器幫助奴隸的革命運動而獲罪絞刑，他坐在自己的棺木上，向絞刑架駛去，顯得如此平靜而鎮定，押送他的士兵看上去卻憂心忡忡。老布朗在臨終前還曾感慨道：「多麼美麗的祖國啊，而我再也沒有機會多看上一眼了！」

也可以用羅伯特·斯科特以及他們那群勇士們作為例子加以說明：他們可以說是第一個到達南極的英國人，他們在返回途中遇到了前所未有的困境，食物和燃料都已耗盡，他們也不可能再繼續前行，因為隨著當時那場持續了將近十幾天的強暴風雪來臨，南極外緣的冰蓋已經斷裂開來，他們顯然是無路可走了，斯科特和他的勇士們儘管隨身攜帶了鴉片，為的就是防止遇到突發情況而痛苦地死去，但是他們最後誰也沒有服用鴉片，而是一起唱著歌歡快地離開了人世，而這些都是在8個月以後，搜救隊趕往事發地點時從他們身上留下來的紙條中獲悉的。沒錯，如果我們從內心努力去珍視這種創造性的思想以及鎮靜的狀態，我們也能微笑面對死亡的威脅，抑或是在饑寒交迫中歡聲笑語。

密爾頓在300年前雙目失明後，也發現了同樣的道理：

思想存在於它本身之中，
能夠成為你的地獄，
也能把你帶到天堂。

若是分別以拿破崙和海倫·凱勒為例，就更能證明密爾頓的這句話。拿破崙擁有人們夢寐以求的一切——榮耀、權力以及財富——可是他曾經這樣對聖海蓮娜說：「我這一輩子沒有一天過得快樂。」另一方面，對於海倫·凱勒而言——她不僅失明，還是個聾啞人，卻宣稱：「生命是這樣的美好。」

如果說半個世紀的生活經歷教會了我什麼的話，那就是：「除了你自己，沒有任何東西可以為你帶來平靜。」

我只不過是想再重複一遍愛默生在他那篇散文「自力更生」中所寫的那句結束語：「不要認為一次政治上的獲勝、收入的提高、身體的康復、好友的歸來，或是任何其他外在的事物，能提高你的興致，使你覺得美好的事情正期待著你的光臨。千萬不要相信它，事情不會這樣簡單。除了你自己，沒有任何東西能為你帶來平靜。」

偉大的斯多噶派哲學家愛匹克泰德曾警告：我們應竭盡所能排除思想中的錯誤觀念，這比割除「身體上的腫瘤和膿瘡」更加重要。

愛匹克泰德曾在19個世紀之前說過這句話，而現代醫學似乎也回歸了他的理論。坎貝·羅賓博士說，在約翰·霍普金斯醫院的病人中，有4／5都是由於情緒緊張和壓力過大所引起，一些生理器官上出現的問題也可能因為如此。他說：「最終的結論就是這些問題都起源於在生活中他們無法協調自己。」

偉大的法國哲學家蒙田，曾經以下面的話作為他的座右銘：「發生的任何事情無論好壞都不會傷害到一個人，而關鍵是要看他對整件事情的態度如何。」而我們對事物的意見，又完全取決於自己如何做出正確的判斷。

你們可能會問我的意思到底是什麼呢？當你飽受各種煩惱，整個人精神緊張得一團亂時，我是否應該大膽地告訴你，你完全可以憑藉自己的意志力來改變你所處的困境。對！我就是要你們這麼做，而且還不止這些，我還要在下面告訴你們到底該如何去做，這可能要花一點時間，可是很快就能掌握秘訣。

實用心理學權威威廉·詹姆斯此時就顯得極為重要了，因為他曾經發表過這樣的理論：「行動似乎是隨著思想而生，但事實上行動和思想是同時發生的。如果我們能夠將我們的行動規律化，那我們也能夠間接地使那些表面上看似不由意志控制的感覺規律化。」

換句話說，威廉·詹姆斯想要告訴我們的是：我們不可能因為強行「下定決心」就一下子改變情感——可是我們可以改變我們的行為，當我們改變行為時，我們的感覺就會隨之改變。

「因此，」他解釋說：「如果你感到不快樂，那麼能找到快樂的方法就是讓自己重新振作起來，讓你的言行表現得好像感覺到快樂一般。」這種簡而易行的方式真的會起作用嗎？你可以去嘗試：讓你的臉上綻放笑容，挺起胸膛，做一個深呼吸，然後唱一首小曲，如果你不會唱，那就試著吹口哨；如果你不會吹口哨，那就哼一首歌。很快你就會明白威廉·詹姆斯所說的意思——當你能夠用行動顯示出你正處於快樂當中，你就不會再憂慮和頹喪了。

這就是所謂的大自然基本真理之一，它的確可以在我們生活中創造奇蹟。我認識一位住在加州的女士——在這裡我要尊重她的隱私權——如果當時她知道這一真理的話，就能很快地拋棄所有哀愁。我所提到的這位老婦已經很老了，還是個寡婦——聽起來的確有點慘——可是她有沒有試過讓自己變得快樂些呢？沒有。如果你問她覺得近況如何，她總是會說：「還不錯。」但她臉上的表情和聲音卻讓人感覺不是如此，好像在向人們訴說：「天啊！如果你是我，就會明白一切了。」顯然，如果你很快樂地出現在她面前只會叫她討厭你。

其實在現實生活中還有很多女人的境遇比她更糟糕，儘管她的丈夫為她留下了足夠的保險金維持以後的生活，而且她的子女都已經成家，還能夠奉養她，但是我卻很少見她笑。她總是埋怨她的3個女婿對她很不好——為人吝嗇還很自私，事實上她每次去他們家一住就是好幾個月；她還抱怨女兒們從來不送禮物給她——但實際上她卻不捨得花自己的錢，理由是「替自己的未來作打算」。對他們家人來說，她的確是一個令人討厭的傢伙，但真的只能這樣嗎？其實最可憐的地方在於她本來可以讓自己變成家裡受人敬重和喜愛的成員，而不是現在這副樣子。當然，只要她願意，就可以做到這一點。其實她如果想實現這種轉變，只需高高興興地活著，將自己一點點的愛奉獻給別人，而不是總談自己的不幸，那麼一切都好辦了。

我認識一個住在印第安那州的人名叫英格萊特，他之所以能活到現在，正因為他發現了這個秘密。英格萊特先生在10年前患了猩紅熱病，當他康復以後，又患上腎臟病，他為此四處求醫，甚至尋找江湖醫生，但最終誰也沒能治好他的病。

隨後他又併發另一種症狀：高血壓。就診時，醫生說他的血壓已經達到214的最高值，情況相當嚴重，這樣下去會致命，也只能馬上準備料理後事了。

「我回到家，」他說：「確認自己已經付清了所有的保險費，開始向上帝懺悔以前所做過的各種錯事，坐下來默默沉思。我曾經害得所有人都很不開心，我的妻子和家人都因此非常難受，我更是陷入了悲觀的情緒；然而，就這樣經過一個星期以後，我對自己說：『瞧你現在這副德行，起碼你在一年之內還不可能死掉，為什麼不趁你還活著的時候快樂地生活呢？』」

「於是，我挺起胸膛，露出失去已久的微笑，盡力讓自己表現出正常的樣子。的確，這樣做在剛開始的時候相當難，但是我強迫自己很開心、很高興，後來發現這樣做不僅是善待家人，也幫助了自己。」

「我開始感覺好多了——儘管這只是裝出來的感覺而已；但是這種狀態延續至今——本來以為應該躺在墳墓裡幾個月—— 現在的我很快樂，還很健康。我活得很好，而且我的血壓也下降了。有一件事我可以肯定：如果當時我一直以為自己會死掉的話，那麼醫生的忠告就會應驗，可是我給了身體一個恢復的機會，途徑主要是透過改變自己的精神狀態。」

讓我問你一個問題：如果是快樂和勇氣以及健康的思想和鼓勵拯救了這個人的性命，那你和我為什麼要為那些瑣碎小事而造成的頹喪折磨自己？如果讓自己顯得十分快樂就能夠創造出愉快的氛圍來，那我們又為什麼要讓自己和身邊的人鬱悶而遭受痛苦的折磨呢？

多年以前，我曾看過一本由詹姆士・艾倫寫的書，題為「人的思想」，它對我日後的生活產生了長遠而良好的影響，下面是其中的一段內容：

「人們會發現，當他們改變對事物和其他人的看法時，事物和其他人對他也會發生相應的改變……要是一個人的思想發生了根本性的轉變，他就會很驚訝地發現，生活也發生了極大的變化。人們不能吸引他們所要的，卻可以吸引他們所有的……能讓自己有所變化的主因就是我們自己……一個人的思想直接造就了最終的結果……只有將思想提升到一定高度以後，才能振奮起來，克服困難，有所成就，如果他不能提升自己的思想，那就永遠只能陷於痛苦之中。」

根據「聖經・創世紀」中所說，上帝將統治世界的權利施於人類，這是相當貴重的禮物；可是我對這種權利卻沒有什麼興趣，我所希望的只是能去控制自己的能力、思想、恐懼、內心和精神。我知道自己在這方面有著驚人的收穫，因為不論何時何地，我總是這樣想：只需控制我自身的行為，就能夠控制我內心的感受。

所以，讓我們記住威廉·詹姆斯的話：「我們通常所說的邪惡，都能透過將內心的恐懼變為奮鬥來轉變成令人鼓舞及振奮的事物。」

讓我們為自己的快樂而奮鬥吧！

讓我們為自己的快樂奮鬥，並以此設計一個富有建設性的計畫方案，它能為我們的每一天帶來快樂。下面就是這個計畫，名為「只為今天」，我認為這種計畫非常激勵人心，所以複印了幾千份送給別人—— 這是36年前由已故的希貝爾·帕屈吉擬定的。如果我們能夠照它去做，就能消除大部分的憂慮，從而大大增加法語中所謂的「快樂的生活（la joie de vivre）」。

只為今天

只為今天，我要過得很快樂，我們假設林肯所說的是真的，即「大部分人只要下定決心，都能很快樂」。那麼快樂將不因客觀而改變。

只為今天，我要使自己適應一切，而不是企圖調整所有的事物來適應我。我要以這種態度來面對自己的家庭、事業和我的運氣。

只為今天，我要珍愛自己的身體。多運動，照顧好自己，不去做有損健康的事情，使這個強壯的機器成為我獲取成功的良好基礎。

只為今天，我要武裝自己的思想。努力學習一些有用的知識，而不做胡思亂想的人；為看一些需要深度思考、集中精力品味的書籍。

只為今天，我要做3件事來砥礪我的品格：我要助人為樂，但最好不要讓人家知道；我還要做兩件並不想做的事情，正如威廉·詹姆斯所建議的，這純粹是為了鍛煉自己。

只為今天，我要做個叫人喜愛的人。我的外表要儘量修飾，穿著要得體，說話低聲，行動優雅，對別人的褒貶不要太過在意；不要對任何事指手畫腳，也不要去干涉別人。

只為今天，我要仔細思考如何過好今天，而不是在這一天將困擾我一生的問題都解決掉。因為儘管我有可能持續12小時做一件事，但這種狀態不可能一直持續下去。

只為今天，我要制訂一個方案。我要寫下每小時該做什麼，也許我不會完全照著它做，但還是要有這樣一份計畫，因為這樣做至少可以減少兩種缺點——毛手毛腳和猶豫不決。

只為今天，我要為自己留下半小時的安靜，可以放鬆一下。在這半小時裡，我經常要想到上帝，這樣也許能夠叫我從中收穫生活的希望。

只為今天，我已不再懼怕什麼。我尤其不能害怕幸福，我要享受美好，去愛一切，相信我所愛的那些人也會同樣地愛我。

所以，如果我們想要得到內心的平靜與幸福，就來開始培養良好的精神狀態。

原則一

思想和行動決定一切。行之暢然必然樂在其中。

2
不要想著報復別人

不要因為仇視你的敵人而燃起一把怒火，
卻把你自己燒傷。
——莎士比亞

接下來的故事發生在幾年前的一個晚上，當時我正在遊覽黃石公園，和許多遊客一樣，我坐在露天看臺上看著道路兩邊鬱鬱蔥蔥的松柏和雲杉。忽然，我們期待已久的森林之王——一隻灰熊進入了我們的視野，牠開始狼吞虎嚥一堆從公園旅館廚房裡丟出來的殘食。一位名叫梅耶．馬丁德爾的森林管理員，一邊騎著馬，一邊向我們講述許多有關灰熊的故事，他告訴我們：除了一種水牛和科迪亞克島上的黑熊以外，這種灰熊可以打敗幾乎所有西方世界的動物，然而，我卻注意到灰熊放任一種動物從森林裡跑出來，還與牠在燈光下共進晚餐—— 那是一隻臭鼬！顯然這隻灰熊很清楚，牠只需揚起巨掌，就可以一掌打死這隻臭鼬，但牠又為什麼沒有那樣做呢？因為常識告訴牠那樣做根本不值得。

其中緣由我也知曉。小時候，我曾在密蘇里州農莊的灌木叢裡抓過這種長著4隻腿的臭鼬；長大成人後，我在紐約的街頭也碰過幾個就像臭鼬一樣長著兩隻腳的人；從我的不快經歷中我認識到：根本就不要去招惹他們，無論是臭鼬或者是那些人。

當我們內心開始痛恨仇敵時，我們就給予了他們力量，而那種來自我們自身的力量卻足以影響我們的睡眠、食慾、血壓、健康和快樂；要是仇人知道他們讓我們心中充滿焦慮、煩惱以及仇恨和嫉妒，他們一定會萬分高興，而我們心中的恨意卻完全傷害不到他們，反而使我們陷入仇恨的漩渦不能自拔。

「要是那些自私的人想要占你便宜，不要想去報復他，只要當作從此以後不認識他們就好了。當你想報復他們的時候，你對自己的傷害，遠比對那些人的傷害多得多……」這段話聽起來好像出自那些不切實際的理想主義者之口，其實不然，這段話來自密爾沃基市警察局發放的一個小冊子。

報復他人是如何傷到自己的呢？其實它真的可以在很多方面傷害你。「生活」雜誌的一篇報導聲稱：報復的念頭會損害你的健康。「高血壓患者的一個主要性格特徵就是易怒，」「生活」雜誌說：「長期處於憤怒狀態會導致慢性高血壓和心臟病的發生。」

所以現在你明白了耶穌所說的「愛你的仇人」了吧！這不僅僅是一種道德上的教誨，他的話恰恰是在宣揚一種20世紀新的醫學理念。當他說「要永遠寬恕別人」的時候，他也在教導我們如何避免罹患高血壓、心臟病、胃潰瘍和其他許多疾病。

我朋友最近罹患嚴重的心臟病，他的醫生要求她臥床休息，告誡她無論發生什麼事都不能生氣。醫生都知道患有心力衰竭的人，一點點的發怒就可能送命，也許你覺得有點駭人聽聞，但是幾年前華盛頓州斯潑坎城一家餐館的老闆就因為突然發怒而暴斃。我面前就有一封來自斯潑坎城警長的信，信中說：「幾年前，一位名為威廉·崔堪伯的68歲老人，在斯潑坎城開了一家咖啡店，因為他雇傭的廚師堅持用茶碟喝咖啡且屢教不改，這個老闆看到這種情況後非常惱火，隨手抓起一把左輪手槍去追那個廚師，結果因為突發心力衰竭而倒地死去——那時手裡居然還能緊緊地抓著那支手槍！驗屍員經過仔細檢查後說：『他是因為一時的憤怒而導致心力衰竭死亡。』」

當耶穌說「愛你的仇敵」的時候，他也在教導我們如何改進我們的外表，我想我們都見過那種因仇恨和憤怒而使自己容貌變醜化變硬，佈滿皺紋的女人。在現實生活中，不管她們用什麼樣的方法改善肌膚的面容，也不能讓她的內心再次充滿寬容、溫柔和愛。

怨恨讓我們無法享受美食。聖經有言：「吃素菜，彼此相愛，強如吃肥牛，彼此相恨。」

當我們的仇人知道我們對他們的怨恨使得我們精疲力竭、坐立不安、面容憔悴，導致心臟疾病，甚至可能使我們減少壽命時，他們怎能不高興得拍手稱快？

即使我們不能去愛我們的仇人，那至少也要愛我們自己。讓我們不會因仇人而影響自身的快樂、健康和外表。正如莎士比亞所說的：

不要因為仇視你的敵人燃起一把怒火，卻把你自己燒傷。

當基督耶穌說：「我們應該永遠寬恕我們的仇人」時，他也是在教導我們如何去做生意。舉例來說，我曾經讀過一封來自喬治．羅納的信，他住在瑞典的烏普薩拉，曾是名維也納的律師，但是第二次世界大戰期間他逃到了瑞典。他當時身無分文，急需尋找一份工作，由於他可以讀寫好幾國語言，所以他希望能夠在一家進出口公司找到一份祕書的工作。時值戰爭期間，絕大多數公司都回信告訴他，諸如他們暫且不會提供這樣的職位，不過他們會將他的相關資訊備案一類，但是有一個人卻向喬治．羅納寫了這樣一封回信：「你其實根本不了解我們這行是做什麼的，你的來信說明你是個相當愚蠢的人，我根本不需要任何人來做我的祕書，即使我需要，也不會雇用你，因為你甚至寫不好瑞典文，這封信簡直錯字連篇！」

當喬治・羅納看到這封回信時，他簡直氣瘋了。那個瑞典人自己的回信錯誤百出，可是他竟然寫信來說羅納不會瑞典文！於是喬治・羅納也寫了封回信，好好侮辱他一回，但他突然拋下這種念頭，對自己說：「等等，我怎麼知道這個人說得不是對的？我只是通曉瑞典文，它並不是我的母語，也許我的確犯下許多我並不知道的錯誤。如果真是那樣的話，我要想在日後得到一份工作，就必須努力學習瑞典文。這樣想來他倒是幫了我一個大忙，雖然他的本意並非如此，即使他說話很難聽，但是我還是虧欠於他，所以我應該向他寫封充滿敬意的回信，對他表示感謝。」

於是喬治・羅納撕毀了手裡寫好那言辭苛刻的信件，又另外寫了一封，說道：「對您如此不辭辛勞地回信，我表示萬分感謝，尤其是您現在並不需要一為祕書，我可能弄錯了貴公司的業務，對此我非常抱歉；我之所以向您寫信，是因為我獲悉您是這一行的領軍人物，我對信中那些我沒有意識到的語法錯誤表示慚愧和歉意，我將更努力地學習瑞典文，改正我的錯誤，謝謝您幫我走上自我改進的道路。」

沒過幾天，喬治・羅納居然又收到了那個人的回信，這一回他請羅納去見他，羅納去了，並且得到一份那裡的工作。由此，喬治・羅納發現「平心靜氣地回答能消除怒氣」。

我們可能不能像聖人那般愛我們的仇人，但為了我們自己的健康和快樂，至少我們應該不念舊惡，這樣才是最為明智的選擇。孔子也說：「人不知而不慍，不亦君子乎。」有一次，我問艾森豪將軍的兒子約翰，他父親心中是否一直充滿怨恨。「不，」他回答說：「我父親從來不浪費任何一秒去想那些他不喜歡的人。」

俗話說：「蠢人不懂得如何生氣，智者卻從不生氣。」

這也正是前紐約州州長威廉・蓋諾一直以來所堅持的信念。他當時被街頭小報攻擊得遍體鱗傷，又被一名躁狂者打了一槍，幾乎送了命。當他在醫院裡，生命危在旦夕之際，他說：「每天晚上我都會去原諒所有的事情和所有的人。」這樣做是不是有些太過理想化？是不是把問題想得過於輕鬆、美好了呢？如果你們這樣認為，就先讓我們來看看德國偉大的哲學家，「悲觀論」的作者叔本華說過的話。他將人的一生比作無聊而痛苦的冒險歷程，生活於此的每一秒鐘都受盡了煎熬，即使如此，叔本華仍然說道：「我們應該盡可能不對任何人產生怨恨。」

有一次，我曾問伯納・巴魯克(他曾擔任過6位美國總統威爾遜、哈丁、柯立芸、胡佛、羅斯福和杜魯門的特別顧問)會不會由於受到來自政敵的攻擊而難過？「沒有人能夠羞辱我或干擾我，」他回答說：「我不會讓他們得逞。」同樣，也沒人能羞辱或困擾你我——除非是我們讓他們得逞。

棍棒和石頭也許能打斷我的骨頭，可是言語卻永遠傷害不了我。

古往今來，在那些如基督信仰寬恕仇敵的觀念產生以來，人類已經為自己內心的怨恨付出了應有的代價。我經常去加拿大傑斯帕國家公園閒逛，在那裡可以仰望以伊蒂絲・卡薇爾命名的山，這可能是西方世界認為最美的一座山。伊蒂絲・卡薇爾是一名英國護士，在1915年10月12日被德軍行刑隊槍斃，她的罪名是在比利時的家中收容並照顧了許多受傷的英、法士兵，並且幫助他們逃往荷蘭。行刑前的那個

10月清晨，一位英國教士走進布魯塞爾的德軍監獄牢房裡為她做臨終祈禱，就在那一刻，伊蒂絲．卡薇爾說了兩句意義深刻的話，並刻在了她的紀念碑上：「我知道僅有愛國精神還不夠，我絕不能敵視或怨恨任何人。」4年之後，她的遺體被運送回英國，在威斯敏斯大教堂隆重地舉行了安葬儀式。我曾在倫敦待過一年，還經常去國立肖像畫廊對面看伊蒂絲．卡薇爾的雕像，默默念讀上面兩句不朽的名言：「我知道僅有愛國精神還不夠，我絕不能敵視或怨恨任何人。」

一個使我們原諒和忘記那些仇人的有效方法，就是讓我們去做一些遠大於我們自身的事情，這樣那些曾經的遭遇就顯得不那麼重要了我們才不會去浪費精力計較其他的事情。舉例來說：1918年，在密西西比州松林裡發生了一件極富戲劇性的事情。那裡差點引發一次私刑——被行刑的主人翁叫勞倫斯．鐘斯，是一名黑人教師和傳道士。幾年前我還曾到訪由勞倫斯．鐘斯所創建的一所學校，還對那裡的全體學生做了一次演說，今天那所學校可是舉國聞名，但我提到的那件極富戲劇性的事情卻發生在很早以前。第一次世界大戰期間，密西西比州中部盛傳著一種謠言，德國人正在唆使黑人起來造反，而那名差點被處刑的勞倫斯．鐘斯就是黑人，他被控告協助其他黑人叛亂；一大群白人駐足在教堂外面聽勞倫斯．鐘斯在裡面的佈告：「生命，就是一場戰鬥！每一個黑人都要穿上盔甲，以戰鬥來求得生存和成功。」

「戰鬥」、「盔甲」，僅這兩個帶有進攻色彩的詞語就足夠了。於是，這些年輕人在夜裡雇傭了一名暴徒，回到教堂捆綁這名教師，將他拖出一哩地以外，讓他站在成堆乾柴上面，並點燃火柴，準備將他吊起燒死。這時，有人叫道：「在燒死他之前，再聽聽那些無稽之談吧。說話啊！說話啊！」此時，勞倫斯．鐘斯站在柴堆上，脖子上還套著繩索，當眾為他的生命和理想又發表了一次演說。他在1907年畢業於愛荷華大學，大學時代他以率直的性格、豐富的學問，以及在音樂方面的才華，深受全校師生喜愛；畢業後，勞倫斯．鐘斯拒絕了一間旅館為他提供的經商機會，還拒絕了一位富人資助他繼續深造音樂的機會。這是為什麼呢？因為他有非凡的理想。當他讀完布克爾．華盛頓的傳記時，他從中獲得靈感，並決心獻身於教育事業，教育黑人當中那些因為貧窮而沒有受過良好教育的文盲。因此他回到南方最貧困落後的地方，也就是密西西比州傑克森鎮以南25哩的一個小地方。將他的手錶當了1.65美元之後，他就在樹林中用樹樁做桌子，開啟他教育生涯的第一課。勞倫斯．鐘斯對那些憤怒的、正想要燒死他的人講述了他所付出的努力——教育那些沒有上過學的人們，讓他們成為合格的農夫、技工、廚師和主婦。他講述了一些白人曾幫助他建立這所學校——他們無償贈送給他所需的土地、木材、豬、牛和金錢，幫助他繼續興辦教育事業。

後來有人問勞倫斯．鐘斯，他是否會記恨那些曾經準備吊死和燒死他的人？他回答說，他正忙於實現他的理想，根本沒有時間記恨別人——他一心一意地做著超出他自身的大事。「我沒有時間和別人爭吵，」他說：「我甚至沒有時間懊悔，更沒有任何人能強迫我降低身份去怨恨別人。」

勞倫斯．鐘斯關於他夢想的演講是如此誠懇而感人，甚至當時並沒有表露出為自己求情的意圖，這讓那些暴徒心軟了。最後，人群中有一個曾參與美國南北戰爭的老兵站了出來，對大家說：「我相信這孩子說的話，我也知道他剛才提到的那些白人，他是在做善事，我們錯怪他了，我們應該幫助他，而不是將他吊死。」隨後那位老兵取下自己的帽子，在人群中傳動，從那些原準備燒死這位教育家的人群裡，募集到了52.4美元交給鐘斯——這位說過「我沒有時間和別人爭吵，我甚至沒有時間去懊悔，更沒有任何人能強迫我降低身份去怨恨別人」的人。

愛比克泰德在1900年前就告訴我們種瓜得瓜、種豆得豆，無論如何，命運總會讓我們為自己曾經犯下的罪過付出代價。「從長遠來看，」愛比克泰德說：「每個人都會為自己所犯的錯誤付出代價。能記住這點的人，就不會對任何人生氣，也不會和任何人爭吵，不會辱罵別人、斥責別人、侵犯別人和痛恨別人。」

縱觀美國歷史，可以發現沒有人能比林肯所受到的責難、怨恨和陷害更多的了。正如哈登撰寫的經典傳記所寫的那樣：「林肯從來不以他的好惡來評判別人，如果真有什麼工作要做，他也會將他的政敵和其他人一樣看待；如果一個人以前曾經誹謗過他，或者對他不敬，但這人的確勝任某一職位時，林肯仍然會讓他擔任那個職位，就像派他的朋友去做這件事一樣……我想他可能從未因為某人是他的政敵，或者因為他不喜歡某個人，而解除這人的職務。」

那些以前曾指責或是羞辱過林肯的人——如麥克裡蘭、愛德華·史丹唐和查理斯等，都被林肯委以重任。他始終認為：「沒有人應該因為他做過的什麼善事而被頌揚，或因為他做過什麼壞事抑或沒有做過什麼而被責難。」因為人的想法和行為都會受到外部環境、教育、生活習慣和遺傳等因素的影響，使他們成為現在的樣子，以及將來可能會成為的樣子。

也許林肯是對的，如果你我都繼承了和自己仇人相同的身體、精神以及情感特質，同時生活也賦予你我和敵人完全相同的經歷，那麼我們也許就會和他們所做的相同，因為我們不可能去做任何別的事情。讓我們以慈愛的心誦讀印第安人的詩句：「哦，偉大的主呀！讓我處於別人的景況後再做評判吧！」所以，不要記恨我們的敵人，而要去憐憫他們，同時感謝生活沒有讓我們變成他們；不要無休止地指責他們或者向他們報復，而是去理解、同情、幫助、寬恕他們。

我自幼生長在基督教的家庭環境裡，每天晚上家人都會從「聖經」裡摘出一些章句或詩句，一起跪下來念所謂的「家庭祈禱文」。現在，我彷彿依然能聽見在密蘇里州邊緣的農場小屋中，父親正在誦讀耶穌基督的話——那些只被珍視理想之人所重複的話：「要愛你們的仇人，善待恨你們的人，為那些詛咒你的人祈福，為那些刁難你、迫害你的人禱告。」

我父親一直是按照耶穌的這些話去做，使他的內心得到了那些當權者們想方設法都無法得到的平靜。

所以，如果我們想培養快樂平和的心情，就要記住：

原則二

永遠不要報復我們的仇敵，因為那樣我們只會更深地傷害自己；讓我們像艾森豪將軍那樣：

不要把任何時間浪費在去想那些我們不喜歡的人上。

3
樂善好施，不求回報

理想的人，就是能夠樂於幫助別人的人。
——亞里斯多德

如果我們想獲得快樂，就不要想得到回報，
只享受給予的快樂吧。

我不久前在德州遇到一名商人，他當時正為什麼事情忿忿不平，其他人事先提醒我說，見到他一刻鐘內，他就會提起那件事情向我訴苦。的確如此，雖然那是11個月以前發生的事，可是他一提及此事火氣還是很大，忍不住總要抱怨它。原來去年耶誕節前夕，他向手下34位員工共發了10000美元的年終獎金——人均約300美元——但是居然沒有一個人感謝過他。「我現在真是後悔莫及，」他忿忿地抱怨說：「當時一分錢都不該給他們!」

中國古代的聖人孔子曾說過：「怒者毒也。」意思就是說憤怒的人心中都會充滿怨恨。我非常同情剛才說的這名商人，因為他的內心充滿了怨恨。他現在已經有60歲了，根據人壽保險公司的計算，我們每個人的壽命大約可以活到現在的年齡與80歲之間差距的2／3或稍長一點，那麼如果這位先生運氣比較好的話，也許還可以活上十四五年，可是他卻把自己僅有的這些時間一下子浪費了一年之久，僅僅用來抱怨一件早已經過去的事情，所以我真的很同情他。

他不該總是處於怨恨和自憐的狀態，而應該捫心自問，為什麼他的行為沒有得到任何感激？也許他平時支付給員工的薪水就過低，而帶給他們的工作壓力又太大；也許員工認為年終獎金並不是什麼禮物，而是他們應得的勞動成果；也許平時他對人太過嚴厲，甚至苛刻，所以沒有人敢或者願意接近他並表示感謝；也許是員工們認為他之所以給大家加發年終獎金，是因為原本這些收益的大部分得拿去交稅。

換個角度來講，也許那些員工真的都非常自私、卑劣，不講禮貌；也許有這樣或那樣的原因，你我都不會知道最終的原因是什麼，但我的確知道，薩姆爾．詹森博士曾說過：「感激別人是透過良好教育的積累而奠定的品格，你真的很難在一般人身上看到。」

在這裡我想說的是，這個商人總在期許別人的感激之情，這恰恰犯了一般人的通病，因此可以說他根本不了解人性。

如果你救了某人的性命，你會寄望他感激你嗎？可能會這樣想。但是薩姆．理博維茲在擔任法官之前，是一個有名的刑事律師，他曾救過78人的命，使他們不必坐上電椅被處死，你認為在這些人當中，有多少人事後感激過薩姆．理博維茲，哪怕記得送他一張聖誕卡呢？有多少？猜猜看……一點沒錯——一個也沒有！

書中記載耶穌曾在一個下午治好了10名痲瘋患者，事情過後又有幾個向他表示感激呢？只有一個。你去查看「路加福音」的原文，當耶穌轉身問他的門徒：「那9個人在哪裡？」時，那些人早已無影無蹤，連一句感謝的話都沒有留下！因此，我想問讀者一個問題：為什麼你我，或者是那名德州商人，在給予別人一點點幫助之後，就要求得到比耶穌更多的回報呢？

如果事關錢財，那就更別抱什麼希望了。查理斯．舒溫博告訴我，他曾經救了一位挪用銀行公款的出納員，那個人擅用公款去投資股票，舒溫博用自己的錢救了他，使其免受牢獄之災，結果那位出納員感激他嗎？是的，起初他確實感謝了一段時間，但後來他竟然翻臉辱罵和批評舒溫博——這個曾經救過他的人！

要是你給一位親戚100萬美元，他是否就會感激你呢？安德魯·卡內基就曾做過這樣的事；但是如果他死後從自己的墳墓裡爬出來看看的話，一定會無比震驚，因為此時此刻他的那位親戚正在咒罵他！為什麼會這樣呢？原來卡內基將自己高達3.65億美元的財產捐給了公共慈善機構——這使得那位親戚不滿他「只給了區區100萬美元」。

事實正是如此，江山易改，本性難移。所以，我們為什麼不接受這個事實？為什麼不像聰明的羅馬皇帝馬可·奧勒利烏斯那樣認識到人的本性呢？他曾在某天的日記中寫道：「我今天要去見那些滿腹牢騷的人——那些人自私、任性、絲毫不知感激，但是我不會驚訝和困擾，因為我無法想像一個沒有這些人的世界。」

這話很有道理，不是嗎？如果我們要抱怨別人不心存感激，我們究竟應該抱怨誰？抑或其實是我們自己太不瞭解人性了？我們不應該謀求別人的回報，如此一來，在我們偶然得到別人的感激時，那種感覺就好像收穫了一種意外驚喜，而如果沒有，我們也不會為此困擾。

這就是我在本章所要總結的第一個要點：

忘記對別人表示感激是人類的天性；所以，如果我們只要給予別人恩惠就期望因此得到回報的話，結果只能是庸人自擾。

我認識一名紐約婦人，時常抱怨自己孤身一人，她的親戚沒有一個願意親近她的——這也並不奇怪，如果你去拜訪她，她會喋喋不休地說她對自己的侄女有多好，在她們患痲疹、腮腺炎和百日咳的時候，都是她親自照顧她們；多年來她一直養育她們，甚至供養其中一個完成商業學院，還為另一個提供住宿，直到她結婚。

她的侄女來照顧過她嗎？是的，偶爾也會來，但那純粹是出於義務，而且她們都怕回來看她，因為知道自己來了以後必須在那兒待上好幾個小時，聽她旁敲側擊地罵人，還得聽她那沒完沒了的抱怨和自怨自艾的歎息。後來，當這名婦人想盡辦法也無法迫使她的侄女來看她時，她就會使出她最後的「絕招」——號稱自己心臟病發作。

她的心臟病真的發作了？是的，醫生說她有一顆「緊張的心臟」，導致了心悸的發生，可是醫生同時也提到，他們對她現在的身體狀況毫無辦法，因為她的根本問題源於心理。

這個女人真正的問題在於她需要的是理解和關愛，可是她將此稱之為「感恩圖報」，因此她永遠也得不到理解和關愛，因為她過於強調它，並認為那是她應得的。

在這個世界上，有成千上萬的人像這名婦人一樣，因為別人的不知感激、自己的孤獨和被人忽視而病倒，他們迫切希望有人去關愛他們，但世界上唯一能夠得到愛的辦法。就是不再去索求愛，而是開始付出自己的關愛，不期回報。

這話聽上去是不是過於理想化而不切實際？事實不是這樣的，這僅僅是普通常識，這樣做可以讓你我得到內心的快樂，我之所以能如此確定是因為在我家裡就有過這樣的經歷。我的父母是對樂於助人的夫婦，雖然當時我們家很窮而且負債累累，但是每年我的父母總是會想辦法向孤兒院寄錢。那個孤兒院設在愛荷華州，其實我父母從沒去過那裡，或許沒有人為此而感謝他們——除了普通的信件交流之外——但他們所得到的精神回報卻非常豐富，因為他們從幫助孤兒中得到了樂趣，更重要的是他們並不希望那些人為此而回報他們。

當我離開家獨立以後，每年耶誕節都會向我的父母寄一張支票，希望他們買些比較貴重的東西，但他們卻很少這樣做。當我每年耶誕節前夕回家的時候，父親就會告訴我，他們又買了些煤和雜貨送給鎮上那些貧困的「可憐女人」，以及其他生活困難的人；這樣做的過程讓他們從中體味到更多的快樂——那就是因為付出，而不寄希望於任何回報的快樂。

我認為我的父母有資格做亞里斯多德所謂的那種「理想的人」——每天都真正快樂的人。亞里斯多德說過：「理想的人，就是能夠樂於幫助別人的人。」

這就是我在本章中要說明的第二個要點：

如果我們想獲得快樂，就不要想得到回報，只享受給予的快樂吧！

幾千年來，父母都一直為自己的兒女不知感恩而悲傷難過。

就連著名劇作家莎士比亞筆下塑造的李爾王也說過：「一個不知感恩的孩子，比毒蛇的牙齒還要尖利！」

可是，孩子們為什麼要學會感恩呢？——除非我們教育他們應該如此。忘記感恩是人類的天性，就像野草在春天生長一樣；而感恩之心卻猶如一朵玫瑰，必須不斷地培養它、關愛它、呵護它。

如果我們的子女忘恩負義，那應該責怪誰呢？也許要怪我們自己吧；如果我們從來不曾教導他們如何感激別人，我們又怎麼能期望他們感激父母呢？

我認識一個住在芝加哥的人，經常抱怨他的兩個繼子不知感恩。他當時在一家紙箱廠工作，每星期僅能得到不足40美元的工資。他娶了一個寡婦，她要他去借錢供她的兩個兒子上大學。他每週的薪水只有40美元，除了要買生活中的必需品、付房租、買燃料、買衣服，同時還要償還債務。就這樣他一直做了4年的苦力，但他從來沒有為此抱怨過。

他得到別人的感恩了嗎？沒有，他太太認為這樣做是理所當然的，他那兩個繼子居然也這麼認為，他們從來不認為欠了養父什麼債，因此自始至終一句感謝的話都沒對他說過。

這又能怪誰呢？這兩個孩子嗎？也許是吧，可是這更要怪那名母親，她想當然地認為不應該給她年輕的孩子增加過多的「內疚感」，她不想兩個兒子「一開始就欠別人什麼」，所以她從來就沒想過告訴他們說：「你們的養父真的很偉大，他努力地賺錢供你們讀完大學。」反之，她採取了另外一種態度，認為：「這是他應該做的。」

她認為她這樣做有利於兩個兒子，但實際上卻很危險，這會讓他們剛步入社會就覺得全世界都有欠於他們；事實證明這種觀念的確很危險——因為其中一個孩子曾想向他的老闆「借一點錢」，結果因此被送進了監獄。

我們必須謹記子女後天的行為完全是由父母教育的方式所造成的。舉例來說，我姨媽薇奧拉．亞歷山大，從來不會為她的孩子們對她「忘恩負義」而感到煩惱。在我小的時候，薇奧拉姨媽把她母親和婆婆都接到自己的家裡來照顧，現在我閉上眼睛腦海中還能浮現出兩位老太太坐在薇奧拉姨媽家壁爐前的情景。她們不會為薇奧拉姨媽惹來什麼麻煩嗎？我想這是肯定的；但你從姨媽平時的態度上一點也看不出來，她很愛這兩位老太太，所以她照顧她們，讓她們舒適地安度晚年。其實在那個時候，除了要照看兩位老人以外，薇奧拉姨媽還要撫養膝下的6個孩子。她從來沒有想過這樣做有什麼特別之處，或者照顧兩位老人有什麼值得讚美的，對她來說這是件自然、理所應當的事，也是她希望做的事。

現在薇奧拉姨媽在哪裡呢？事實上，她現已守寡了20多年，而且5個孩子已經各自成家，卻全都爭著要讓她住在自己的家裡。她的孩子們非常敬佩她，都不想離開她，這是因為「感恩」嗎？不是，這是源於愛，一種純粹的愛，因為在這些孩子的童年時代，他們耳濡目染，早就懂得了愛心的溫暖，如今他們也能像自己的母親當初那樣付出應有的愛心，所以根本就沒有什麼好驚奇的。

因此我們要謹記，想教育出知恩圖報的孩子，自己必須要先懂得感恩；我們要記住「小兔子耳朵長」的道理，平時還要注意我們所說過的話，例如，當我們下次在孩子們面前想要貶低別人對我們的態度時趕緊閉嘴，永遠也不要說：「看，蘇表妹拿這什麼送給我們當聖誕禮物呀！居然是她自己做的桌布，根本就不值錢。」我們也許只是順口說出，可是孩子們聽在耳中、記在心理；反之，我們應該說：「看蘇表妹送的這個桌布多好呀！是她自己做的，肯定花了不少工夫，我們應該寫信感謝她！」這樣在我們孩子們的潛意識中就會埋下感恩的種子。

所以，要避免因別人忘恩負義而產生的憤怒和憂慮，就需要記住**原則三**：

1、不要因為別人的忘恩負義而憂傷，那是很自然的事。我們要記住，當初耶穌在拯救病人時僅有一個人對他表示了感謝。我們所做的這點小事又怎能和耶穌的行為相提並論呢？

2、找到快樂的唯一方法，不是期待回報，而是享受給予。

3、我們還要記住，感恩的習慣是培養出來的，因此如果我們希望子女知恩圖報，就要培養他們這樣去做。

4
珍惜已經得到的恩惠

我們很少能去想我們已經擁有的，
而總是幻想得到我們想要的。
——叔本華

哈羅．亞伯特是我多年的朋友，住在密蘇里州的韋伯市，他曾經是我的教務主任。有一次，我在坎薩斯城碰到了他，他開車載我回我在密蘇里州貝爾城的農場。行車途中我問他生活中是如何擺脫煩惱、獲得快樂的，他為我講了一個令我畢生難忘的精彩故事。

「我以前經常憂慮，」他說：「可是，1934年春天，我看到的一幕掃清了我所有的憂慮。當時我正走在韋伯市的西道提街，整個事情發生前後不到10秒鐘，但我在這短短的時間裡所領悟的生活真理，比我過去10年裡所學的還要更有意義。那時，我在韋伯城經營雜貨店生意，」哈羅．亞伯特說：「僅僅2年時間，我不僅賠光了所有積蓄，而且還債臺高築，需要我用以後7年的時間才能還清。我的雜貨店當時剛倒閉，我正準備招商銀行貸款，以便去坎薩斯城找一份工作。我垂頭喪氣地走著，失去了所有鬥志和信仰，突然，迎面而來一名失去下肢的殘疾人士，他坐在帶滑輪的一個小木板上，雙手各抓著一塊木頭，撐著地滑過街來。我看到他的時候，他剛好朝這面滑過來，想把自己抬高幾英寸上到人行道上，就在他翹起那小木板車子的時候，突然發現我在注意他的舉動，他憨厚地對我咧嘴一笑說：『早上好，先生！今天天氣真好，不是嗎？』他很有精神；當我站在那裡關注他的一舉一動時，才發現自己是如此富有：我有兩條腿啊！我還能走路，我對自己多日以來的自怨自艾感到慚愧。我對自己說：「如果他失去了雙腿都能如此快樂，我這個健全人當然也能做到。」就在那個時候，彷彿一下子煙消雲散，豁然開朗，我覺得自己能挺起胸膛更加自信了。原計劃我只打算向招商銀行借100美元，但我現在有勇氣借兩百，我本來也只是打算去坎薩斯城碰碰運氣，看能否找到一份工作，但現在對我來說是勢在必行；不出所料，我果然借到了那筆錢，還找到一份滿意的工作。

「如今我在浴室的鏡子上貼下這幾句話，以便我每天早上洗漱的時候都能看到，記在心裡：

只是因為自己的原因而憂慮，
直到發現那個快樂的殘疾人，
原來我們真的沒必要去擔心。」

我曾經問過艾迪．雷根伯克，當他迷失在太平洋和他的同伴在救生筏上漂流了21天時，他從中收穫最重要的東西是什麼。「那次死而復生的經歷我認為最重要的，」他說：「就是如果你有足夠的飲用水喝，有足夠的食物可以吃的話，就不要再抱怨任何事情。」

「時代雜誌」有過這樣的一篇報導，講述一名士官在瓜達康納爾島受了重傷。當時他的脖子被彈片擊中，一共輸了7次血，他向醫生寫了一張紙條，問：「我能活下去嗎？」醫生回答說：「可以。」他又寫了一張紙條問：「我還能說話嗎？」醫生又回答他說：「可以。」

然後他又寫了一張紙條：「那我還有什麼可擔心的呢？」

既然如此，你為什麼不也停下來問問自己：「那我還有什麼可擔心的呢？」這時，你就會發現自己擔心的事情是微不足道的。

生活中大概有90％的事情都是對的，只有10％才是錯的；如果我們想要得到快樂，我們要做的就是把精力放在那90％的正確事情上，而不去理會那10％的錯誤；如果我們想要焦慮、難過，想患上胃潰瘍，那我們只需把精力集中在那10％的錯事上，而不去理會那90％的好事。

現在英國多數的新教堂中都刻有「多思考，多感恩」的字句，這兩句話也應該銘刻在我們心中。「多思考，多感恩」，讓自己去思考那些人世間所有值得我們感激的東西，並為此而感激上帝的恩賜。

「格列佛遊記」的作者約拿丹．斯威夫特，應該是英國文學史上最悲觀的一位作家，他曾為自己的出生難過，所以生日那天他一定會齋戒、沐浴更衣，可是，即便在這樣的絕望中，這位著名的悲觀主義者同樣稱頌開心與快樂是人們健康的源泉。「世界上最好的3位醫生……」他說：「是飲食醫生、平靜醫生和快樂醫生。」

你我每時每刻都能得到「快樂醫生」的免費服務，只要我們把全部精力集中在那些寶貴的財富上——它們的價值將遠遠超過阿里巴巴的珍寶。你願意以10億美元出賣你的雙眼嗎？你願為你的雙腿出什麼價錢？還有你的兩隻手、你的聽覺、你的孩子、你的家庭……把你所有的資產全部加在一起，你會發現你絕不會賣掉現在所擁有的一切，即使把洛克菲勒、福特和摩根這3個最富有家族所擁有的財產都加在一起，也不會這樣做。

但事實上我們真的能這樣做嗎？啊，很難做到。正如德國哲學家叔本華說的：「我們很少能去想我們已經擁有的，而總是幻想得到我們想要的。」沒錯，這種思想正是人類在這個世界上最大的悲劇，它所造成的痛苦比歷史上所有的戰爭和疾病都要嚴重得多。

現實生活中，這種思想將約翰．帕爾瑪「從一個正常人變成一個愛抱怨的傢伙」，也差點毀了他的家庭，他告訴了我事情發生的前後經過。

帕爾瑪先生現住在紐澤西州，他說道：「我從軍隊退伍之後就開始經營自己的生意。我起早貪黑地工作，一切進行得相當順利，但沒過不久，問題就出現了，我買不到生產所需的原料和零件。我當時非常擔心可能因此被迫放棄現在的生意，所以沒多久時間我就從一個普通人變成了一個奇怪的傢伙，脾氣暴躁、尖酸刻薄——但當時我並不自知，現在回想起來，我甚至差點失去自己那個充滿快樂的家庭。有一天，我工廠裡一位年輕的殘疾軍人對我說：『約翰，你應該感到慚愧，瞧你這副樣子，好像全世界只有你一個人遇到了麻煩，就算你現在的工廠倒閉了，那又怎樣？等到時來運轉，你還可以東山再起呀！你有很多值得感激的事，但你卻老是抱怨，你知道我有多羨慕你嗎！你看看我，現在只有一條胳臂，半邊臉也毀了容，但我也沒抱怨過呀！要是你再這樣沒完沒了地痛苦下去，你不僅會失去你的生意，還會失去你的健康、你的家庭和你的朋友！』

「這話使我幡然醒悟，我當時意識到應該改變自己，重新做回原來的那個我——事實證明我做到了。」

我另一位朋友露西莉．布萊克曾經處於絕望的邊緣，直到她學會怎樣慶幸自己擁有的而非抱怨自己沒有的東西。

我是多年前在哥倫比亞大學新聞學院上短篇小說寫作課程時認識她的；幾年前，她的生活發生了劇變，當時她正住在亞利桑那州杜森城，下面是她告訴我的整件事情。

「我的生活節奏一直相當緊湊，那時我在亞利桑那大學學習風琴，又在城裡開辦了一所語言學校，還在我所住的沙漠柳牧場教授音樂欣賞課程，我還參加了各種宴會、舞會，或在星光下騎馬；但是有一天早上，我突然崩潰，因為我的心臟病發作。『妳得在床上靜養一年，』醫生只是這麼告訴我，根本沒說我還有可能好起來。

「叫我在床上躺一年，什麼都不能做，還有可能會死掉，這簡直把我嚇壞了。這種事情為什麼會發生在我身上呢？我究竟做錯了什麼，會受到這種報應呢？當時我又哭又叫，心裡充滿了怨恨和反抗，不過我還是遵照醫生的囑託躺在床上休息。我的鄰居魯道夫先生是位藝術家，他勸我說：『現在妳覺得整整一年的時間都在床上度過是個悲劇，但事實上不會的。其實這樣妳就有更多的時間去思考，從中更了解自己，接下來的幾個月裡，妳思想的成熟會比妳這大半輩子都要快很多。』聽完這些話，我平靜了下來，開始嘗試建立新的價值觀念，利用這一段時間，我看了許多勵志的書籍。有一天，我聽到一個無線電廣播的新聞評論員說：『你的表述和行為都會在潛意識裡形成。』其實這一類話我以前聽過不下百次，但現在我才真正體會到其中的含義，並謹記於心。我開始重新思考那些快樂時光、健康的生活狀態。每天早上一起床，我都努力使自己想一些應該感激的事情：我沒有承受病痛，我已經有一個可愛的女兒，我的眼睛能看得見，耳朵能聽得到收音機裡播放出的優美音樂，有足夠的時間品味書籍，美味的食物，要好的朋友；我變得快樂多了，後來來醫院看我的人太多，以至於醫生不得不規定我每次只能在特定的時段接待一個探病的客人。

「這件事已經過去了很多年，但現在我又過著更為豐富多彩的生活；我衷心感激在床上度過的那一年，那是我在亞利桑那州度過最有價值、也最開心的一年。我到現在還保持那一年中所形成的習慣：每天早上細數著自己有多少件值得感激的事，這是我最為珍貴的財富，不過，我真的感到慚愧，因為直到站在死亡的恐懼面前，我才開始學習如何活著。」

親愛的露西莉・布萊克，也許妳並不知道妳所總結出的經驗也正是薩姆爾・詹森博士在200多年前所提到的。「要習慣於只看事物好的一面，」詹森博士說：「這樣做比每年賺1000多英鎊更有價值。」

我想提醒諸位的是，這些話並不是出自一個天生樂觀的人之口，說這話的人曾經在焦慮、貧困和饑餓中度過了20年，最後終於成為他那個年代最有名的作家，也成為歷史上最成功的健談者。

羅根・皮爾薩爾・史密斯簡單地概括了幾句話來說明這一問題，他說：「生活中應該有兩個目標：首先，要得到你所希望得到的；然後，充分享受它帶來的樂趣；只有最聰明的人才能做到第二步。」

你想知道如何將在廚房的水槽中洗碗變成一次寶貴的經驗嗎？你可以去看一本具有啟發性談論勇氣的書，叫做「我希望能看見」，它的作者是波姬兒・戴爾。

波姬兒・戴爾失明長達半個世紀之久。「我只有一隻眼睛，」她寫道：「而眼睛上還滿是疤痕，只能透過眼睛左邊的一個小空隙來看外面的大千世界。看書的時候我必須將書本移到離我臉很近的地方，看上去如同貼在書上一般，而且不得不將我另一隻眼睛往左邊斜過去。」

可是她始終拒絕別人對她的憐憫，更不願意被區別對待。小時候，她想和其他小孩一起玩跳房子的遊戲，可是她看不見畫在地上的線，於是她就在其他孩子都回家以後，一個人趴在地上，尋找線的位置，然後她把每一處牢記在心，這樣一來沒過多久時間她就變成了這個遊戲的高手。當她在家中看書時，她把印有大字的書緊緊地靠近她的臉，幾乎連眼睫毛都碰到書頁上。她一生之中獲得了兩個學位：先在明尼蘇達州立大學獲得學士學位，然後在哥倫比亞大學獲得碩士學位。

她最初在明尼蘇達州雙子鎮的一個小村子裡任職教書，後來成為了南達科他州奧格塔那學院的新聞學和文學教授。她在那裡工作了13年，還在許多婦女俱樂部發表演說，並在電臺主持圖書及作者的評論節目。「在我的腦海深處，」她寫道：「始終懷有擔心自己完全失明的恐懼，為了克服這一焦慮的心情，我一直儘量用樂觀、愉快的態度對待生活。」

1943年，奇蹟居然真的降臨到她身上，那一年她已經52歲了。著名的梅育醫院為她做了一次手術，使她的視力恢復了將近40%。

就這樣，一個新鮮可愛的世界又展現在她的眼前。現在她發現，即使是在廚房的水槽裡洗碟子，都會讓她覺得很開心。「我開始玩洗碗槽中的肥皂泡沫，」她寫道：「我把手伸進去小心翼翼地抓住一大把肥皂泡沫，迎向燈光的方向，可以從每一個肥皂泡泡中發現它在燈光下折射出霓虹般五顏六色的奇妙景象。」

當她從水槽邊的窗戶向外面望去，她看到一隻灰黑色的小麻雀從厚厚的積雪上飛過。見到如此動人的情景後，她闔上手中的書，記錄下這樣的文字：「慈愛的主呀，天國的神父呀，我真的感謝祢！」

想像一下，因為看到了肥皂泡上折射的五光十色以及窗外飛過的小麻雀就可以對上帝的恩賜感激不盡！

你我都應該為此而感到慚愧。這麼多年來，我們每天都生活在一個優美的環境中，可是我們卻對此視而不見，不能享受其中的樂趣。所以，如果我們想擺脫憂慮去開始快樂的生活，就要記住：

原則四

珍惜已經得到的恩惠，不要理會你的煩惱。

5
找回自我，保持本色

有一種人是最痛苦的，那就是總去嘗試著成爲
別人那樣的人，而失去了自己的思想和肉體。
你是這個世界上獨一無二的存在，應該爲此而慶幸，
盡一切努力利用大自然所賦予你的一切。

我有一封伊蒂絲·阿雷德夫人從北卡羅來州艾爾山寄來的信。她在信中說道：「我從小性格就特別敏感內向，那時候一直很胖，而我的臉使我看上去比實際更胖；我的母親很古板，她認為穿漂亮衣服是一件很愚蠢的事，她總是對我說：『寬鬆的衣服穿著舒服，緊繃的衣服易破損。』因此她買給我的衣服總是很肥大。我從來不參加其他小朋友的戶外活動，甚至沒怎麼參加過體育運動。我異常害羞，覺得我和其他人不一樣，完全不受歡迎。」

「長大之後，我嫁給了一個比我大好幾歲的男人，可是我的性格沒有絲毫改變，我丈夫的家人都沉著、自信——他們的性格是我夢想卻始終不能得到的。我竭盡全力模仿他們，但從未成功。他們為了使我開心而做的每一件事情，都只會讓我更加退縮。就這樣，我變得焦躁易怒，迴避見任何的朋友，情緒極壞，唯恐聽見門鈴響。我知道我是一個失敗者，但我又怕丈夫發現這一點，所以每當我們出現在公共場合時，我都裝作很開心的樣子，結果總是適得其反。我也知道我演得有些過火，所以事後我會為此難過好幾天。最後，我覺得這樣子活

下去也沒有什麼意思了，於是冒出了自殺的念頭。」

最終究竟又是什麼改變了這個不幸女人的生活呢？原來僅僅是一句隨口說出的話。

「隨口說出的一句話，」阿雷德夫人繼續寫道：「改變了我全部的生活。有一天，我婆婆正在談她如何培養她的幾個孩子，她說：『不論發生什麼事情，我總是堅持讓他們保持本色。』……『保持本色』，就是這句話！一瞬間，我才發現自己長期以來苦惱的原因正是因為我一直活在一個不適合自己的模式中。」

「一夜之間，我徹底改變了，我開始做回自己，我開始嘗試著研究自己的個性，試著發現自己究竟是一個什麼樣的人；我開始鑽研我的強項，學習更多關於色彩和服飾的知識，儘量按照適合我的方式去打扮自己；我主動外出與人交朋友，參加社團組織——起初是一個很小的社團，他們讓我加入計畫，這讓我嚇壞了。漸漸的我發覺自己每發一次言，就能增加一些勇氣。這件事雖然花了我很多時間，可是它也讓我獲得今天前所未有的快樂。當我在教育自己的孩子時，也總是把我的經驗教給他們：『不論發生什麼，只要保持本色就好。』」

「保持本色這個話題由來已久，」詹姆斯．高登．季爾基博士說：「它的存在就像人生一樣普遍。」人們難以堅持真正的自己，這同時也是許多精神和心理疾病的誘發原因。安吉羅．帕屈曾寫過13本幼稚教育方面的書，以及這方面數以千計的文章。他說：「有一種人是最痛苦的，那就是總去嘗試著成為別人那樣的人，而失去了自己的思想和肉體。」

而上述的這種觀點當時盛行於好萊塢地區。山姆．伍德是好萊塢最著名的導演之一，他說：「在培訓出色的年輕演員時所遇到最棘手的問題正是這個：讓他們保持本色。那些年輕人總是想做二流的拉娜特納，或者是三流的克拉克蓋博。」「但觀眾已經看夠了那些人的表演，」山姆・伍德說：「現在需要的是一些別的東西。」

在山姆・伍德開創影視事業之前，他曾經做過幾年的不動產生意，從而培養他獨特的業務人員性格。他提到一條無論在影視界還是商界雇傭人員的通用準則：你無須到處扮演大猩猩，你也不能成為一隻鸚鵡。「經驗告訴我，」他說：「那些惺惺作態的人勢必會失敗。」

最近我向一家著名石油公司的人事部經理保羅・鮑爾登請教，前來求職的人最大的缺陷是什麼，他對此應該十分瞭解，因為他曾經面試過60000多名求職者，還寫過一本「求職的6種方法」。他回答說：「那些人所犯的最大錯誤，就是不能做回他們自己。他們不敢真實地和你交談，缺乏誠意，自始至終都在給你一些他認為你想要的回答。」可是這種做法毫無用處，因為沒有人想要一個偽君子，就像從來不會有人願意收假鈔。

有一位電車長的女兒透過艱難的方式才懂得了這個道理。她夢想著成為一名歌唱家，但她長得並不好看，她的嘴很大，還有暴牙，當她第一次在紐澤西州的一家夜總會裡公開演唱時，她始終想把上嘴唇拉下來，好遮擋住她的暴牙，她想表演得「更加迷人些」，可是結果呢？她的演出相當荒謬，最終還是失敗了。

儘管如此，這個俱樂部裡的一個人聽到女孩唱歌後，覺得她很有天分。「我想告訴妳，」他很直率地說：「我一直在觀看妳的表演，我知道妳想遮掩什麼，就是妳嘴裡的暴牙。」聽了這些之後，這個女孩非常尷尬，但那人繼續說道：「為什麼要這樣做呢？暴牙有什麼錯嗎？不要去遮掩它們，請張大妳的嘴，觀眾會喜歡妳的坦誠。」他很精明地又說了一句：「妳想遮起來的那些牙齒，說不定還會帶給妳好運呢！」

這個名叫凱絲·達莉的女孩欣然接受了他的忠告，從此以後不再注意自己的牙齒，她心裡想到的就只有她的觀眾，她張大嘴巴，熱情奔放地唱歌，這一改變竟然使她成為電影界和廣播界的一流明星，而其他喜劇演員現在還嘗試著去學她的樣子呢！

著名的威廉·詹姆斯教授透過一項分析指出人類自我發覺的不完善。他說一般人只發揮了10%的潛能。「和我們應有的樣子相比，」他說：「我們現在只是半醒著的狀態，僅僅使用了身體和精神的一小部分資源而已；具體來說，人只是活在他體內很小一部分空間當中，他雖然具有各種各樣的潛能，卻已經習慣而不知道如何去運用。」

你和我也有這樣的潛能，所以我們不該再浪費時間憂慮，因為每個人生來與眾不同。對於這個世界來說，你是從未有過的新事物——從開天闢地直到現在，從未有過完全跟你一樣的人，而且直到永遠，也不可能再出現一個和你完完全全相同的人。遺傳學向我們揭示了其中的原因，你之所以成為你，取決於你父親的24條染色體和你母親的24條染色體，這48條染色體中的基因資訊決定了你所有的遺傳表徵。「在每一個染色體內，」阿倫·舒因費說：「可能有幾十到幾百個遺傳因子在某些情況下相互作用，每一個遺傳因子都有可能改變一個人的命運。」一點也不錯，我們正是透過這種「既複雜又奇妙的」方式被製造出來的。

即便你的母親和父親相遇結合後生下了你，但你出現的機會也只是30億萬分之一；也就是說，如果你有30億萬個兄弟姐妹，他們也都會與你完全不同。這僅僅是猜測嗎？不是，這是具有科學根據的。如果你想更詳細地了解其中的原理，趕快去圖書館借一本名為「遺傳與你」的書，這本書的作者就是阿倫·舒因費。

在這個問題上我堅信我可以和你們進行深入的交流，因為我對此感受至深，我對自己所談的問題非常了解，因為我為此付出了相當大的代價，也經歷過一段痛苦的經驗。當我第一次從密蘇里州的鄉下來到紐約時，我進了美國戲劇學院，希望將來成為一名演員。當時我只有一個自以為非常聰明的想法，一條通往成功之路的捷徑，這個想法是如此之簡單，如此之完美，我簡直不明白為什麼那麼多能人沒有發現這一點，那就是：我立志要學習當年那些著名演員是如何表演的，學會他們各自的優點，然後努力整合到自己身上。現在想來這是多麼愚蠢荒謬的想法呀！我竟然浪費了那麼多時間去模仿別人！最後我才明白，無論如何都不可能成為除了我以外的任何人，我只能做好我自己。

這次痛苦的經驗本應該讓我學到一些東西才對，但事實並非如此，我沒有接受教訓，因為我太笨了，我又重新學習了一遍這個道理。事情是這樣的，在那幾年之後，我開始籌備出一本書，並期望它是所有關於商業公開演講書籍當中最好的一本。在寫這本書的時候，我又產生了和上回一樣的愚蠢想法，想「借」來其他作者的觀念全部放在這本書裡，使它能夠集合百家的觀點，於是我買下許多關於公開演講的書，花了將近一年時間將它們各自的觀點全部歸納到我的書裡，但最後我才發現我又做了一件傻事：我把別人的觀點拼湊在一起，讓這本書讀起來毫無意義，非常枯燥，根本沒有一個讀者願意閱讀。所以最後我還是將一年的心血都扔進了垃圾箱，重新開創自己的寫書歷程。這一次我對自己說：「你是戴爾．卡內基，身上帶有自己的錯誤和缺點，你不可能成為任何人。」於是我不再試圖綜合別人的觀點，而是挽起袖子，摩拳擦掌做了我早就應該做的事：我根據自己的觀察和經驗，以演講者和演講教師的身份寫了一本關於公開演講的教材。我學到了華特·羅利爵士所學到的那一課——而且我希望能永遠保持下去。華特·羅利爵士於1904年在牛津大學擔任英國文學教授時也說過：「我寫不出一本能與莎士比亞相媲美的書，」他說：「但我可以寫出一本具有自己特色的書。」

始終做你自己，就像歐文·柏林給已故喬治·格什溫的忠告那樣。當年柏林和格什溫初次見面的時候，柏林已經名聲顯赫，而格什溫還是一個掙扎在生活邊緣的年輕作曲家，一個星期只能賺35美元。柏林被格什溫的才華所吸引，為他提供了自己音樂助理的工作，薪水幾乎是他當時收入的3倍。「但我不建議你接受這份工作，」柏林認真地跟他講道：「如果你接受這份工作的話，你可能會成為一個二流的柏林，但如果你繼續堅持做你自己，總有一天，你會成為一個一流的格什溫。」

格什溫接受了這一忠告，逐漸進入名流作曲家的行列，後來他終於像柏林所說的那樣成為當時美國最具影響力的作曲家之一。

查理·卓別林、威爾·羅傑斯、瑪麗·瑪格麗特·麥克布蕾、吉恩·奧特裡，以及其他成千上萬的人也都認識到了這一點，而且他們就像我一樣經歷過很多次痛苦的選擇。

當查理·卓別林最初拍攝電影時，電影導演們都堅持要他去模仿德國一位非常有名的喜劇演員，但卓別林直到創造出自己的一套表演方法之後才開始成名。鮑伯·霍伯也有同樣的經驗：他多年來一直在表演歌舞劇，沒有什麼成就，直到他開發了自身的搞笑天賦之後，才登上事業的巔峰。威爾·羅傑斯剛開始在一個雜耍團工作的時候，只是表演拋繩技術，根本不能說話，就這樣做了好多年後，他才發現自己在幽默搞笑方面有特殊的天分，於是開始在表演拋繩中間加入幽默詼諧的臺詞，最終受到很多觀眾的喜歡。

瑪麗·瑪格麗特·麥克布蕾剛進入廣播界的時候，曾經夢想著做一名愛爾蘭喜劇演員，但結果她失敗了。後來她發揮自己的本色，扮演一名從密蘇里州來的農村女孩，最終成為紐約最受歡迎的廣播明星。

吉恩·奧特裡最初試圖改掉他的德州口音，把自己打扮成一個城裡紳士，並自稱是紐約人，結果大家在背後取笑他；後來，他開始彈起五弦琴，改唱西部風格的歌曲，從此開創了輝煌的演藝生涯，成為舉世聞名的西部歌星。

你是這個世界上獨一無二的存在，應該為此而慶幸，盡一切努力利用大自然所賦予你的一切。總之，所有藝術都帶著一些自傳的色彩：你只能唱出具有自己風格的歌曲，也只能畫出具有自己風格的畫作，你只能做一個由你的經歷、你的環境和你的家庭遺傳背景所造就的你。

無論結果怎樣，你應該創造一個屬於自己的天地。無論結果好壞，你都得在命運的交響樂中，演奏屬於你自己的樂器。

正如愛默生在他的散文「論自信」中所說的：「每個人在接受教育的過程中一定會發現，羨慕就是無知，模仿就是自殺，不論結果是好還是壞，都必須保持自己的本色。雖然廣袤的宇宙充滿了美好的東西，但除非盡心盡力地耕耘屬於自己的土地，否則將會一無所獲。大自然給予人們獨特的創造能力，我們的能力除自己之外無人知曉，而最終的謎底也都必須靠我們自己去揭曉。」

上面是愛默生的觀點，下面是一位已故詩人道格拉斯·馬羅屈所說的：

如果你不能成為山頂的松樹，

就做一棵小樹。

生長在山谷中，
但必須是溪邊最好的一棵小樹。
如果你不能成為一棵大樹，
就做一叢灌木。
如果你不能成為一叢灌木，
就做一片綠草，
為大路增添幾分景致。
如果你不能成為一隻麝香鹿，
就做一條鱸魚，
但必須是湖裡最好的一條魚。
我們不能都做船長，我們得做海員。
世上的事情多得做不完，
工作有大有小，
我們該做的工作，就在手邊。
如果你不能做一條公路，就做一條小徑；
如果你不能做太陽，就當一顆星星。
不能憑大小來判斷你的輸贏，
不論你做什麼，都要做最好的一名。

所以，如果想要擺脫憂慮，培養快樂平和的心情，就要記住：

原則五

不要模仿別人，
讓我們找回自我，保持本色。

6
如果手裡僅存檸檬，就做杯檸檬汁吧！

將負面影響轉變爲正面積極的力量。

我在寫這本書的時候曾前往芝加哥大學向羅伯．梅南．羅吉斯校長請教如何擺脫焦慮的心情。他回答我說：「我一直都在嘗試著遵循一個忠告，這是西爾斯公司已故董事長朱利斯．羅森沃告訴我的，他說：『如果手裡僅存檸檬，就做杯檸檬汁吧！』」

這是一個偉大教育家的做法，而傻瓜的行為卻正好與此相反。當他發現命運只給他一顆檸檬時，他就會自暴自棄地說：「我完了，這就是命，我沒有任何機會去選擇。」然後他就開始詛咒這個世界，使自己完全沉溺於自怨自艾之中。相反，聰明人拿到一顆檸檬的時候，他會說：「我能從這件不幸的事情中學到什麼呢？如何才能改善我現在的狀況，怎樣才能把這顆檸檬做成一杯檸檬汁呢？」

畢生潛心研究人類行為和潛能的偉大心理學家阿爾弗雷德．阿德勒認為，人類最奇妙的特性之一，就是「把負面影響轉變為正面積極的力量。」

下面的例子既有趣又富有教育意義。這個故事的女主角正是如此實行的，她的名字叫瑟瑪．湯普森。「在戰爭期間，」她告訴我：

「我先生在加州莫嘉佛沙漠附近的陸軍訓練營駐防。我為了離他近一點，也搬去那裡。其實我非常討厭那個地方，幾乎厭惡到了極點，從未這麼煩惱過。我先生被派往莫嘉佛沙漠出差，把我一個人留在那間小破屋裡，那個地方熱得難以忍受——即使有大仙人掌的陰影遮擋，溫度也已高達華氏125度。最可惡的是，那裡經常颳風，而且持續不斷，我吃的所有食物和吸進的空氣中全都是沙子！到處都是沙子！沙子！沙子！」

「當時的處境叫我非常難過，我不得不向我父母寫了封信，告訴他們我受不了了，想要回家，說我一分鐘也住不下去，這樣過下去還不如住到監獄裡。我父親的回信只有兩行字，這兩行字卻一直留在我的記憶當中，因為正是它改變了我的生活。

『兩個人從監獄的鐵柵欄向外看，
一個看見爛泥，另一個看到星星。』

我把這兩行字念了一遍又一遍，覺得非常慚愧。於是下定決心，一定要像這兩句話寫的那樣：去發現屬於我自己的那些星星。」

「我嘗試著和當地人交朋友，而他們的反應更令我驚奇不已。當我對他們織的布和做的陶器表示出極大興趣時，他們居然可以把那些最喜歡的、甚至不肯賣給遊客的東西送給我當禮物。漫步在沙漠中，我仔細地欣賞著仙人掌、絲蘭以及約書亞樹的迷人姿態，還瞭解了有關土撥鼠的奇聞軼事；我甚至開始迷戀上沙漠的日落和尋找幾百萬年前的貝殼——這裡在300萬年前還是海底。」

「仔細想來究竟是什麼使我產生如此大的改變呢？莫嘉佛沙漠沒有絲毫變化，而我變了——我改變了看待事物的態度；在這一變化中，我把那些讓人厭煩的境遇變成了我生命中最刺激的冒險經歷。在我所發現的這個嶄新世界中，我異常感動興奮，為了紀念，我還寫了一本小說『光明之轅』……我從自己設下的監獄向外望，終於看到了星星。」

瑟瑪・湯普森所體會到的正是古希臘人在耶穌誕生500年前就發現的一條真理：「最好的往往最難得到。」

在20世紀，哈瑞・愛默生・福斯狄克又重複了這樣的一句話：「快樂大多並不是一種滿足，更多的是勝利。」不錯，這種勝利來自於一種成就感、一種成功，將檸檬轉變成檸檬汁的成功。

我曾拜訪過一位住在佛羅里達州的快樂農夫，他甚至把一個有毒的檸檬做成檸檬汁。事情是這樣的，當初買下那片農場使他十分頹喪，那塊地非常貧乏，既不能種水果，也不能養豬，只能生長白楊樹和響尾蛇。沒料到他居然想出了這樣一個好主意，把他的劣勢轉變成一種資產——他打算好好利用那些響尾蛇。他隨後的做法讓大家吃驚不已：他開始做起響尾蛇肉罐頭；當我幾年前去看他的時候，發現僅每年來這個農場參觀響尾蛇的遊客就將近兩萬人，他的生意進展得非常順利。從他飼養的響尾蛇口裡取出來的毒液被送到各大藥廠製造蛇毒血清；響尾蛇皮以很高的價錢賣出去，用來做女人的皮鞋和皮包。那些響尾蛇肉做的罐頭被運送到世界各地的顧客手裡。我還特意買了一張明信片，那上面有這個村子和農場的風景照，在當地郵局把它寄了出去。現在這個村子已改名為佛羅里達響尾蛇村，以紀念這位先生把有毒的檸檬做成了甜美的檸檬汁。

我多次從南到北、自東向西行走於全國各地，使我有幸見到許多優秀的人們表現他們「把負面影響轉變成正面積極的力量」的能力。

「12個以人力勝天的人」一書的作者威廉・波里索曾經說過：

「生命中最重要的並不是將你的收入資本化。這種事情任何一個傻子都會做，真正重要的是從你的損失裡獲得更多利潤，這一點需要聰明才智，也正是聰明人和傻子的區別。」

他在說這些話的時候，已經在一次車禍中失去了一條腿。我還知道一個斷了兩條腿的人也是這麼做的，他的名字叫班・福特生。我在喬治亞州大西洋城一家旅館等電梯時偶然遇見他。我準備進入電梯的時候，就看到了這個非常開心的人，雖然面前的他少了兩條腿，只能坐在電梯角落的一張輪椅上。當電梯正好停在他要去的那一層樓時，他愉快地問我是否能夠讓道，讓他出去。「真對不起，」他說：「為你造成了麻煩。」——他說這話的時候，臉上露出一種非常溫暖的微笑。

當我走出電梯回到房間時，心裡總在惦記著這個殘疾人，於是我去找他，請他把他的故事告訴我。

「事情發生在1929年，」他微笑著告訴我：「我當時在外面砍了一堆胡桃木樹枝，準備為我菜園裡的豆子架起支架，我把那些胡桃木枝條裝在我的福特車上，然後開車回家。行車途中，後面一根樹枝由於顛簸掉了下來，卡住汽車的轉向裝置，由於當時汽車正在急轉彎，因此汽車衝出路外，撞在一棵樹上。我的脊椎受了傷，影響到我的兩條腿，最後還是殘疾了。」

「出事那年我才24歲，從那以後我再也沒有走過一步路。」

年僅24歲就得終身坐在輪椅上！我問他為什麼能夠如此勇敢地接受這個殘酷的事實，他說：「我以前並不是這樣的。」事情發生以後他心中也是充滿了怨恨和傷心，抱怨他的命運如此不公；但隨著時間的流逝，他終於發現抱怨不能解決任何問題，只能讓事情變得更糟。「我猛然間醒悟了，」他說：「周圍的人都對我很好，總是彬彬有禮的樣子，所以我也應該做到那樣，對別人也要有禮貌。」

我問他經過這麼多年，這次意外事件對他來說是否仍是一個巨大的不幸，他不假思索地說：「不，我現在甚至很高興有這樣的機會。」他告訴我，在他克服當時的懊喪悔恨之後，就開始了一種新的生活，那是在一個完全不同的世界裡生活；他開始學著看書，慢慢地喜歡上優秀文學作品。他說他在14年時間裡，至少看了1400多本書，這些書為他開拓全新的視野，豐富了他的生活和人生；他也學著開始欣賞那些美妙的音樂，以前讓他覺得煩悶的交響樂，現在都能使他異常感動；但最大的變化在於他有了充足的時間去思考。「有生以來第一次，」他說；「我能仔細地觀察這個世界並樹立真正的價值觀。我開始明白，我以往所追求的那些事情，大部分都是毫無價值可言。」

閱讀了眾多的書籍後，他對政治產生了濃厚的興趣，他開始關注並研究公共問題，坐在他的輪椅上到處演說，並因此結識更多的人，更多的人也由此認識了他。今天，班·福特生雖然還像以往那樣坐在他的輪椅上，但現在的他已經成為喬治亞州政府的秘書長了！

我在紐約市開設成人教育輔導班的時候發現，許多成年人將沒有上過大學視為他們一生的遺憾，他們似乎認為沒有接受大學教育是他們的一大阻礙，但是在經歷了一些人和事以後，我知道這種想法不完全正確，因為我認識成千上萬的成功人士甚至連中學都沒有畢業。為了說明這一問題，我經常將下面的故事講給學員們聽——故事的主人翁沒能完成小學的教育，因為當時他家裡非常窮，他父親去世的時候，還是由他父親的朋友募捐才得已安葬，之後家裡的生活主要靠母親維持，他的母親在一家製傘廠上班，一天工作10小時，之後還要帶一些零活回家，一直工作到晚上11點。

就是這樣一名在如此艱苦環境中成長的男孩，曾參加過由當地教堂舉辦的一次業餘戲劇表演。在演出的過程中他得到很多快樂，因此他決定學習公共演講，而這種能力最終引導他步入政壇。30歲時，他當選為紐約州議員，當時他對這項職務一點準備也沒有。事實上他還告訴我，他甚至不知道議員的職責是什麼。於是他開始潛心研究那些必須靠投票表決的冗長而複雜的法案——可是這些法案對他來說，簡直就像天書。在他當選為森林問題委員會委員時，他從來沒有走進過森林，因此對自己的職責非常擔心；當他又當選為州議會金融委員會委員時，這樣的擔憂再次隨之而來，因為他甚至不曾在銀行開過帳戶，他告訴我，他當時緊張得差點決定從議會辭職，但他卻始終不肯向他的母親承認自己的失敗。在絕望之餘，他決心每天奮發圖強，抓緊一天當中的16個小時進行惡補，竟然把那種令他一無所知的檸檬變成一杯飽含知識的檸檬汁。結果，他從一名當地政治家變成了一個全國知名人物，而且使他變得更加優秀，以至於「紐約時報」稱他為「紐約最受歡迎的市民」。

我上面說的就是艾爾．史密斯。

艾爾．史密斯正是透過這種政治自我教育，成為了對紐約州政府一切事物最有發言權的人。他曾4次當選為紐約州州長，目前來說這個記錄無人能及。1928年，他成為民主黨總統候選人，還有6所大學——其中包括哥倫比亞大學和哈佛大學——贈給這個甚至連小學文憑都沒有的人名譽學位。

艾爾．史密斯後來親口告訴我，如果他當年沒有抓緊一天中的16個小時進行惡補，積極地把負面影響轉化為正面積極力量的話，所有這一切都不可能發生。

尼采曾對偉大的人做出定義：「不僅能夠在必要的情況下忍受一切，而且還要喜歡這一切。」

隨著我對那些成功人士研究的深入，我深信他們之中大多數人之所以成功，是因為他們在剛開始的時候有一些缺陷，而且這些缺陷會成為他們日後發展的重要阻礙，如此一來就會促使他們加倍努力，因此得到更多的報償。這正如威廉·詹姆斯所說的：「我們的弱點對我們會有意想不到的幫助。」

不錯，這樣的例子還有很多。密爾頓之所以能寫出優美的詩篇可能是由於他的失明；而貝多芬也可能是因為聾了，才能從內心迸發出創作的激情，譜寫出更好的曲子。

海倫·凱勒的成就令不少人為之動容，也許是因為她的失明和耳聾。

假如柴可夫斯基不是痛苦和悲慘得幾乎自殺，也許他永遠也創作不出那首不朽的「悲愴交響曲」。

假如杜斯妥也夫斯基和托爾斯泰的生活不是那樣充滿了折磨與痛苦，他們也許永遠也寫不出那些不朽的著作。

「如果我不是殘疾人，」達爾文——這個曾經改變人類科學史的科學家說：「也許我完成不了這麼多的工作。」達爾文也承認，他的殘疾對他的成就有意想不到的幫助。

與達爾文同一天出生的美國歷史上最為有名的人——亞伯拉罕·林肯，也受益於他自身的缺陷。如果他當時出生在一個貴族家庭，從哈佛大學法學院獲得學位，並且有著幸福美滿的婚姻生活，那麼也許他永遠也不可能在蓋茨堡發表那篇不朽的演說，當然也不會有他第二次施政演說時所說那如詩般的名言——這是美國統治者曾說過最美麗而高貴的名言：「不要對任何人心存嫉恨，而應去愛每一個人……」

哈瑞·愛默生·福斯狄克在他的那本「洞視一切的力量」中說過：「斯堪地那維亞半島上的居民有一句俗話，我們可以用來鼓勵自己：『北風造就維京人。』我們何時曾認為安全舒適、沒有任何困難的生活能夠使人變得善良快樂？正好相反，那些顧影自憐的人會繼續憐憫自己，即使他們舒舒服服躺在一張大墊子上。縱觀歷史上的種種人物，一個人的性格和他的幸福可能來自各種不同的環境——無論是好是壞，總之是各種不同的環境，只要他們勇於承擔他們的個人責任。所以讓我再說一遍：『北風造就維京人』。」

假設我們已經再也沒有勇氣或者覺得根本不可能把自己唯一的檸檬做成檸檬汁，那麼下面則是我們有必要去嘗試的兩條理由——這兩條理由告訴我們，為什麼我們可以坦然地放手一搏。

理由1，我們這樣做可能成功。

理由2，即使我們沒有成功，但只要我們試著將負面影響轉化為正面積極的力量，就能繼續向前行，而不會向後看。所以，只要我們繼續用積極、肯定的思想來取代消極、否定的思想，就一定能展現你的創造力。在為未來努力的過程中，我們就會無暇為了已經過去的那些事情而有所顧慮。

有一次，世界最著名的小提琴家歐利・布林在巴黎舉辦一場音樂會，演奏過程中他小提琴上的A弦突然斷了，但他仍然用另外3根弦演奏完了那支曲子。「這就是生活，」哈瑞・愛默生・福斯狄克說：「如果你的A弦斷了，就用其他3根弦繼續演奏完自己的生命之歌。」

這不僅是生活，它完全高於生活的價值——這是一次生命的勝利。

如果可以，我會把威廉・波里索的這句話銘刻在銅牌上，掛在每一所學校裡：

生命中最重要的並不是將你的收入資本化。這種事情任何一個傻子都會做，真正重要的是從你的損失裡獲得更多利潤。這一點需要聰明才智，也正是聰明人和傻子的區別。

所以，如果我們想培養快樂平和的心情，就要記住：

原則六

若命運只給我們一顆檸檬，我們就試著做成一杯檸檬汁吧！

7
如何在14天內擺脫沮喪

所謂有意義的事，在於能使
別人臉上露出開心的微笑。
——穆罕默德

幫助他人並不是一種責任，而是一種快樂，
因爲這能增加你自己的健康和快樂。
——瑣羅亞斯德

當我開始寫這本書的時候，我以「我如何戰勝憂慮」為題，提供200美元獎金徵求一則對人最有幫助，也最能感人至深的真實故事。

這次徵文比賽請來的3位評審委員分別是東方航空公司的董事長艾迪·雷肯貝克、林肯紀念大學的校長史德華·麥克柯裡南博士以及廣播新聞評論家卡坦波恩；但是遴選到最後兩篇故事時，評委們無法做出選擇，因為兩篇故事不分伯仲，都非常精彩，於是我們就把全部獎金平分給這兩名作者。下面講述的就是其中一個故事，故事的主人翁叫波頓。（他為密蘇里州斯普林菲爾德市的韋澤爾汽車銷售公司工作。）

「我9歲時母親離家出走了，12歲時又沒了父親，」波頓先生寫道：「我的父親死於車禍，母親在19年前的某一天離家出走，從此以後我就再也沒有見過她，也沒有見過被她帶走的我那兩個小妹妹。直到離家7年之後，我收到了她向我們寄來的第一封信件。父親在母親離開3年後意外死亡。那時他和一個合夥人在密蘇里州一個小鎮買下一間咖啡店，這個合夥人卻趁他出差的時候，擅自賣掉咖啡店捲款而逃。我爸爸的朋友得知此事以後向我父親發去電報，叫他趕快回家，我父親匆忙之下，在堪薩斯州薩萊納城發生車禍喪生。我有兩個姑姑，她們當時也已年邁而且貧困，根本沒能力來撫養我。她們把我們3個孩子帶到家裡去，可是沒有人要我和我的小弟弟，於是我們被遺棄在鎮上，只能靠好心人施捨勉強度日。當時我們雖然很小，但都怕人家叫我們孤兒，然而我們所擔心的事情很快就發生了。我和一個家庭並不富裕的人家共住了一段時間，但是不久那家的男主人失了業，他們沒有辦法繼續撫養我，只好讓我繼續流浪的生活。後來羅福亭先生和他太太收留了我，讓我住在他們一個離鎮子11哩遠的農莊裡。當時羅福亭先生已年屆70歲，他得了老年性帶狀皰疹臥病在床，他告訴我：『只要我不說謊、不偷竊，聽他的話，就可以一直住在那裡。』這3項要求當時對於我來說就好比聖經，我時刻奉它們為準繩。不久之後，我開始上學，可是第一個星期我就像一個嬰兒似的躲在家裡號啕大哭。原來其他孩子都來找我的麻煩，取笑我的長相醜陋，說我是個笨蛋，還說我是個『小臭孤兒』。我的自尊被深深傷害，恨不得狠狠地揍他們一頓，可是羅福亭老先生對我說：『你要永遠記住，能避免打架的人要比打架的人偉大得多。』所以我一直沒有和別人打過架。直到有一天，有個小孩在學校的院子裡抓起一把雞屎朝我臉上扔來，我實在難以咽下這口怨氣，狠狠地揍了他一頓，沒想到就此還交上了好幾個朋友，他們都說欺負我的那傢伙是自找苦吃。」

「我非常喜歡羅福亭太太當時為我買的一頂新帽子，可是有一天，一個比我大的女孩把我的帽子扯了下來，在裡面裝滿水，弄壞了它，她說她之所以往裡面裝水，是想讓我更清醒些，別總是滿腦子胡思亂想。」

「我在學校從來沒有哭過，但我回家之後經常放聲痛哭。然後，有一天，羅福亭太太給了我一些忠告，這使我消除了所有的煩惱和憂慮，並使我的敵人都變成了我的朋友。她說：『羅夫，只要你對他們感興趣，而且經常幫助他們的話，他們就不會再來捉弄你或罵你了。』我接受了她的建議，開始努力學習，雖然不久就得到班裡的第一名，但從來沒有人妒忌過我，因為我總在盡力幫助別人。

「我幫過好幾個男同學寫作文，還為好幾個男同學寫過完整的討論總結。有一個孩子不願讓他父母知道我在幫他，所以常常告訴他母親說他要去玩抓田鼠，然後跑到羅福亭先生的農場來，把他的狗關在穀倉中，讓我教他讀書。我還替一個孩子寫過讀書報告，還花了好幾個晚上的時間幫另外一個女孩子補習過數學課程。

「世事無常，死神很快就降臨到我的鄰居身上：兩個年邁的農夫死了，另一位老太太的丈夫也棄她而去，撒手人寰。在這4戶人家中，我是唯　的男人，兩年的時間裡，我一直都在幫助這些寡婦；每當上下學經過她們的農莊，我都會幫她們砍柴、擠牛奶，為她們的家畜餵飼料餵水。現在，大家都很喜歡我，也不會再罵我了，而且每個人都把我當成朋友。記得那年我從海軍退伍回來時，他們向我表達了他們真摯的歡迎；我到家的第一天，有將近200多個農夫趕來看我，其中還有一些人甚至從80英哩以外開車過來。他們對我的關懷情真意切。由於我一直很高興能夠幫助其他人，所以我很少憂慮。而且，13年來再也沒有人叫過我『小臭孤兒』了。」

波頓做得真是太棒了！他知道怎樣去獲取友誼。更重要的是他懂得如何戰勝憂慮從而更好地享受生活。

曾經住在華盛頓州西雅圖的已故博士法蘭克．陸培也是一樣。他因為患有風濕病而臥床23年，但是「西雅圖報」的記者史德華．懷特豪斯寫信告訴我說：「我曾訪問過陸培博士很多次。我從未見過有哪個人能像他那樣慷慨奉獻，好好地生活。」

像他這樣整天只能在床上生活的殘疾人，又怎麼能好好地生活呢？我讓你猜兩次。他是否一天到晚埋怨和批評別人呢？不是的。他是不是經常裝可憐，以此博得更多人的關注，要求每個人都來照顧他呢？也不是。他的做法是以威爾斯王子的名言「為人民服務」作為他的座右銘。在他患病期間，他搜集了許多病人的個人資訊，為他們寄去那些充滿快樂、充滿鼓勵的信件和書籍，使他們在患病期間精神快樂，並激勵自己戰勝病魔。事實上，他還創立了一個專供病人通信的俱樂部，使他們能夠彼此通信聯絡、交流病情和情感。最後，他創辦了一個全國性的組織，即「病房裡的社會」。

他臥病期間，每年平均要寫1400封信，這個組織提供給病人的收音機和各種書籍，為成千上萬的病人帶來了快樂。

又是什麼使得陸培博士那麼與眾不同呢？關鍵的一點就在於他有一種內在的力量，有一個尚未完成的目標或任務，時刻提醒自己在為一項高尚而重要的理想服務，並從中獲得快樂。他不會做一個像蕭伯納所說的「以自我為中心、痛苦異常的老傢伙」，一天到晚抱怨這個世界沒有好好地對待過他。

有一位偉大的心理學家曾做出最令人震驚的論斷，那就是阿爾弗雷德·阿德勒。他常對那些精神憂鬱症患者說：「如果你遵照我開的處方去做的話，你的病會在兩周之內治好，那就是每天都去做一些令別人開心的事情。」

這一論點聽上去令人難以相信，所以我覺得還是有必要進一步加以解釋，這裡我想引用阿德勒博士的名著「生命對你意義何在」裡面的幾頁；阿德勒在「生命對你意義何在」中說：

「患有憂鬱症的人內心就像有一種長年不止的怒氣，以及對別人的反感，雖然患者只是想得到照顧、同情和支持，但是他們卻總是因為內心的愧疚感而抑鬱不樂。憂鬱症患者的童年記憶通常都是像這樣的：『我記得我想要躺在長沙發上，可是我哥哥卻躺在那裡，結果我不得不大聲哭叫，迫使他走開。』」

「憂鬱症患者通常會選擇以自殺的方式來作為報復自己的手段，而醫生的第一個治療手段就是迫使他們找不到任何自殺的理由。我始終用一種辦法來消除他們的緊張情緒——要謹記這也是這種治療方法中的法則之一——就是建議他們『別做你不喜歡做的事』。道理淺顯易懂，但我相信它才是引發這種疾病的最終根源；如果一個憂鬱症患者能夠做他想做的所有事情，那他還會怪別人嗎？他還有什麼理由報復自己呢？『如果你想去看電影，』我告訴患者說：『那就去吧！如果你走在半路上又不想去了，那可以再回來。』這可以滿足他們的全部要求。這種情況下就像神仙一樣，可以隨心所欲；但從另一方面看來，這也許並不是他所想要的生活方式，他還想要進一步去控制別人、責怪別人，而如果大家都隨他所願的話，他就沒有辦法再責怪別人了。這種做法可以使人放鬆緊張情緒。在我的病人當中，就從來沒有人自殺。」

「那些病人通常都會對我這麼說：『我沒有什麼想做的事。』對於這一回答，我早已經做好準備，因為我實在是聽得太多了。我會說：『那就不做你不想做的事。』不過有時候他們也會這樣問我：『我想整天躺在床上。』這種事我也知道如何回答，如果我表示贊同，他就不會想再這樣做了。我知道，如果我反對他的話，他就會故意和我唱反調，所以，我總是同意他們。」

「這是其中一種做法。另外一種做法相對更直接一些。我告訴他們：『你們可以在兩周之內擺脫憂鬱，關鍵是你要照我的話去做才行，那就是每天想想如何讓別人高興。』這對他們來說意味著什麼？他們開始思考『我該怎樣去取悅別人』，他們的回答都非常有意思。有的人說：『這對我來說太容易了。我這一輩子都在做這種事情。』其實他們從來沒有做過。於是我會要求他們仔細考慮一下，但他們一般都不會再去想這一問題。這時我會誘導他們：『晚上你睡不著的時候，不妨思考如何才能讓別人高興，這會大大改善你的健康。』改天我再見到他們的時候，就問他們：『昨天晚上想的怎樣？』他們有人會回答：『我昨天晚上一上床就睡著了。』當然，在跟他們談這些事的時候，態度一定要謙虛和善，不要讓他們感到有絲毫的壓力。」

「還有些人會說：『我怎麼都做不到。我太容易憂慮了。』於是我告訴他們：『你可以繼續這樣下去，不過，也可以抽空想想為別人做點什麼事情。』我希望多少能夠引導他們產生一點對於別人的興趣。但是，他們多數人會這樣問我：『我為什麼要取悅別人呢？別人從來不會對我這樣做啊！』我回答他說：『你一定得先為自己的健康考慮。他們不這麼做以後也會受苦的。』幾乎沒有病人會這樣回答我說：『我想過你給我的建議了。』其實，我這樣做只是希望使病人增加對社會的關注，他們之所以變成現在這個樣子主要的原因就是缺乏合作的態度，而我正想讓他們認識到這一點。一旦他能夠和他的夥伴在各方面相互合作相互溝通的話，病自然也能痊癒……宗教中最重要一條觀念就是『愛你的鄰居』……一個對周遭漠不關心的人，他一生必會遭到重重的困難，同時還會為他人帶來非常大的傷害和困擾。迄今為止，人類所遭遇的失敗全都是這樣的人造成的。……我們對一個人的要求同時也是可以給予他的最高讚賞，就是他在工作時就是一名好工人、在生活中是一個好朋友、在婚姻中是個好伴侶。」

阿德勒博士要求我們每天都做一件有意義的事，但什麼是有意義的事情呢？「所謂有意義的事，」先知穆罕默德說：「在於能使別人臉上露出開心的微笑。」

為什麼每天做一件有意義的事，就能為人帶來這麼大的影響呢？因為當我們試圖使別人高興的時候，就不會再想到我們自己，而一旦只想到我們自己，就會產生憂慮和恐懼，以及憂鬱症。

威廉・孟恩夫人是紐約孟氏秘書學校的負責人，她花了甚至不到兩周時間就治好了憂鬱症。這樣算來，她比阿爾弗雷德・阿德勒更高一籌——不對，她比阿德勒甚至要厲害得多。她只花一天時間就治好了自己的憂鬱症，那就是她認真去想該如何讓兩個孤兒高興。孟恩夫人告訴了我事情的經過：

「5年前的12月，我當時正陷入一種悲傷而自憐的情緒之中。因為為我帶來多年幸福生活的丈夫離我而去。時值耶誕節來臨之際，這更加加重了我的悲觀情緒。我這一輩子從來沒有獨自度過耶誕節，當時心裡真的很害怕，雖然有許多朋友邀請我和他們一起過耶誕節，但我一點也感受不到任何快樂。我知道自己在任一個宴會上都會變成大煞風景的人，所以我婉言謝絕了他們的邀請。越到聖誕夜的時候，我越覺得自己可憐。不錯，我有很多值得感激的事，就像我們所有的人都有很多值得感激的事一樣。耶誕節的前一天，我早早地離開自己的辦公室，開始在第五大道上漫無目的地走著，希望可以緩解自己的憂慮和悲痛。當時大街上滿是開心的人群——這景象又叫我回憶起和丈夫一同走過的那段美好時光，但一想到要回那個既孤單又空虛的公寓，心裡就接受不了。在迷茫和困惑中，我忍不住流下了眼淚。在大街上閒逛了一個小時之後，我居然來到了公共汽車站前。我還記得以前常常和丈夫隨意搭上一輛公共汽車去冒險。帶著對過去的思念，我走上靠站的第一輛公共汽車，當汽車駛過了赫德遜河，又行駛了一段路之後，我聽到司機說：『終點站到了，夫人。』我下了車，根本不知道眼前的這個小鎮叫什麼名字。那是一個很平靜、很安寧的小地方。在等回程公車的時間裡，我走到宅區一條街上，路過一座教堂，聽見裡面傳來『平安夜』的優美曲調。我走進教堂，發現裡面只有一個彈風琴的人。我靜靜地坐在一張椅子上，聖誕樹上的燈光裝飾得非常漂亮，使整棵樹看上去像無數星星在月光下跳舞。悠揚的樂曲聲中，我又餓又睏，還有點頭昏。坐在椅子上的我不知不覺就躺在上面昏睡過去。」

「醒來的時候，我忘了自己是在哪裡，我有點害怕，突然看見我面前有兩個小孩，他們顯然是進來看聖誕樹的，其中一個小女孩她正指著我說：『是不是聖誕老人把她帶來的。』我醒來的時候，也把那兩個小孩嚇壞了，我告訴他們我不會傷害他們。他們的衣服有些破舊，我問他們的父母在哪裡，他們回答說：『我們沒有媽媽也沒有爸爸。』原來他們是兩個孤兒，而且是我見過最可憐的孤兒。他們的樣子讓我對自己的憂傷和自憐感到萬分羞愧。我起身帶他們去看那棵聖誕樹，然後請他們去一間小餐館，讓他們吃點東西，又為他們買了些糖果和禮物。這時，我發現當初那些孤獨和寂寞的感覺一下子消失得無影無蹤。顯然正是眼前的兩個孩子為我帶來了幾個月都不曾體驗過的快樂。當我和他們聊天的時候，我才發現我一直是如此幸運。我得感謝上帝，因為我童年時的耶誕節充滿了歡樂，充滿了父母對我的關愛和照顧，而這兩個孤兒帶給我的，遠比我送給他們的要多得多。從這次非凡的經歷中我再一次認識到，只有使別人快樂，才能讓我們自己快樂。我發現快樂是有傳染性的，在付出的同時就可以得到回報。透過幫助別人，付出全部的愛，我克服了憂慮、悲傷以及自憐，感覺自己像換了一個人。在經歷了這件事情以後，我的確是換了一個人——不僅當時是，而且在以後的這麼多年一直都是。」

那些為了他人而忘記自我並由此獲得健康與快樂的故事，多得一本書都寫不完。例如，馬格麗特・泰勒・葉慈，美國海軍中最受歡迎的女性之一。

葉慈夫人是一位小說家，可是在她身上發生的真實故事比她寫過的小說要有趣得多。一切要追溯到當年日本偷襲珍珠港美軍艦隊的那天早上；當時，葉慈夫人臥病在床已有一年多的時間，她患有嚴重的心臟病，醫生要求她每天得在床上待上22小時。病重期間她走過最長的路，就是去花園曬日光浴。甚至那時，她還需要一個女傭的攙扶。她後來告訴我，當時她以為這一輩子就只能這樣了。「要不是日本人轟炸珍珠港，把我從這種不良情緒中驚醒過來，」她說：「我絕不可能像現在這樣生活。」

「偷襲發生的時候，」葉慈夫人告訴我：「一切都陷入混亂狀態。有一顆炸彈就落在我家附近，爆炸的衝擊波把我從床上震下來。到處都是軍隊的卡車，他們紛紛趕到基地附近，把陸軍和海軍的家屬接到公立學校裡。然後，紅十字會的人員也紛紛行動起來，召集附近的居民，讓他們把自家可以騰出的房間用來收容一些軍人的家屬。紅十字會的人得知我床頭邊正好有一部電話，因此要求我為他們記錄所有的家屬資料。於是我開始記下所有陸軍和海軍家屬的名字，以及孩子們被送到了哪裡。紅十字會也通知所有的海軍和陸軍人員打電話向我詢問他們的家人安頓在何處。」

「根據消息我很快就發現自己的丈夫羅伯・葉慈上校在這次空襲中安然無恙。我儘量想辦法讓那些尚不知道她們丈夫音訊的女人們高興，我還要試著去安慰那些丈夫犧牲了的寡婦——儘管計算下來傷亡的數字很大。海軍和陸戰隊裡就有2117個軍官和士兵陣亡，同時還有960人失蹤。」

「接受這份工作後，我一直躺在床上接聽所有的電話；後來，我坐在床上接聽電話；最後，我忙壞了，完全忘記了我的身體狀況，走下床坐在桌子旁邊繼續工作。在幫助那些情況比我還要糟的人時，我完全忘了自己。之後我除了正常的8小時睡眠以外，就再也沒有回到床上去。我現在意識到，如果沒有日本人轟炸珍珠港，我也許終生都要像殘疾人那樣天天躺在床上，度日如年。儘管我躺在床上可以舒適地過日子，而且一直都有人照顧著我。但是現在我才知道，那樣做已經叫我漸漸地失去了痊癒的意願。」

「珍珠港事件對美國而言是一大悲劇，可是對我個人來說，卻是我遇到最幸運的一件事。那次可怕的危機使我重新收穫了難以想像的強大動力。它讓我懂得不要再只注意自己，而是要盡可能地去關注別人；它為我的生活注入了新的意義，那是一些非常重要的、不可缺少的東西，並將始終作為我的生活目標。於是後來，我不再有時間去想我自己。」

這樣說來如果那些尋求心理協助的人肯按照瑪格麗特．葉慈的方法去做的話，大約有1/3的人能夠自我恢復——也就是只要他們能做到樂於幫助他人。這只是我的個人看法嗎？不是的，這是著名心理學家卡爾．榮格說的，他是這方面的專家。他說：「在我的病人中，1/3的人並非真的有病，而是因為他們對自己生活麻木才空虛和寂寞的。」也就是說，他們只是占別人的便宜——可是別人又不能總如他所願，於是他們就開始尋求心理分析家，談論他們那些瑣碎、沒有任何意義又毫無用處的生活方式。他們已經錯過了一班船，就只好站在碼頭上，怪這個怪那個，卻不會想想問題是否出在自己身上，甚至還要求全世界都為他們以自我為中心的慾望服務。

你也許正對自己說：「哦，我覺得你說的這些故事並沒有什麼太大的意義。要是我在耶誕節遇到一兩個孤兒也會接待他們，而如果當時我在珍珠港的話，我也會很高興地做瑪格麗特．葉慈所做的事。但個人的情況和境遇都有所不同，我過的只不過是一般人的普通生活，我做的是一天8小時平凡無味的工作，我也從來沒有遇到過任何戲劇性的事。我該如何對幫助別人產生興趣呢？而且我為什麼要這樣做呢？這樣做對我又有什麼好處呢？」

言之有理，我會為你一一找出這些問題的答案。首先，不管你處於什麼樣的環境中，你每天都會碰到一些人，而你是如何對待他們的呢？你是否只是隨便看他們一眼？還是試著去瞭解他們的生活？比如說一位郵遞員，他每年要走幾百里路，把信送到你家門口，而你是否問過他住在哪裡？或者看一看他皮夾當中夫人和孩子的照片呢？你是否問過他工作之後的腳痠不痠？這樣的工作是否讓他煩躁不已呢？或者是那些雜貨店裡送貨的孩子、賣報的人、那個在街角為你擦鞋的人……這些人也都是人，都有他們各自的煩惱、各自的夢想和未來的計畫，他們也渴望有機會跟其他人分享快樂，可是你有沒有給他們這種機會呢？你是否曾對他們的生活流露出某種興趣呢？我想說的是：你不一定要像南丁格爾，或是一個社會改革者一樣去改變這個世界，但你可以從明天早上開始，從你所碰到的那些人做起，從此改造你自己的人生。

接下來，這又對你有什麼好處呢？這正會為你帶來更大的快樂、更多的滿足，以及更多的受益。亞里斯多德稱這種態度為「異於他人的自私行為」。古代波斯拜火教的始祖瑣羅亞斯德說：「幫助他人並不是一種責任，而是一種快樂，因為這能增加你自己的健康和快樂。」富蘭克林的說法則更簡單：「當你善待別人的時候，就是善待自己。」

紐約心理治療中心的負責人亨利．林克說：「個人之見，就現代心理學最重要的發現來說，要想獲得真正的快樂我們必須有犧牲自己的精神。」

凡事多替別人著想，你就不會再為自己擔心，同時這樣做也能結交許多朋友，並從中獲得更多的樂趣。具體來說怎樣才能做到這一點呢？我曾向耶魯大學的威廉．李昂．費爾浦教授請教他是如何做到的，下面就是他所說的話：

「每當我去一家旅館、理髮店或者商店的時候，我總會跟我所見到的每一個人打招呼。我把他們都當作自己的朋友，而不只是一台機器中的一個零件。有時候我會讚美一位在店裡向我打招呼的小姐，說她的眼睛很漂亮，或者說她的頭髮很美。理髮時我會問理髮師，他整天這樣站著會不會很累？我會問他是怎麼選上理髮這一行的？他做這一行有多久了？已經為多少人理過髮？我會幫他算出來。就這樣當你漸漸地對別人感興趣的時候，就會使他們覺得你這個人非常好。我還常常和那些幫我搬行李的「小紅帽」們握手，這能使他愉悅，可以一整天精神煥發地為此而工作。還有一次，在一個炎熱的夏天我到紐哈芬鐵路的餐車吃午飯。餐車中擠滿了人，像一個大蒸籠，廚師和服務員的動作也非常慢，等到服務員終於把菜單遞給我的時候，我說：『這麼熱的天，那些在後面廚房裡做飯的人，一定很受罪。』那個服務員開始小聲咒罵起來，他的聲音充滿了怨恨。原來他並不是在生我的氣。『天啊！』他大聲說：『到這裡來的人沒有一個像您這樣通情達理的，他們都只埋怨飯菜不好吃，說我們動作太慢，還抱怨這裡太熱，價錢又貴……我聽這種責備已經聽了19年了。你是第一個，估計也是唯一一個對在這廚房裡做事的廚師表示同情的人，我真希望以後的顧客都像您這樣，那就好了。』」

「這個服務員之所以這樣吃驚，是因為我把廚房裡面那些黑人廚師也當人看待，而不只是把他們看成一個物件。」費爾浦教授繼續說：「一般人所要的，只是希望別人把他們當人來看待。每次當我在街上看到有人牽著一條漂亮的狗時，我總是誇那條狗漂亮，當我再回過頭去時，通常都會看到那個人正高興地用手拍他的那條狗——也許正是我的讚美重新使他更加喜歡那條狗。」

「有一次我在英國碰見一位牧羊人，我喜愛他那隻又大又聰明的牧羊犬。我還請他告訴我是如何訓練那隻狗的。當我離開以後，回頭去看時，看見那隻狗兩隻前腳豎起搭在牧羊人的肩膀上，牧羊人正和藹地拍著牠，一幅其樂融融的景象。其實我只對那個牧羊人和他的狗表示了一點點興趣而已，不過這樣做就能使牧羊人很快樂，也讓那條狗很快樂，而最終就連我自己也很快樂。」

你可以想一想有誰會跟侍者握手，會對在悶熱的廚房裡做飯廚師表示同情，還告訴別人他多麼喜歡他的狗，難道說這樣的人不會友好待人，會滿懷憂慮，最後甚至需要去看心理醫生嗎？根本不可能。印度有一句俗語是這樣說的：「予人玫瑰，手留餘香。」講的正是這個道理。

你也大可不必告訴耶魯大學的威廉・李昂・費爾浦教授該如何去做，因為他深諳此道。

如果你是一位男士，你可能不會對下面的故事感興趣。這裡講的是一個當初滿懷憂慮的女孩子最終是如何使好幾個男人來向她求婚的故事。現在這個女孩子已經是一位祖母了，我是幾年前去她家裡做客時聽到的。當時，我正在她所住的小鎮上演講，第二天早上她又特意開車送我到50哩外的地方搭車到中央車站去。開車的路上我們談起了如何交朋友的事。她對我說：「卡內基先生，我想告訴你一件我從來沒有跟任何人說過的事情——甚至連我丈夫也不知道的事。」

「我小的時候出生在費城一個很窮困的家庭裡，平時都要靠政府的救濟金生活，貧窮是我幼年和少年時的最大悲劇，因為我不能像其他女孩子那樣生活，我的衣服從來都不是最好的，加上我長得太快，衣服總是沒辦法合身，而且也總是穿一些早已經過時了的衣服。為此，我一直都覺得很沒有面子，有時候覺得自己特別委屈，晚上常常哭著進入夢鄉。最後，我在痛苦之中想出了一個辦法：每次參加晚宴的時候，我總是請教我的男伴，將他過去的經驗以及他的一些看法，還有他對未來的計畫告訴我。我之所以這麼做，並不是因為我對他的話特別感興趣，而是不想讓他注意到我穿著的衣服，可是奇怪的事情很快就發生了，當我聽了這些人跟我的談話後，我真的開始對他們說的話產生濃厚的興趣。有時候我甚至忘了我自己的穿著打扮。可是最讓我吃驚的事情是我能傾聽別人談話，而且能鼓勵那些男孩子談他們自己的事情，這使他們感到備受尊敬，因此非常快樂，於是我漸漸成為我們那裡最受歡迎的女孩，最後竟然有3個男孩子同時向我求婚。」

有些人在閱讀這一章後會提出這樣的質疑：「所有這些取悅別人的道理簡直就是無稽之談！根本就不適合我！我要做的就是努力賺錢，得到自己想要的東西，無論採取什麼樣的手段！」

你當然有資格這麼想。但是如果你所說的是正確的話，那麼歷史上那些哲人，像耶穌、孔子、佛陀、柏拉圖、亞里斯多德、蘇格拉底和聖法蘭西斯等全都是錯的。你要是還嘲笑這些智者的話，就讓我為你舉兩個無神論者的故事吧！首先，讓我們請出劍橋大學已故的豪斯曼教授，他是那個時代最為傑出的人物。1936年，他在學校發表了一篇名為「詩歌的內容和實質」的文章。在他的作品中他宣稱：「最為真實的道理就是耶穌所說過的：『別人想要追尋的生活我們可能達不到，但他們為此所失去的也許正是我們想要的。』」

我們經常會聽到傳教士佈道人生，但是豪斯曼是一個無神論者，同時也是一個悲觀主義者，他也認為那些只為自己考慮的人不會生活得更好，那會是一種人生的悲哀；反之，為別人提供服務的人就會享受到人生的快樂。

如果你對豪斯曼所說的並不感興趣，那讓我們轉向20世紀最為傑出的無神論者——希歐多爾·德萊賽。他曾經談論說所有的宗教都是將生活虛幻化，好比是向白癡們講故事；但是德萊賽也同樣堅持耶穌的一個觀點：如果一個人想擁有超越一定限度的幸福，那他必須更多地去取悅別人而不是他自己，因為那樣可以使他從別人獲取的歡樂中得到更多的欣慰。

如果我們打算像德萊塞所宣揚的那樣「更多地取悅他人」，那麼我們就趕快去做，不要再繼續浪費時間。「這條路我只能走一次，所以我能做到的任何善事，以及我所能做的任何仁慈之舉，都要馬上付諸實施；不要拖延，也不要忽視，因為我很可能不會再有這樣的機會了。」

所以，如果我們想擺脫痛苦，培養快樂平和的心情，就要記住：

原則七

忘掉自己的同時去關心他人；每天都要做一件能讓別人高興、有意義的事。

PART 4

小結

7個培養平安快樂心的方法：

原則一

讓我們的生活中充滿平靜、勇氣、健康和希望的思想，因為「思想決定生活的方式」。

●

原則二

永遠不要報復我們的仇敵，因為那樣我們只會更深地傷害自己；讓我們像艾森豪將軍那樣：不要把任何時間浪費在去想那些我們不喜歡的人上。

●

原則三

1. 不要強求別人的回報，僅僅期待就好，讓我們記住耶穌救了10個人卻只得到一個人的感謝，我們還能比耶穌做得更好嗎？
2. 我們要記住，找到快樂的唯一方法，不是期待回報，而是享受付出。
3. 我們還要記住，知恩圖報是「教育」的結果。如果我們希望子女能感恩，我們就要從小培養他們這樣去做。

●

原則四

珍惜已經得到的恩惠，不要理會你的煩惱。

●

原則五

不要模仿別人，讓我們找到自己，保持本色；

因為羨慕就是無知，模仿等於自殺。

●

原則六

當命運只給我們一顆檸檬時，

我們就試著做成一杯檸檬汁吧！

●

原則七

讓我們忘掉自身的不快，為他人創造快樂。

當你善待他人的時候，你也是在善待自己。

PART 5

如何遠離想免受批評的憂慮

How to keep From Worrying about Criticism

1
欣然接受成為眾矢之的

卑鄙者的快樂方式就是不斷地去
挖掘高尚者的缺點和錯誤。
——叔本華

事情發生在1929年，當時美國教育界發生了一起轟動全國的事件，美國各地的學者紛紛趕往芝加哥一探究竟。原來一位名叫羅伯·霍金斯的年輕人，竟然被任命為全美第四富有的大學——芝加哥大學的校長。在這之前的8年裡，他靠著半工半讀從耶魯大學完成學業，在這期間他當過作家、伐木工人、家庭教師和曬衣繩的銷售人員。可是現在，年僅30歲的他居然當上了一校之長！難以置信吧！很多資深人士都對此表示反對，對他的各種批評鋪天蓋地而來，關於這位年輕的校長各方眾說紛紜：太年輕、缺乏經驗和教育理念、幼稚可笑等等，連媒體也加入了對他的攻擊。

在羅伯·霍金斯就任當天，他父親的朋友對他說：「我太震驚了，今天早上報紙上全是譴責你兒子的社評。」

霍金斯的父親回答說：「的確，到處都是譴責聲。可是你要知道，從來沒有人願意踢一隻死狗。」

事實正是如此：這隻狗越貴重，踢牠的人就越能從中獲得滿足。後來貴為英國國王的愛德華八世——溫莎王子(溫莎公爵)，也曾經有過這樣的經歷。當時，溫莎王子在帝文夏郡達特茅斯學院讀書——這個學院相當於美國安那波里市的海軍學院。溫莎王子那時只有14歲。一天，一位海軍軍官發現他在哭，詢問了半天他都不肯說，但最後還是道出了實情：原來這裡的學生欺負他，對他拳打腳踢；指揮官聞訊後立即把所有的學員召集起來，解釋並不是王子告發他們，只是他想弄清楚為什麼他們對王子實行這種粗暴的手段。

那些學生哪敢說話，在下面支支吾吾的推托了半天，最後不得不承認先前的行為，不過他們的理由比較有趣，那就是說：如果他們將來成為皇家海軍的指揮官或艦長時，他們希望別人知道他們曾踢過國王的屁股！

所以，當你被別人批評指責，甚至像王子一樣被別人拳腳相向時，你要知道他們這樣做純粹是為了獲得一種自我滿足感，同時也就意味著你的成就已經為人所注意。許多人喜歡從貶低那些比他們受教育多的或者更為成功的人中獲得一種原始而野蠻的滿足感。例如，在我寫這部分內容的時候，就接到一位女士的來信，其內容是痛斥布慈將軍的為人和做法，因為我曾在廣播節目裡讚揚過布慈將軍，所以這位女士向我寫信，說布慈將軍侵佔了她募集用來救濟窮人的800萬美元捐款。當然，這種指責相當荒謬，但是這位女士並不想找到事情的真相，她只是想攻擊一個地位高高在上的人，這樣一來就能得到內心的滿足。我隨手就把那封無聊的信扔進了廢紙簍裡，同時感謝萬能的主：好在我沒有娶她做妻子。從她的來信中我並不能看出布慈將軍到底是一個怎樣的人，而字裡行間卻清晰地表露了她的性格。叔本華曾說過：「卑鄙者的快樂方式就是不斷地去挖掘高尚者的缺點和錯誤。」

幾乎沒有人相信耶魯大學的校長會是一個庸俗之輩，但確實曾有一位擔任過耶魯大學校長的提摩太・道特先生，他的行為顯然是不妥的：他對於一位競選美國總統的候選者大放厥詞，這位當時的耶魯大學校長警告公眾說：「如果這個人當選總統的話，我們就會看見我們的妻子和女兒成為合法賣淫的犧牲者，這會玷汙我們的清白，傷害我們的尊嚴，扭曲我們的道德觀，最終導致人神共憤。」

這些話聽上去像在罵希特勒，對不對？但是這些話所攻擊的對象是湯瑪斯・傑弗遜！哪一個湯瑪斯・傑弗遜呢？不會是那位偉大、為我們國人起草「獨立宣言」、並始終代表著民主政體的人物吧？答案卻是——這個人正是被攻擊的對象。

你猜猜哪個美國人曾經被公眾認為是「偽君子」、「大騙子」、「謀殺犯」呢？還有家報紙上的漫畫畫著他站在斷頭臺上，一把大刀正準備砍下他的頭；在他騎馬從街上走過的時候，一大群人圍住他萬般地責罵。他是誰呢？答案正是我們的開國國父喬治・華盛頓。

但是那畢竟是很久以前的事了，也許從那時開始，我們的人性開始進步了。那麼，就拿當時備受全球矚目的探險家海軍上將佩瑞來做為例子。他的隊伍於1909年4月6日乘雪橇抵達北極—— 這可是幾百年來無數勇士所嚮往的目標，他們為此飽受饑寒、挨餓受凍，甚至送命。在這次旅程中，佩瑞上將也幾乎因為那裡惡劣的自然條件而犧牲，為此，他的8個腳趾因為凍僵受傷而不得不切除，他經歷了種種困境差點精神崩潰。而另一方面，他在華盛頓的上司們卻因為當時佩瑞的大受歡迎和重視而嫉妒於心，於是他們聯合起來陷害他，說他的行為是假藉科學探險的名義斂財，然後悠閒地去北極享受逍遙生活，而且他們可能真的相信這句話，因為他們說服自己去相信它。這樣的態勢愈演愈烈，以至於最後必須由麥金利總統直接下令，才使佩瑞上將能在北極繼續他的研究工作。

如果佩瑞上將和那些人一樣，當時只坐在華盛頓海軍總部的辦公桌前，他又會不會遭到別人的批評呢？顯然不會，因為那樣他就不會樹大招風，惹來別人的嫉妒。

相比之下，格蘭特將軍的經歷要比佩瑞上將慘多了。1862年，格蘭特將軍贏得了北方軍首次決定性的戰役，這場勝利也使他一夜成名，不僅在國內，甚至遙遠的歐洲也因此熟悉他的名字。這場戰爭的勝利，讓從緬因州一直到密西西比河岸的人們都敲鐘點火，以示慶賀，但是就在這次偉大勝利的6個星期之後，格蘭特將軍——這位北方的英雄卻遭到逮捕，他的軍隊也被迫改編，這一切遭遇使他蒙受了極大的羞辱和絕望。

為什麼格蘭特將軍在自己指揮的戰役勝利後6個星期就被捕呢？絕大部分原因是他引起了上級對他的嫉妒。

所以，如果我們不想因為遭受不公平的待遇而痛苦，就要記住：

原則一

記住別人不公正的批評往往是另一種形式的恭維。

要知道，從來沒有人願意踢一隻死狗。

2
這樣做，任何非難都傷害不了你

我們很難阻止別人對我們做不公正的評判，
但我卻可以做一件更加重要的事情：
我可以決定自己是否會受那些人的干擾。

有一次我去訪問號稱「地獄魔鬼」的史密德里·柏特勒少將。大家還記得他嗎？他是統帥過美國海軍陸戰隊的將軍中最富有傳奇色彩、最會虛張聲勢的一個。

他告訴我，他年輕的時候積極進取又好面子，希望每一個人都對他留下不錯的印象，因此在那段日子裡，即使是一丁點兒批評都會讓他受不了。可是他承認在海軍陸戰隊裡工作的30年使他變得堅強多了。他說：「我曾經被別人罵得狗血淋頭，他們說我是黃狗、毒蛇、臭鼬。那些評論家們幾乎都罵過我，用盡了英語中所有能想得出來的罵人辭彙。這樣做會干擾我嗎？呵呵，現在要是聽到有人在我背後說我壞話，我根本不會在意那個人是誰。」

也許老「錐子眼」柏特勒對各種指責已經毫不關心了，但是大多數人還是對這種無聊的嘲諷耿耿於懷。我還記得多年以前，一個來自紐約「太陽報」的記者參觀了我舉辦的成人教育班，後來就在報紙上無端地對我妄加指責。我氣憤了嗎？是的，我覺得他那樣寫是對我個人的誹謗，於是我特別致電「太陽報」執行委員會主席吉爾·何吉斯，要求他重新發表一篇文章，聲明事實真相。並且我當時決心要讓那個記者受到應有的處罰。

現在看來，我對當時的那個我真的感到萬分羞愧。其實買那份報紙的人大概有一半不會看那篇文章，而看到的人也只有一半會把它當作一件小事情來看，真正注意到這篇文章的人裡面，又會有一半在幾個星期之後忘記這件事情。

我現在才明白，人們根本就不關心你或我發生了什麼事情，或者注意別人如何評論我們，他們往往只會想到自己—— 無論在每一天的哪一刻鐘裡，他們對自身問題的關注程度，都要遠遠超過你我。

即使你我都被別人的謊言所欺騙，或被當作笑柄；或被暗地捅了一刀，甚至說某一個我們自認為最親密的朋友出賣了我們，都不要讓自己過分悲慟，應該時刻提醒自己，想想耶穌當時所碰到的事情。在他12個最親密的友人中，有一個人為了得到那少得可憐的賞金公然背叛了他；此外，在他最親密的這群友人中，還有一個在他遇到麻煩的時候背棄了他，3次對天發誓說他根本不認識耶穌，這樣算來，出賣他的人占了1/6，這就是耶穌所碰到的，那麼你我又能期盼什麼呢？

不過經歷許多事後，我才總結出這樣一個道理，我們很難去阻止別人對我們所做的那些不公正評判，但我卻可以做一件更加重要的事情：我可以決定自己是否會受到那些人的干擾。

進一步來說，我並不贊成對所有的批評不予理睬，而是不要去理會那些不公正的批評。有一次，我問伊蓮娜．羅斯福，她是如何處理那些不公正的批評的——人們都知道她當時在這方面的壓力相當大，面對自己熱心的朋友和兇猛的敵人時的複雜情形實屬罕見。

她告訴我，她小時候是個害羞的人，不論做什麼事情都會在意別人的看法，根本不能接受別人的批評，於是，她去向她的姑媽，也就是老羅斯福的姐姐求助。她說：「姑媽，每當我想做一件事情的時候都會擔心受到批評。」

老羅斯福的姐姐和藹地對她說：「只要妳認為是正確的事情就去做吧！不要太在意別人的看法。」伊蓮娜．羅斯福告訴我，這句話當她在多年以後住進白宮時，一直伴隨她左右。她告訴我說，避免所有批評的唯一方法，就是像擺在架子上的德累斯頓瓷器那樣鎮定自若，「按照你內心認為正確的去做，雖然那樣你可能會受到指責，『做了可能會死，但不做一定會死。』」

當已故的馬休．布拉許還在華爾街40號美國國際公司擔任總裁時，我曾拜訪過他，向他詢問他是如何看待不公平的指責，他回答說：「是的，年輕時我也對這種事情非常敏感。我個性比較強，想讓公司的每一個員工都認為我是最好的，他們只要有任何異議，都會叫我憂心忡忡。開始時，只要有人對我有不滿，我就會想盡辦法取悅他，可是這麼做的結果往往是弄得另外一個人生氣；等我再想要滿足另一個人的時候，又會惹惱其他的人。最後，我發現我越這麼做，後果越嚴重，結果甚至適得其反。所以我對自己說：『槍打出頭鳥，你越是優秀就越會受到批評，所以還是習以為常比較好。』經過這樣的思想鬥爭之後，我也得到了解脫。從此以後，我可以更加集中精力去做自己想做的事。對那些流言蜚語可以充耳不聞，再也不會影響自己的心情。」

狄姆士．泰勒則來得更絕，他不但讓自己感受這流言蜚語，而且還會當著眾人的面侃侃而談。有一段時間，他每個星期天下午都要在紐約愛樂交響樂團空中音樂會休息時間做音樂方面的評論。有一位女士向他寫信說他是「無比惡毒的人」。泰勒先生在他的書「人與音樂」中說：「我猜想她不會聽我做的節目。」在第二個星期的廣播節目裡，泰勒先生向幾百萬聽眾宣讀了這封信的內容。誰料想幾天以後，他又收到這位女士寫來的另一封信，「仍然認為他是一個極其惡毒的人」，泰勒先生說：「她仍然認為我是這樣一種人，居然還聽了我的節目！」我們實在不得不佩服他用這種態度來接受別人的批評。我們要欽佩的是他冷靜而不動搖的態度和幽默詼諧的性格。

當查理斯·施瓦伯在為普林斯頓大學的學生們發表演講時說到，他所學到人生最重要的一課是一位在他工廠裡工作的德國老人教給他的。那個德國老人因戰爭議事的爭論被那些辱罵他的人扔進了河裡。「當他滿身泥水、濕漉漉地走到我的辦公室時，」施瓦伯先生說：「我問他是怎麼處理那些肇事者的，他卻回答說：『我只是一笑置之。』」

施瓦伯先生後來就把這位德國老人的話當做他的座右銘——「一笑置之」。

當你是流言蜚語的受害者時，這個座右銘就顯得尤為重要。當別人罵你的時候，你可以回罵他，可是對那些「一笑置之」的人，你還能說什麼呢？

試想當初林肯若不懂得對那些無端的指責置之不理，恐怕他早就因無法忍受內戰的壓力而崩潰倒下。他當時所寫的如何對待批評的方法，堪稱經典。在第二次世界大戰期間，麥克阿瑟將軍曾把這段話抄下來，掛在他總部寫字臺後面的牆上。邱吉爾也把這段話鑲進框子裡，掛在他書房的牆上。這段話是這樣寫的：「如果我真有那麼點在意別人的指責，那我還是儘早放棄這一事業去做別的事情好了。我要用最好的辦法去完成，盡我所能，盡心盡力。如果結果證明我是對的，那麼不論別人怎麼說我，都無關緊要了！如果結果證明我是錯的，那麼再怎麼說我是正確的也都是徒勞無功。」

所以，當我們受到別人無端指責時，要記住：

原則二

盡你最大的可能去做，對那些流言蜚語，可以充耳不聞，這樣就再也不會影響自己的心情了。

3
我的「蠢事記錄簿」

除我以外沒有任何人，
沒有任何人應該為我的失敗承擔責任。
我是我自己最大的敵人——
同時也是失敗的根源。
——拿破崙

我有一本秘密檔案，叫做「蠢事記錄簿」，裡面記錄了所有我曾經做過令我慚愧的傻事。有些內容是我讓我的秘書記錄下來的，但是有些事太愚蠢，以至於我不好意思叫秘書記錄，只好親自記錄在案。

我至今還記得我15年前放在這個檔案裡的一些自我批評，如果我能夠一直對自己保持誠實的話，那麼我所做過的那些傻事早就裝滿這個檔案了。我願意在此重複所羅門王3000年前所說過的：「我曾經做過傻事，而且數量相當多。」

每當我拿出「蠢事記錄簿」再一次閱讀其中的點點滴滴時，那些生動的事例都能幫我解決眼前所面臨最困難的問題：掌控自己。

以前我經常把自己的麻煩歸罪於他人，可是隨著自我的成長和閱歷的豐富，我逐漸發現那些麻煩幾乎都是自己造成的。這是很多人成熟以後都會發現的一點。「除我以外沒有任何人，」拿破崙在被放逐的時候說：「沒有任何人應該為我的失敗承擔責任。我是我自己最大的敵人——同時也是失敗的根源。」

下面來說說我認識的一個人因學會自我評價和控制而成功的故事，他在自省方面可以堪稱為一名藝術家，他名字叫H．P．霍華，是當時美國金融領域的領袖——美國商業銀行和信託投資公司的董事長，同時也是好幾個大公司的董事。當他於1944年7月31日在紐約大使酒店的藥房中突然去世時，整個華爾街為之顫動。他小的時候沒有受過多少正規教育，起初在一間鄉村小店裡當店員，後來成為美國鋼鐵公司貸款部經理——隨後，他迅速成長，職位越來越高，權力也愈來愈大。

那年我去拜訪他，請他解釋成功之道時，霍華先生對我說：「多年來，我一直堅持在一本記事本上記下一天裡所有的約會，我的家人非常了解我，從來不在禮拜六晚上為我安排什麼活動，因為他們知道每個禮拜六晚上我都要花一些時間閉門思考，對這一星期的工作做一些回顧和評價。晚飯之後，我就一個人關在房裡，打開那個記事本，回想一周以來所有會談、討論和會議的內容並反覆問自己：『我那一次犯了什麼錯誤？』、『哪些事情我做對了——如何改進我的做法？』、『我能從中總結出什麼經驗？』有時這種每週一次的自省過程會讓我很不舒服，我也經常為自己曾經犯過的一些錯誤驚訝不已。當然，隨著時光流逝，錯誤也減少了。這種自我分析的做法一直就這樣保留了下來，所帶給我的意義超乎想像。」

也許霍華正是借用了老富蘭克林的一些習慣而已，只不過富蘭克林不會等到星期六的晚上，他會在當晚就把一天的事情重新回顧一遍。經過一段時間的經驗總結，他發現自己經常會犯13種錯誤，下面只是其中3種——浪費時間、為小事煩惱、和別人爭論不休。老富蘭克林非常聰明，他懂得除非能改掉這些錯誤，否則就不可能獲得更大的成功。因此，他每星期都會挑出一項缺點來改正，然後把每一天的情況做成記錄。到下個星期，他會再挑出另一個缺點，就這樣一直持續了將近兩年時間。

難怪他會成為美國有史以來最受歡迎也最具有影響力的人。

阿爾伯特·哈伯德說：「每個人每天至少有5分鐘是愚蠢的。所謂智慧，就是如何將自己的愚蠢限制在這5分鐘之內。」

小人受到一點點批評就會大發脾氣，而君子卻會從那些責備他們、反對他們，以及想盡一切辦法阻礙他們的人身上學到更多的經驗。著名詩人惠特曼這樣說：「難道你的智慧就是從那些欽佩你、討好你、常常圍繞在你左右的人那裡得到的嗎？難道你從未從那些對抗你、譴責你，或阻礙你的人那裡學到點什麼嗎？」

與其等我們的對手有機會批評我們，還不如先讓我們克服自己的弱點。我們要嚴於律己，找出我們的弱點，並加以改正。這正是達爾文所做的，事實上，他花了15年時間在做這件事。事情是這樣的：達爾文寫完「進化論」的手稿之後，深知這本嶄新觀點的書籍出版後，一定會震撼整個知識界和宗教界，甚至引來眾人對他的攻擊，所以他開始自我檢討，為此他花了整整15年的時間反覆收集檢驗他的資料，深入研究他的理論，自我評判他的觀點。

如果有人罵你是一個「笨蛋」，你會怎麼辦呢？生氣嗎？讓我們看林肯是如何做的：有一次，林肯的國防部長愛德華·史丹唐罵他是一個「笨蛋」。原來林肯擅自干預了他的工作——為了取悅一名自私的政客，簽發了一項調動軍隊的命令。史丹唐得知以後不但不聽從還堅決予以回擊，大罵林肯簽發這種命令是愚蠢之舉，結果如何呢？林肯聽到史丹唐的話之後，平靜地說：「如果史丹唐說我是愚蠢的，那事實一定如此，因為他幾乎從來沒有錯過，這樣一來我就只有認真地再重新考慮一番了。」

林肯的確會見了史丹唐，史丹唐讓他相信了自己的錯誤，並收回了成命。其實只要是富有誠意的批評，有理有據並且具有建設性，林肯都非常歡迎。

你我都應該像林肯那樣接受這樣的批評，因為我們所做的事情很難達到3/4的正確率——這也是羅斯福所希望達到的目標，而那時他正任職美國總統。愛因斯坦是世界上最著名的科學家，即使是這樣的人物也不得不坦言道：他的100次推論中有99次是錯的。

「對手的意見，」羅切馮卡說：「比我們自己所看到的更接近實際情況。」

一直以來，我都發自內心地認為這句話是對的，但是當問題涉及自身時，我馬上又會本能地為自己辯護——甚至在弄清楚別人的觀點之前，每次這樣做的後果都叫我後悔不已。我們每個人無論事實如何都更希望聽到別人的讚美而不是批評，我們不是邏輯性的生物，我們是感情動物，我們的邏輯就像一隻獨木小舟，在深不可測的情感海洋中漂蕩；我們絕大多數人都對自己有過分良好的認識，但40年後再回首，就會發現今天的我們是多麼幼稚可笑。

如果聽到別人指責我們，不要為自己辯護——那是傻瓜的做法。我們應該坦誠、謙虛謹慎，具有真知灼見。要想為自己贏得喝采應該抱有一種思想，那就是「如果批評我的人知道我所有錯誤的話，他對我的批評一定會比現在嚴厲得多」。

在前面幾章當中，我簡單介紹了當你受到不公正的批評時該怎麼辦，下面所說的是另一種辦法：當你因為受到不公正的批評而越生氣的時候，為什麼不先靜下心來說：「暫且平靜一分鐘……我距離完美還差很遠呢！如果愛因斯坦承他100次決定當中有99次是錯誤的，那我至少也有80次是錯的。這樣想來也許我受到的批評是可以理解的，為此我應該更加感謝那些批評我的人，努力改正。」

查理斯·盧克曼是培素登公司的前任總裁，他每年贊助100萬美元給鮑伯·霍伯的廣播節目。他從來不看那些稱讚這個節目的信件，卻堅持看那些批評的信件。他知道自己可以從這些信中學到更多東西。

福特公司也熱衷於找出他們在管理和業務方面存在的問題，於是公司歡迎全體員工對公司提出批評。

我認識一個做過肥皂推銷員的人，他以前常常徵求別人對他的看法。剛開始為高露潔公司銷售產品時，他的訂單量非常少，他很擔心會失去這份工作，後來他發現肥皂的品質和價格都沒有什麼問題，於是他開始從自己身上找原因。每當一筆訂單失敗的時候，他就在街上散步，希望弄清楚問題究竟出在哪裡：是不是他表達太含糊？是不是他的態度不夠熱情？有時他會回去找客戶說：「我這次回來，不是向您推銷肥皂，而是希望得到您的建議。麻煩您告訴我，我在幾分鐘以前向您推銷肥皂的時候，有什麼地方做得不妥嗎？您的經驗和閱歷比我豐富，也比我成功，請您真心實意地給我一點建議。」

這種誠懇的態度讓他收穫的不僅僅是那些純粹的建議，還結交了很多朋友。

他後來怎樣了呢？你們肯定想不到，高露潔——這個世界上最大的肥皂製造商之一的董事長正是這個人——他的名字叫E·H·李特。

只有非常了不起的人才能像H· P·霍華、富蘭克林、E· H·李特所做的那樣。現在，既然你身邊沒有人，你可以捫心自問你是不是李特這一類型的人呢？

因此，要想使你的生活變得更加快樂，不為別人的批評而憂慮，就請記住：

原則三

讓我們記錄下自己曾經做過的傻事，不斷地自省。既然我們無法期望做到完美，就讓我們像E．H．李特所說的：讓我們去追求那些真實的、有建設性的批評吧！

PART 5

小結

如何遠離想免受批評的憂慮：

原則一

不公正的批評往往是另一種形式的恭維，
往往是由於自身的優勢造成了別人的嫉妒和憤恨。
要知道，從來沒有人願意踢一隻死狗。

●

原則二

盡你最大的可能去做，對那些流言蜚語盡可能不聞不問，
就再也不會影響自己的心情了。

●

原則三

讓我們記錄下自己曾經做過的傻事，不斷地自省。
既然我們無法期望做到完美，就讓我們像E. H.李特所說的：
讓我們去追求那些真實的、有建設性的批評吧！

PART 6

常保充沛活力的6種方法

Six ways to Prevent

Fatigue and Worry and

keep Your Energy and Spirits High

1
如何每天多清醒一小時

透過放鬆，你可以不再憂慮。
休息並不是完全不做事情，休息就是修復。
——丹尼爾·優西林

為什麼我要在一本關於預防憂慮的書裡面專門闢出一章來講怎樣預防疲勞呢？這很簡單，因為疲勞常常導致憂慮，或者說至少它很容易降低人對憂慮的抵抗能力。任何一位醫科學生都會告訴你，疲勞會降低身體對一般感冒和其他多種疾病的抵抗力；而任何一位精神病專家也會告訴你，疲勞同樣會降低你對憂慮和恐懼的抵抗力；所以，防止疲勞也就可以防止憂慮。

我所說「也就可以防止憂慮」是一種比較溫和的說法，芝加哥大學臨床生理學實驗室主任埃德姆德·傑可布森醫生講得就更深入些，他寫過兩本關於如何放鬆的書：「慢慢放鬆」和「你必須放鬆」。他還耗時數年主持研究了將放鬆緊張情緒作為一種治療方法在醫學上的運用。他宣稱：「任何一種神經或情緒上的狀態，在完全放鬆之後就能煙消雲散。」也就是說：透過放鬆，你可以不再憂慮。

所以，防止疲勞和憂慮的原則一就是：經常性地休息，在你感到疲倦以前休息。

這一點為何如此重要呢？究其原因，是因為疲勞會以令人咋舌的速度積累。經過多次試驗，美國軍隊發現，即使是接受過多年軍事訓練年輕力壯的軍人，如果每小時扔下背包休息10分鐘的話，他們的行軍速度會更快，也更持久。因此部隊要求他們這樣做。你的心臟和美國軍隊一樣有力：它每天泵出來在全身迴圈的血液足夠裝滿一節油罐火車的車廂；每天釋放出的巨大能量足以將20噸煤鏟到一個3英呎高的平臺上。它每天負擔這令人難以置信的工作量長達50年、70年甚至90年，它怎麼受得了呢？哈佛醫學院的華特・B・坎農博士解釋道：「絕大多數人認為心臟夜以繼日地跳動。事實上，在每次收縮之後，它都有一定的休息時間。當心臟按正常速度每分鐘跳70下時，它實際上每天只工作了9個小時，它的休息時間總計達整整15個小時。」

二戰期間，溫斯頓・邱吉爾將軍在六七十歲的高齡還能夠年復一年地每天工作16小時，領導大英帝國進行戰鬥。他的秘訣是什麼呢？他每天上午在床上工作到11點，看報告、發出指令、打電話以及召開會議；午飯之後他還要睡上一小時；晚上8點的晚餐以前他還要接著睡上兩小時。他這樣做並不是要消除疲勞，也沒必要去消除，他已經預防在先了。因為他頻繁休息，所以能精力充沛地工作直到深夜。

約翰・D・洛克菲勒也創造了兩項非同尋常的紀錄：他積累了當時世界上最龐大的財富，同時一直活到了98歲高齡。他是如何做到的呢？當然，主要原因是家族的長壽基因遺傳，另一個原因則是他每天中午都在辦公室裡午睡半小時，這段時間內哪怕是美國總統向他打電話他也不接。

在那本傑出的「為什麼會疲勞」一書中，丹尼爾・優西林講道：「休息並不是完全不做事情，休息就是修復。」人體在很短一段休息時間裡就能獲得強效的修復能力，以至於即使只打個5分鐘的盹，也有助於預防疲勞。著名的棒球老將康裡・馬克告訴我，如果賽前不睡個午覺的話，到第五局他就會感到無精打采，可是如果他睡午覺，且哪怕只睡5分鐘，就是連續對付兩場比賽也沒問題。

當我訪問伊蓮娜・羅斯福在白宮做第一夫人的那12年裡是如何應付千頭萬緒的事務時，她向我表示，在每次會見很多人，或是要發表演說之前，她都會找一把椅子或者是一張沙發坐下來，閉上眼睛，放鬆20分鐘。

我曾經在吉恩・奧特裡在麥迪遜廣場花園的更衣室裡，採訪了這位參加世界騎術表演賽的騎術明星。我注意到他的休息室裡放了一張行軍床。吉恩・奧特裡說：「每天下午我都要在那裡躺一會兒，在兩場表演之間抽空睡上一個小時。」

「當我在好萊塢拍電影的時候，」他接著說：「我常常陷在一張很大的安樂椅上休息，每天打20到30分鐘的盹，這樣能讓我精神百倍。」

愛迪生把他巨大的精力和耐力歸因於他有隨時能夠入睡的習慣。

在亨利・福特的80歲生日前不久，我去拜訪過他。我訝異於他的精神飽滿、神采奕奕。我請教他秘訣如何，他說：「能坐著就絕不站著，能躺著就絕不坐著。」

被譽為「現代教育之父」的賀瑞斯・曼，在成長的過程中同樣也是這麼做的。當他擔任安提奧克大學校長的時候，他經常躺在一張長沙發上和學生面談。

我曾經說服了好萊塢的一位電影導演嘗試一種類似的方法，他事後承認，這類方法產生了奇蹟般的效果。我所說的是好萊塢最有名的大導演之一——傑克・查特克。幾年前來看我的時候，他擔任米高梅公司短片部的負責人。由於老是感到筋疲力盡、渾身乏力，他什麼方法都試過了：滋補品、維生素、藥物……卻仍然無濟於事。我建議他每天去「度度假」。怎麼做呢？就是當他在辦公室裡和手下那些作者開會的時候，平躺下來伸直身體。

兩年以後我再次見到他，他說：「遵從我醫生的話，奇蹟果然發生了。以前每次討論短片的時候，我總是緊張地端坐在椅子上，現在每逢這些會議，我都在辦公室的沙發上躺著。過去的20年我從未感到如此舒服，我現在每天能多工作兩個小時，卻很少感覺疲憊。」

這些方法怎樣才能適用於你呢？你如果是一位打字員，就不可能像愛迪生或者山姆．高德金那樣在辦公室裡打盹；你如果是一個會計，也不可能躺在長沙發上和你的老闆討論財務報表。可是，如果你住在一個小城市裡，並且每天中午回家吃飯的話，你就可以在飯後打個10分鐘的小盹。喬治．C．馬歇爾將軍也經常如此。他覺得戰爭期間指揮美國軍隊的工作是如此忙碌以致於中午必須休息一會。如果你已經年過半百，仍感到自己太忙，無法抽出時間做這些事情的話，那麼趕緊去買你所能買到的人壽保險。現在葬禮不便宜，你的老伴也可能想用那些保險賠償另覓新歡。

如果你不能夠在中午小憩，至少試著在晚餐之前躺一個小時，這比喝杯酒便宜得多了，而且要有效5467倍。如果你能在下午五六點鐘，或者7點鐘左右睡上一個小時，那麼你就可以每天多清醒一小時。為什麼呢？怎麼可能呢？因為晚飯前睡的那一小時，加上夜裡所睡的6個小時一共是7個小時，比你在夜裡連續睡8個小時的效果要好得多。

一個體力勞動者如果休息更多時間的話，每天可以做更多工作。弗雷德里克．泰勒在貝勒漢鋼鐵公司擔任科學管理工程師期間，就證明了上述結論。他曾經觀察過工人們每人每天可以往運貨車廂上裝大約12.5噸的生鐵，而他們通常在中午就開始人困馬乏。他對所有可能產生疲勞的因素進行了一次科學研究，得出這些工人們不應該每天僅僅運送12.5噸生鐵而應是47噸的結論！他計算出，他們應該做到目前運送量的將近4倍，而且不會疲勞。接著他證明了這一點。

泰勒從搬運工裡選了一位施密特先生，要求他在規定時間裡完成工作，而施密特嚴格按照一位拿著錶指揮他的人所說的去做：「現在搬起一塊生鐵，向前走……現在坐下來，休息……現在走……現在休息。」

結果發生了什麼事？施密特一天搬了47噸生鐵，而其他人只能搬12噸半。弗雷德里克．泰勒在貝勒漢公司的3年時間裡，施密特始終按照這個進度來工作，他之所以能夠如此，是因為他在疲勞之前能夠休息，每小時他大約工作26分鐘，休息34分鐘。他休息的時間長於工作的時間，可是他卻做了幾乎是別人4倍的工作！這是道聽塗說嗎？不是，你可以在「科學管理的原則」這本書的第41至62頁讀到弗雷德里克．泰勒的這些記錄。

我重申一次，照美國軍隊的辦法去做——經常休息。按照你心臟工作的方法去做——在疲勞之前先休息。這樣就能使你每天多清醒一小時。

2
疲勞的原因與如何消除疲勞

我們所忍受的疲勞中，
絕大部分都是源於心理因素。
實際上，純粹的生理疲勞是很少的。
緊張是一種習慣，放鬆也是一種習慣，
我們應該打破壞習慣，形成好習慣。

下面是一個令人吃驚而且非常重要的事實：單純的腦力勞動不會使你疲倦，這句話聽來非常荒謬。幾年前，科學家們試圖找出人類的大腦在沒有達到工作的極限容量之前能夠工作多久，也就是對「疲勞」的科學定義。令科學家們大為驚奇的是，他們發現血液流經大腦，如果還是流動的，就不會有任何疲勞的跡象。如果從一個正在工作的勞動者的靜脈裡抽血，你會發現血液裡有「疲勞毒素」和疲勞的產物，但是如果你從埃爾伯特．愛因斯坦的大腦裡抽取一滴血，即使是在白天將要結束時，它也不會顯示任何疲勞毒素。

只要大腦在思考，它就能像剛開始工作時那樣，在8小時甚至12小時的勞動之後，依然運轉良好、高效。大腦徹底不知疲倦……那麼是什麼讓你感到疲倦呢？

精神病專家認為，我們感到的疲勞多半源於精神和情感狀態，英格蘭最有名的精神病專家之一J.A.海德費在他「權力心理學」一書中說：「我們所忍受的疲勞中，絕大部分都是源於心理因素。實際上，純粹的生理疲勞是很少的。」

美國最有名的精神病專家之一A.A.布列爾博士說得更透徹。他宣稱：「一個健康坐著的工作者，他的疲勞百分之百是受心理因素或者說是情感因素的影響。」

哪些情感因素會讓坐著的工作者感到疲勞呢？快樂？滿足？不！當然不是！厭倦、怨恨、一種不受重視的感覺以及輕浮、忙亂、焦急、憂慮之感等等。這些情感因素讓坐著的工作者感到疲倦，使人容易感冒，工作成績下降，最後因神經紊亂頭痛不已而回家休息。是的，我們感到疲勞是因為我們的情緒使身體緊張。

大都會人壽保險公司在一本關於疲勞的小冊子裡指出：「繁重的工作很少會導致睡眠或者休息所不能消除的疲勞；憂慮、緊張和心煩意亂，才是導致疲勞的3個最主要原因。腦力勞動和體力勞動常常被認為是疲勞的根源而廣遭詬病。記住，緊張的肌肉是工作著的肌肉。放鬆，為重要的工作積蓄能量。」

現在停下來，在原地好好審視一下自己。你讀到這些詞句，是不是怒目而視這本書？是否感覺到雙眼緊繃？你是否很放鬆地坐在椅子上？或者你正聳著雙肩？你臉部的肌肉緊張起來了嗎？除非你的整個身體放鬆下來，像一個舊布洋娃娃，你此時此刻還在不斷產生精神和肉體上的緊張。你在產生精神上的緊張和精神上的疲勞！

為什麼我們在從事腦力勞動的時候也會產生這些不必要的緊張呢？丹尼爾．J．約瑟林說：「我發現最大的障礙是幾乎全世界的人都認為艱苦的工作需要努力去做，否則就不能做好。」所以我們一集中精力就皺起了眉頭，聳起肩膀，讓所有的肌肉做出努力的動作，實際上這對我們的腦力勞動根本沒有絲毫幫助。

這是一個讓人驚訝且充滿悲劇性的事實：成千上萬並不想揮霍錢財的人卻千真萬確地在新加坡揮霍無度並且魯莽地和7個醉酒的水手浪

費精力。

怎麼對付這種精神上的疲勞呢？放鬆！放鬆！再放鬆！當你工作的時候學會放鬆。

這很容易嗎？不，你或許要改變一輩子的習慣，這可是需要花很大力氣的，因為這是人生的變革。威廉・詹姆斯，在他的名篇「論放鬆情緒」裡說：「美國人過度緊張、肌肉痙攣、呼吸困難、坐立不安、表情痛苦，都是壞習慣，徹頭徹尾的壞習慣。」緊張是一種習慣，放鬆也是一種習慣，我們應該打破壞習慣，養成好習慣。

怎樣放鬆呢？先從思想上開始，還是先從神經上開始？都不是，應該先從肌肉開始！

讓我們來試一試。為了很好地演練，假設我們先從眼睛開始。通讀這個段落，讀完的時候，向後靠、閉上眼，默默地對你的眼睛說：「放鬆，放鬆，停止緊繃，停止皺眉，放鬆，放鬆。」慢慢地複述一分鐘……

你有沒有發現幾秒鐘以後你的眼部肌肉開始順從你的指令了？你有沒有感覺到彷彿有一些看不見的手在驅趕緊張？這似乎難以置信，但你已經在那一分鐘裡體驗到放鬆藝術的精髓和全部秘密，你可以用同樣的方法放鬆下巴、放鬆臉部肌肉、放鬆頸部、放鬆肩部以及整個身體，但是你全身最重要的器官，還是你的眼睛。芝加哥大學的艾德蒙德・傑可布森博士說：「如果你能完全放鬆你的眼部肌肉，你就可以完全忘記你所有的煩心事。」在消除神經緊張方面眼睛如此重要的原因是它們消耗了全身能量的1/4。這也就是很多眼力頗佳的人卻感到「眼部緊張」的原因，因為他們使自己的眼部感到緊張。

著名的長篇小說家薇姬・鮑姆曾說，在她很小的時候，一位老人教給她一生中所學過最重要的一課。那時候，她跌倒了，割傷了膝蓋、扭傷了腕關節，那個曾在馬戲團當小丑的老人將她扶起來，為她撣去身上的灰塵。老人說：「妳之所以會弄傷自己，是因為妳不知道如何放鬆，妳應該假裝像一雙穿舊了的襪子一樣鬆軟。來，我來教教妳怎麼做。」

那個老頭就教薇姬．鮑姆和其他的孩子們如何跌倒、如何跳起又落下、如何翻跟斗，還一直堅持認為：「要把你自己想像成一雙穿舊了的襪子，那樣你們就能放鬆了。」

無論何時，無論何地，你都能夠放鬆，只是不要作出努力去讓自己放鬆。所謂放鬆就是讓所有的緊張和努力不復存在，只想到舒適和放鬆。一開始，先想著如何放鬆你眼部和臉部的肌肉，反覆說：「放鬆，放鬆，放鬆，再放鬆！」感覺能量從臉部肌肉流到身體中心，感覺自己像孩子一樣，完全沒有緊張的感覺。

這就是著名的女高音嘉莉．古淇所用的辦法。海倫．吉普生告訴我，她常常看見嘉莉．古淇在演出之前坐在一張椅子上，放鬆全身的肌肉，而且下頜也充分放鬆。這是一種非常不錯的做法，一來可以使她在登臺演出前不至於太緊張，二來可以防止疲勞。

以下是幫你學習放鬆的4個建議：

1. 隨時放鬆自己，使你的身體軟得像一雙穿舊的襪子。我在工作的時候，常常放一雙栗色的舊襪子在桌子上，提醒我應該充分放鬆，如果你找不到一雙襪子的話，用一隻貓代替也可以。你有沒有抱過陽光下呼呼大睡的貓呢？抱起牠時，牠的頭尾就像弄濕了的報紙一樣鬆鬆垮垮地垂下。印度的瑜伽術也認為，如果你想要掌握放鬆的藝術，應該多從貓身上學習。我從來沒有見過疲倦或者精神失常的貓，也沒有見過失眠、憂慮或染上胃潰瘍的貓。要是你能像貓那樣放鬆，大概就能避免這些災禍了。

2. 在工作中盡可能地採取舒服的姿勢。要記住，身體的緊張會使得肩膀疼痛、精神疲勞。

3. 每天自我檢查四五次，問問自己：「我有沒有使自己的工作變得比實際上更繁重？我有沒有為一些和我工作毫無關係的事情使用肌肉？」這些都有助於你養成放鬆的好習慣。就像大衛．哈羅．芬克博士所說的：「那些精通心理學的人都知道，三分之二是因為習慣。」

4. 每天晚上再測驗一下自己，問問自己：「我到底有多疲倦？如果我感覺疲倦，這不是源於我的腦力勞動，而是因為我做事的方式方法不對。」丹尼爾．W．約瑟林說：「我並不是用一天工作結束後有多疲倦來計算自己的成績，而是看我多不疲倦。」他說：「如果哪一天結束時我感到特別疲倦，或者是我感覺自己的精神特別疲倦的時候，毋庸置疑，這一天在質和量上都是低效率的。」如果每個企業家能學會這一課，高血壓的死亡率也就能降低不少，而且，我們的精神療養院和精神病院裡也不會再有那些因為疲勞和憂慮導致精神崩潰的人了。

3
如何防止疲勞，永保青春

對你周圍的人充滿興趣。
對於那些和你分享生活的人，
懷有一種友善而健康的態度。
再沒有比緊張和疲勞更使你看起來蒼老了。

去年秋季，我的助手乘機到波士頓參加一個世界上最非比尋常的醫療培訓班。醫療培訓班？沒錯，它每週在波士頓醫院開一次課，參加的病人們在被批准加入之前要接受一次常規而徹底的醫學檢查；但實際上這個培訓班是一間心理治療診所，儘管官方的稱呼是應用心理學（以前叫做思維控制班，這是它的第一批成員所起的名字。），其真實目的是治療那些因憂慮而患病的人。其中大多數病人都是在情感上感到困擾的家庭主婦。

這樣一個治療憂慮者的培訓班是如何成立的呢？1930年，曾是威廉・奧斯勒學生的約瑟夫・H・普雷特博士發現了一個情況：來波士頓醫院看病的女患者中，多數生理機能根本沒有毛病，卻承受著實際的肉體症狀。有個女病人的雙手由於「關節炎」而陷於癱瘓無法活動，另一個患者因為「胃癌」的種種症狀而痛苦不堪，其他人有的腰疼、有的頭疼，疲憊不堪，疼痛難忍。她們確確實實感覺到這些疼痛，但最徹底的醫學檢查表明，這些婦女在生理上一點問題也沒有，一些老醫生們會說：「這全是想出來的，她們是有心病。」

但普雷特博士意識到，叫她們「回家去把這件事忘掉」是無濟於事的。他知道絕大多數婦女並不想生病，如果忘記病痛輕而易舉，她們一定也會這麼做。那麼該怎麼做才行呢？

於是他開設了這門「應用心理學」的班作為副業，希望從側面幫助那些醫療懷疑者克服心理上的疑慮。意想不到的是，這個班一炮打響！開班後的幾年內，無數病人被「治癒」了。有些病人在這個班裡上了好幾年課，幾乎像在教堂裡一樣虔誠。我那個助手曾和一位上了9年幾乎沒有缺過一次課的婦女交談過，她說她剛來這個診所時，深信自己得了腎炎和一些心臟方面的疾病，她如此地憂慮、緊張，以至於有時會突發性的暫時失明，於是她又害怕自己會變成瞎子，但現在她充滿自信、樂觀向上，身體狀況良好，雖已兒孫繞膝，可是看上去只有40多歲。她說：「過去我常常為家庭問題患得患失，幾乎想一死了之，但後來我在這了解到憂慮是毫無用處的，我學著去停止憂慮。現在我可以坦率地說，我的生活安寧祥和。」

這個班的醫學顧問羅絲．海芬婷大夫說，她認為減輕憂慮的最佳良藥就是：「和你信賴的人談論你的煩惱。」

「我們把這稱作淨化作用。」她說：「病人來到這裡，可以充分地說出她們的煩惱，直到把這些煩惱完全趕出她們的腦子。一個人獨自念念不忘煩惱，自己承受，將會造成很大的精神壓力，我們應該彼此分擔苦惱和憂慮，我們必須感覺到世界上還有人願意傾聽並且能夠理解我們。」

我的助手親眼目睹一個婦女在說出她心裡的煩惱之後得到了巨大的解脫。她有很多家庭煩惱。在她剛開始談論的時候，她就像一個壓得緊緊的彈簧。然而逐漸地，在她講的過程中，她開始平靜下來了。面談快結束的時候，她居然能笑出來了。這些問題是否已經得到了解決呢？沒有，事情當然不會這麼簡單。引發她態度轉變的原因是和別人交談、得到一些建議和一些人性的關懷。真正促成轉變的，是語言裡所蘊藏強而有力的治療功能。

某種程度來講，心理分析就是以語言的治療功能為基礎。甚至於從佛洛伊德的時代開始，分析家們就知道，只要能夠說話，哪怕僅僅是說話，病人都能夠從他內心的憂慮裡解脫出來。為什麼呢？也許是因為說出來之後，我們就可以更清晰地洞察我們的問題，得到一個更好的視角。沒有人知道全部的答案，但我們都知道「大聲說出來」或是「抒發胸懷」，都能使人立刻得到緩解。

因此，下次我們再遇到什麼情感問題時，為什麼不去找周圍的人聊聊呢？當然我並不是說隨隨便便地找個路人吐苦水、發牢騷，而使得我們被人厭煩。我們要找一個值得信賴的人，約定時間，或許是一個親屬、一位醫生、一位律師、一位官員或者一位牧師……然後對那個人說：「我想聽聽你的建議。我有個問題，希望你能聽我講，你也許可以給我一些建議。我當局者迷，但你可以向我提供一個全新角度來解決問題。當然，即使你做不到這一點，只要你肯坐在那裡聽我說話，也算是幫了我一個大忙。」

把心事說出來，就是波士頓醫院醫療培訓班最基本的療法。這裡還有我們在那個班上學到的一些其他技巧——作為一名家庭主婦，在家裡就可以做到的事情。

1. **準備一個筆記簿或者廢書作為「提供靈感」的剪貼簿**，你可以貼上所有吸引你並給你以啟迪的詩歌、簡短禱詞和名人名言。往後，如果一個陰雨連綿的下午讓你感到精神頹喪的話，也許在書中可以找到驅散憂鬱的方法。很多病人都把這樣的剪貼薄保存了好多年，她們說這等於是為你的靈魂「打了一針」。

2. **不要過於關注別人的缺點！**班上有一位婦女，發現自己正變為一個專門苛責丈夫、愛挑剔且總是拉著一張臉的妻子。當被問及「如果妳的丈夫死了，妳會怎麼辦？」的問題時，她震驚不已，連忙坐下來，在一張單子上列舉出她丈夫所有的優點。那張單子著實不短。如果下次你覺得自己嫁給了一個暴君，何不試試這種方法呢？也許，在看過他所有的優點之後，你會發現他／她正是你希望遇見的那個人呢！
3. **對你周圍的人充滿興趣**。對於那些和你分享生活的人，懷有一種友善而健康的態度。有一名生了病的婦人，覺得自己形單影隻，缺少朋友。有人建議她試著為她下一個遇見的人編一個故事，於是，她開始在公共汽車上，為她所看到的人編造故事背景。她試著去猜想他們的生活是什麼樣的。後來的結果可想而知，她逢人就聊。如今，她非常快樂、機靈，並且成為一個很有魅力的人，她的「痛苦」不藥而癒。
4. **今晚上床之前，做一張明天的行程表**。在班上有很多人，因為沒完沒了的家務而心力交瘁。她們的工作似乎永遠也做不完，老是被時間驅趕著。為了要治療這種匆忙、憂慮的感覺，他們建議每天晚上做一張第二天的日程表。結果呢？工作完成得更多，疲勞卻減少了，有一種驕傲感和成就感，還空出許多時間休息和娛樂。
5. **最後一條——避免緊張和疲勞，放鬆，再放鬆！**再沒有比緊張和疲勞更使你看起來蒼老了。也不會再有別的事更能摧毀你年輕的容顏了。我的助手在波士頓醫療培訓班上坐了一個小時，聽負責人保羅．E．強森教授談了很多我們在前面章節裡已經討論過的原則——放鬆的方法。當10分鐘的自我放鬆練習快結束時，我的助手幾乎直直地坐在椅子上進入夢鄉。為什麼生理上的放鬆如此重要呢？因為就像其他醫生所知道的那樣，這家診所知道，如果你想消除憂慮，就必須放鬆。

的確，你必須放鬆！但奇怪的是，硬硬的地板反而比彈簧床更有助於放鬆自己。地板的阻力更大，對脊椎骨大有裨益。

那麼，下面就是一些可以在家裡做的運動。先做上一星期，看看你的外表和氣質會產生什麼樣的改變！

1. 每當感到疲倦，就立刻平躺到地板上，儘量把身體伸直。想翻身就翻身，每天兩次。

2. 閉上眼，像強森教授所建議的那樣，念念有詞：「太陽當空，天空湛藍，大自然一片寧靜、和諧。我是大自然的孩子，和宇宙和諧一致。」哦，如果是禱告那就更好了！

3. 如果你因為抽不出時間而不能躺下，那麼只要你能坐在椅子上，就能發揮幾乎相同的效果。像古埃及的坐像那樣，在椅子上筆直的坐著，讓你的雙手放鬆攤開平放在大腿上。

4. 現在，慢慢地蜷曲起你的10個腳趾，然後讓它們放鬆。收緊你的腿部肌肉，然後讓它們放鬆。慢慢朝上，運動全身肌肉，直到達到頸部。然後，讓你的頭向四周大幅度地轉動，好像擺佈一顆足球一樣。就像在前面章節裡面說到的那樣，不斷地對你的肌肉說：「放鬆……放鬆……」

5. 緩慢地、均勻地呼吸來穩定你的情緒，要從丹田吸氣。印度的瑜珈術是正確的：規律的呼吸是迄今為止發現安撫神經最好的方法。

6. 想著你臉上的皺紋和褶皺，抹平它們，鬆開你緊鎖的眉頭，張開你閉緊的嘴巴。每天做兩次，也許你就不用去健身俱樂部做按摩了。也許你臉上的皺紋也會隨之煙消雲散。

4
預防疲勞和憂慮的4種良好工作習慣

秩序是上帝的第一法則。
——波普

人不會因過度勞累而死，
只會因爲精力不濟和憂慮重重而死。

好習慣之一：清理你桌上所有與手頭事務無關的檔案

芝加哥西北鐵路公司的董事長羅蘭．L．威廉斯先生曾說過：「一個書桌上各種檔案堆積如山的人，若能清理一下桌子，只留下手邊急待處理的，就會發現他的工作更容易，也更明確。我稱其為『辦公室裡的家政能力』，也是邁向效率的第一步。」

你如果參觀華盛頓的國會圖書館，就會看到天花板上寫著著名詩人波普寫下的10個字：「秩序是上帝的第一法則。」

以此類推，秩序也應該是商場上的第一法則，但事實是這樣的嗎？不，大多數人的桌子都被一些好幾個星期都沒看過的文件堆得亂七八糟。事實上，紐奧良一家報紙發行人曾告訴我，他的秘書幫他清理書桌時，發現了一架失蹤兩年的打字機！

一張堆滿尚未回覆信件、報告、備忘錄之類東西的桌子只要一眼就足以讓人產生混亂、緊張和焦慮之感。更要命的是，它會經常提醒你「還有100萬件事要做但根本沒時間」，這不僅僅會使你緊張、疲勞，還會導致你患高血壓、心臟病和胃潰瘍。

賓夕法尼亞州立大學醫學院的教授約翰·H·斯托克博士，在美國醫藥學會全國大會上宣讀過一篇題目叫做「生理疾病引起的心理併發症」的論文。在這篇文章中，他在一項「病人的心理特徵」的題目下列出了11種情況，第一種是：

一種緊迫感或義務感，面前擺著永遠也做不完的事情。

但是，像清理桌子、作出決定這樣簡單的手法是如何幫助你避免高度的壓力、擺脫緊迫感以及那種「很多事情擺在面前還沒做完」的感覺的呢？著名的精神病專家威廉·L·山德勒博士，曾用這種簡單的手法治癒了一位可能陷入精神崩潰的病人。這位患者是芝加哥一家大公司的高階主管，當他來到山德勒的診所時，非常緊張、不安、憂慮，他知道自己可能會精神崩潰，但他不能放棄工作，他需要幫助。

山德勒博士說：「當這位高階主管告訴我他的相關情況時，我的電話鈴響了，是醫院打來的，我沒有擱置那件事，而是迅速做出了決定。我總是盡可能地當場解決問題。剛掛斷，電話又了響起來。又是一件急事，我花了點時間討論了一下。第3次打擾接踵而至，我的一位同事來我的辦公室請教我如何處理一位危重病人。當我和他說完的時候，我轉向這位造訪者並道歉讓他等了這麼久。但此時這位高階主管卻一下子神采奕奕了，他的臉上出現了完全不一樣的表情。」

「無需道歉，醫生！」這個人對山德勒博士說道：「在剛剛過去的10分鐘裡，我想我已經知道自己的問題出在哪裡，我要回到我的辦公室，改變我的工作習慣，但是在我離開之前，你是否介意我看一下你的桌子？」

山德勒博士打開他桌子的抽屜，除了一些生活必需品，空空如也。病人說：「告訴我，你沒做完的工作都放在哪裡了？」

「都做完了！」山德勒說。

「那麼你那些沒有回覆的郵件呢？」

「都已經回覆了！」山德勒告訴他：「我的原則是，不回完信就絕不把它丟在一邊，我立刻向我的秘書口授回覆意見。」

6周以後，這位高管邀請山德勒博士到他的辦公室閒聊。他整個人都變了，他的桌子也不再是從前那樣。他打開抽屜，那裡沒有放著沒做完的工作。「6周前，」他說：「我在兩間不同的辦公室裡有3張不同的桌子，工作多得忙不過來，我也從來沒完成過那些工作。和你談過以後，回到這裡的第一件事就是清理出一大車的報表和舊檔。現在我只在一張桌子上工作，工作一來馬上做完，於是再也沒有堆積如山沒做完的工作來煩我，搞得我緊張憂慮了。最讓我驚訝的是我已經完全康復了，我的身體一點事也沒有。」

美國聯邦法院前首席大法官查理斯・伊萬斯・胡格斯說：「人不會因過度勞累而死，只會因為精力不濟和憂慮重重而死。」是的，他們的精力跟不上，並且憂慮重重，是因為他們的工作似乎永遠也做不完。

好習慣之二：

按照事情的輕重緩急來處理

遍及全美的市政服務公司創始人亨瑞・杜赫提說：不論他願意付多高的薪水，有兩種能力他幾乎無法找到。

這兩種金錢買不到的能力是：

第一，思考的能力；

第二，按照事情的輕重緩急來做事。

查理斯・盧克曼，一個曾經沒沒無聞，12年後卻成為培素登公司董事長的小夥子，每年薪水高達10萬美元，此外還有100萬美元的其他收入。他把他絕大部分的成功歸功於培養亨瑞・杜赫提所說的那兩種始終無法找到的能力。查理斯・盧克曼說：「就我所能記得的來說，我每天早上5點鐘起床，因為那時我的頭腦最清醒，我可以更好地計畫一天的工作，按照它們的輕重緩急來處理。」

美國最成功的保險業務員之一富蘭克林・白特格，不會等到早晨5點才開始計畫他一天的工作，他在前一天晚上就已經計畫好了——為自己訂下一個目標——一天裡賣出一定數額保險的目標。如果沒有完成，差額就累積到第二天，依此類推。

根據長期的經驗，我知道一個人不可能總是按照事情的輕重緩急來做事，但我也知道事先計畫，最重要的事情最先做顯然要比漫無目的、隨興所至要好得多。

如果喬治・蕭伯納沒有堅持最重要的事情最先做這一硬性原則，那他一輩子就只能做一名銀行出納員而不會成為作家了。他擬定了一個每天必須至少寫作5頁的計畫，這個計畫鼓舞他在令人心碎的9年裡筆耕不輟，即使他在那9年裡總共只賺到了30美元，平均每天一便士。

好習慣之三：

遇到問題時，如果需要做決定，就當場解決。

不要拖延。

我的一個校友，已故的H・P・霍威爾告訴我，當他在美國鋼鐵公司擔任董事會成員的時候，董事會議經常一開就是很長時間，問題討論了很多，決議卻形成得很少。結果，董事會的每位成員都得帶著大包的文件回家看。

最後，霍威爾先生說服了董事會，每次開會只研究一個問題，形成一項決議，既不要耽擱，也不要拖延。這樣所得的決議也許是得找更多的資料，也許是做一些事情或什麼都不做。但是，在進入下一個議題前，一定能針對前一個問題形成決議。霍威爾先生告訴我，這一改革結果顯著而有效，清理了陳年舊帳。這樣日程表上乾乾淨淨的，董事會成員們也不必帶著大包的檔案回家看，大家也不再為沒有解決的問題而憂慮。

這個好辦法不僅適用於美國鋼鐵公司的董事會，也同樣適用於你我。

好習慣之四：

學會組織、分層負責和監督

很多商人都在過早地自掘墳墓，因為他們永遠不知道分攤責任，事事親力親為，結果都是細枝末節和困惑混亂使其不知所措，他們總是被一種匆忙、憂愁、焦慮和緊張的情緒所驅趕。是的，我知道分攤責任十分困難，對我來說同樣如此。根據以往的經驗我也知道分權不當會導致災難，但儘管分權很難，主管人員還是必須這樣做，如果他想遠離憂慮、緊張和疲勞的話。

建立起龐大產業的主管人員，如果沒有學會組織、分層負責和監督，通常在五六十歲的時候會死於由緊張和憂慮誘發的心臟病。需要一個具體的實例嗎？看看你當地報紙的訃告就知道了。

5 如何驅逐煩悶

工作效率降低的唯一原因就是煩悶。
如果你『假裝』對工作感興趣，
這一點點假裝會使你興趣成眞，
也能夠減少你的疲勞、緊張和憂慮。

疲勞產生的主要原因之一是煩悶。為了更好地說明情況，我們以住在你們街道的一位主管愛麗絲小姐為例。一天晚上，愛麗絲小姐腰痠背痛、筋疲力盡地回到家中。她腰痠背痛，不想吃飯，只想睡覺。她的母親勸她吃一點，她才坐到了桌邊。這時電話鈴響了，是男朋友打來的，邀她去跳舞。她的眼睛一亮，精神百倍。她衝上樓，換上藍色禮服去舞廳一直跳到淩晨3點。當她回到家，她不但不知疲倦，反而興奮不已，久久難以入睡。

如此看來，8小時前愛麗絲的疲倦和無精打采是真的嗎？千真萬確。她覺得無精打采是因為工作讓她厭煩，也許是這樣的生活讓她厭煩。這樣的人成千上萬，你也許就是其中一個。眾所周知，情感因素比生理因素更容易產生疲勞。幾年前，約瑟夫·E·巴馬克博士在「心理學檔案」上發表了一篇報告，談及他一次關於厭煩產生疲勞的實驗：巴馬克博士安排一組大學生參加一系列他們不太感興趣的實驗。結果呢？學生們覺得又累又乏味，抱怨頭疼、眼睛疼，想發脾氣，一些案例中，甚至有幾個人的胃不舒服。這些都是想像出來的嗎？不，透過為學生們化驗得知，每當一個人煩悶的時候，他的血壓和體內的氧化作用效率會有所下降，一旦他們覺得工作有趣愉快的時候，其新陳代謝又會立刻加速。

在做一些有趣、刺激的工作時，我們很少感到疲倦。比方說，我最近去加拿大洛磯山腳下的路易士湖畔度假，在克羅河裡釣了好幾天的鮭魚；在比人還高的樹叢裡披荊斬棘，常常被橫臥在地上的樹木絆倒，還得提防著倒下來的樹枝，但8個小時過去了，我卻依然不知疲倦。為什麼呢？因為我非常激動和興奮。我獲得了一種巨大的成就感：抓到了6條很大的鮭魚。但是試想一下如果我厭煩釣魚，那你覺得我會有什麼感覺呢？我一定會因為在海拔7000英尺的高山上這麼費勁奔波而感到筋疲力盡。

即使是在登山這類令人筋疲力盡的活動中，厭煩也遠比繁重的體力勞動更容易讓你疲勞。例如，明尼阿波利斯農工儲蓄銀行的總裁S. H.金曼先生曾告訴過我一件事，能夠很好地證明這一觀點：1953年7月，加拿大政府要求加拿大阿爾卑斯登山俱樂部為威爾士軍團士兵的登山訓練提供嚮導，金曼先生就是被選中來訓練士兵的嚮導之一。他告訴我說，他和其他年齡在42歲到59歲之間的嚮導，帶著那些年輕的士兵在冰川和雪原上長途跋涉，利用繩索踩著極小的落地點，徒手爬上40英尺的懸崖，他們爬上了第二高峰——邁克爾峰，以及加拿大洛磯山脈小佑赫山谷裡其他不知名的高峰。經過15個小時的攀登之後，那些身體還在巔峰狀態的年輕人（他們剛剛完成6個星期的嚴格軍事訓練）全都筋疲力盡。

是他們軍訓時肌肉練得不夠結實導致了他們的疲勞嗎？任何一個接受過嚴格軍事訓練的人都會覺得這種問題很荒謬。他們覺得疲勞是因為他們厭倦登山了，很多人常常等不到吃飯就酣然入睡。可是，那些比士兵年齡要大兩三倍的嚮導們又是如何呢？他們疲勞嗎？是的，他們也覺得累，卻不會筋疲力盡。他們吃了晚飯後，還能坐著待個幾小時，聊白天的所見所聞。他們之所以不會筋疲力盡，是因為對登山感興趣。

哥倫比亞大學的愛德華・桑代克博士對疲勞現象進行了實驗，他給予年輕人們持續不斷的興趣刺激，讓他們清醒了幾乎一個星期。經過多次調查，桑代克博士得出結論：「工作效能降低的唯一原因就是煩悶。」

如果你是一名腦力勞動者，通常並不是你所完成的工作會讓你感到疲勞，而是你沒有完成的工作會使你感到疲勞。例如，想想上周你不斷被打擾的那天——一封信都沒有回覆、約會都取消了、問題比比皆是，那天什麼事都不順，你什麼都沒完成，然後你頭痛欲裂、疲憊不堪地回家了。

第二天，一切走上正常軌道，你完成了前一天40倍的工作量。走回家的時候，你感覺神清氣爽，彷彿是剛開出的梔子花。是的，你有這樣的經歷，我也是。

我們要從中學到的是：我們的疲勞往往不是由工作引起，而是憂慮、挫折感和怨恨所導致的。

在撰寫這一章節的時候，我去觀看了傑羅姆・凱恩的音樂輕喜劇「畫舫璿宮」的重演。科頓花號的安迪船長在中間休息的時候說過：「最幸運的人，是那些能做自己喜歡的事情的人。」這些人幸運是因為他們更有活力、更加快樂、更少憂慮和疲勞。興趣所在，就是精力之所在。和一個喋喋不休的主婦或者丈夫一起走過10個街區要比和一位心上人一起走10英哩更讓人疲勞。

那麼，你能做些什麼呢？下面是一位在奧克拉荷馬州托沙城一家石油公司工作的打字員的事例。每個月總有幾天，她得做一件你所能想到最枯燥無味的工作——填寫列印好的石油租契，往裡插入一些圖表和資料。這項工作太無聊了，以至於她為了提升工作情趣，想盡辦法使它變得有趣。怎麼做呢？她每天跟自己比賽。她計算出每天上午列印的表格數量，然後爭取在下午打破紀錄。再計算出每天列印的總數，努力在第二天打破紀錄。結果如何？很快她就能夠比部門裡的其他人完成更多的表格。這些為她帶來了什麼呢？表揚？不是。感謝？不是。升職？不是。加薪？也不是。它只是幫助她防止煩悶所帶來的疲勞，讓她興奮起來，因為她已經盡全力去將一項枯燥無味的工作變得生動活潑，她幹勁十足、興趣倍增，在閒暇時也得到了更多的快樂。

我碰巧知道這個真實的故事是因為我娶了那個女孩。

下面是另一位打字員的故事。她發現假裝工作很有趣，會使人得到回報。她過去常常把工作當成一場戰鬥，但現在再也不會了。她叫維莉·G·高頓，住在伊利諾州愛姆霍斯特城的肯尼爾沃斯街。她在信裡為我講述了如下故事：

「我們辦公室共有4個打字員，分別被指派為好幾個人列印信件。時不時地我們會因指派關係不清而把事情搞亂。有一天，一個部門副總堅持要我把一封長信重打一遍，我沒有服從。我試著向他指出只要改一改就行了，不需要推倒重來。但他反駁說：『如果妳不重來我就另覓他人。』我勃然大怒，然而當我開始重打這封信的時候，我猛然意識到我要是不做，會有無數人搶著要做這份工作，而且我做這樣的工作是能夠獲得薪酬的。想到這，我感覺好點了。我突然下定決心假裝真的喜歡做這份工作，儘管我覺得它毫無意義。做著做著，我有了一個重大的發現：如果我假裝很喜歡工作，那我某種程度上就會真的喜歡它，同時能夠增加我工作的效率，因此現在我再也不用加班。這種新的工作態度使我成為一名優秀員工而備受讚賞。後來一位部門主管需要一名私人秘書，他請我去了。他的理由是：我會很樂意去做一些額外的工作而不是繃著臉。」高頓小姐這樣寫道：「心理狀態轉變的力量對我來說是一個重大的發現，它帶來了奇蹟。」

高頓小姐運用了漢斯．威辛吉教授的「假裝」哲學，他教我們要「假裝」快樂、「假裝」……

如果你「假裝」對工作感興趣，這一點點假裝會使你興趣成真，也能夠減少你的疲勞、緊張和憂慮。

幾年前，哈蘭．A．霍華德做了一個使他生活完全改變的決定。他決心把一件無聊的工作變得很有趣。他的工作確實乏善可陳：在別的男孩子打球或和女孩約會時，他卻在高中食堂裡洗盤子、擦櫃檯、分發霜淇淋。起初霍華德很看不起這份工作，但既然他得忍受這份工作，還不如來研究霜淇淋——它是怎樣做成的、用了什麼配料以及為什麼有的霜淇淋吃起來更好吃。他研究霜淇淋的化學成分，使他成為高中化學課上的小天才。現在，他對食物化學產生了濃厚的興趣，畢業後他進入馬塞諸塞州立學院深造，專修「食品工程」專業。有一次，紐約可可公司向所有的大學生開展了關於可可和巧克力應用方面的有獎徵文活動，你猜是誰得了頭獎？……沒錯，正是哈蘭．霍華德！

畢業後，霍華德發現工作很難找，於是就在馬塞諸塞州安姆荷斯特城自家地下室開設一家私人實驗室。開業不久，當局就頒佈了一項新法案——乳製品公司必須對牛奶中所含細菌進行計數。於是，哈蘭．霍華德開始為安姆荷斯特城14家牛奶公司清數細菌，而此時他就必須再雇兩名助手。

25年以後他會身在何處呢？當然，這些從事食物化學工作的人到那時應該都已經功成身退，或者已經逝去。因為會有很多充滿創新精神、熱情洋溢的青年人來取代他們的位置。但從現在開始的25年之內，哈蘭·A·霍華德很可能成為這一行業的領軍人物之一，而當年透過櫃檯，從他手裡買過霜淇淋的一些同學，很有可能潦倒不堪、在家待業，詛咒政府，抱怨自己一直找不到好工作。其實，要不是哈蘭·霍華德決心把一件無聊的差事變得有趣，恐怕他永遠都不會有找到好工作的機會。

多年以前，一個叫山姆的年輕人在一家工廠裡，成天站在車床邊上加工螺絲釘，覺得工作無聊透頂。他想辭職，但又怕找不到新工作。既然非得做這件無聊的工作，還不如讓這件工作變得有趣一點。下定決心以後，他就和旁邊的一個技工展開了生產競賽。一個要用他的機器把螺絲釘表面打磨光滑，另一個要將螺絲釘磨成一定尺寸，他們偶爾會打開機器來比比誰能製造出更多的螺絲釘。領班對山姆的生產速度和精確度印象頗深，不久就提拔了他。此後，山姆平步青雲。30年後，山姆——撒母耳·瓦克南成了鮑爾溫機車製造公司的董事長。如果他沒有決心把無聊的工作變得有趣，那麼他也許這輩子只能是一名技工。

著名的廣播新聞分析家H. V.卡騰堡曾告訴我他如何將一件無聊的工作變得有趣起來：22歲那年，他在一艘橫渡大西洋運送牲畜的船上工作，為駕駛人員供應吃喝。後來，他騎著自行車周遊了整個英格蘭，來到巴黎，此時他已經一名不文，饑腸轆轆。他不得不把隨身帶著的照相機當了5美元，在巴黎版的「紐約先驅報」上刊登一起求職廣告，然後找到一份推銷立體觀測鏡的工作。我還記得那種老式的立體觀測鏡：我們把它們放在眼前，來觀察兩張一模一樣的圖片。這時候，奇蹟出現了，立體觀測鏡的兩個鏡頭將兩幅圖畫變成了一幅，彷彿是第3幅一般。我們看到了一幅使人驚訝的畫面。

接下來，卡騰堡開始在巴黎挨家挨戶地推銷這種觀測鏡。他不會說法語，但努力工作了一年以後，他居然掙了5000美元！成為當年全法收入最高的推銷員。H. V.卡騰堡告訴我，這段經歷教會了他去激發身上成功的潛質，獲益堪比在哈佛讀一年書。他獲得了自信嗎？他告訴我自那之後，他甚至覺得自己能夠向法國的家庭主婦們推銷「國會諮文」。

那段經歷使他對法國人的生活有了深刻的了解，這在他今後透過電臺講述歐洲要聞的時候，發揮了不可估量的作用。

不會講法語的他是如何成為一名金牌銷售員的呢？起初，他請老闆用標準法語把他的推銷詞寫下來，然後背得滾瓜爛熟。他接著去按人家的門鈴，家庭主婦開門後，他就開始用濃重卻有趣的口音複述老闆所教的推銷詞，同時趁機會為家庭主婦們遞上實物照片。如果對方問起問題，他就會聳聳肩說：「我是一個美國人……一個美國人。」同時摘下帽子，把黏在帽頂用標準法語寫成的推銷詞指給對方看。家庭主婦們當然會大笑起來，他也跟著大笑，於是他就有機會再給她們看更多的照片。當 H. V.卡騰堡講述這些經歷的時候，他承認這份工作實在很不容易。他告訴我他之所以能挺過去，就是靠著一個決心：把這個工作變得有趣。每天早上出門前，他都要看著鏡中的自己說：

「卡騰堡，如果要糊口，你就得去做這件事。既然非做不可，何不做得痛快一點呢？你就假想每次按響門鈴時，你就是一名站在舞臺上的演員，下面有一位觀眾正注視著你。畢竟，你現在做的事正如在舞臺上演戲一樣，何不高興點、熱情點呢？」

卡騰堡對我說，每天為自己加油打氣的這些話，幫助他把一個又可恨又可怕的任務變成了一個讓他大賺一筆的神奇經歷。

當我詢問卡騰堡先生是否可以給急於成功的美國年輕人一些忠告時，他說：「沒問題！每天早晨跟自己打一個賭。我們常常談論做一些體力運動對於保持清醒的重要性。但我們更需要一些精神和思想的運動，來促使我們每天早上真正地活動起來。每天早晨為自己打打氣吧！」

每天早晨為自己打氣，是不是一件很愚蠢、很膚淺、很孩子氣的事呢？不，正相反，這是影響心理學的精華之所在。「我們的生活是由我們的思想所創造的。」這段話是1800年前，馬克斯・奧勒留斯在他的「沉思錄」中第一次寫下，如今看來依然準確無誤。

每小時都為自己打打氣，你就能引導自己想想勇氣和快樂、力量與和平。和自己說說感恩的事，你的腦中將一片鶯歌燕舞。

沿著正確的思維，你就能將任何工作都變得不那麼乏味。你的老闆想讓你對工作感興趣，這樣他就可以掙到更多的錢。讓我們忘記老闆所想的，只考慮對工作產生興趣會為你帶來什麼。時刻提醒自己這樣會讓自己的生活快樂加倍，因為你把一半的清醒時間投入到了工作中。如果你在工作中找不到快樂，那你在別的地方也不可能找到。提醒自己，對工作感興趣會讓自己忘記憂慮，從長遠來看，會為你帶來升遷的機會和更多的薪水。即使沒有這樣的好處，至少可以將疲勞減到最小，讓你充分享受自己的閒暇時光。

6 如何遠離失眠的困擾

爲失眠而困擾，比失眠本身產生的損害要大得多。
要想睡個好覺的首要條件就是要有安全感。

你為睡不好覺而困擾嗎？你聽了也許會感興趣，世界聞名的大律師撒母耳·安特梅爾這輩子就從不曾好好睡上一晚。

安特梅爾在大學讀書期間，最擔心的兩件事就是哮喘和失眠。看起來這兩種病似乎都治癒無望，於是他決定採取一種次優的辦法——充分利用失眠。失眠時不在床上輾轉反側、心力交瘁，而是下床看書。結果如何呢？他在班上每門學科成績都獨佔鰲頭，成為紐約市立大學的奇才之一。

他從事法律職業以後，失眠的困擾依然揮之不去。但他一點也不擔心，他說：「大自然會照顧我的。」事實的確如此。儘管他每天只睡很少的時間，但身體一直很棒，能夠和紐約律師界的年輕律師們一樣拼命工作。他甚至比他們更拼命，因為別人睡覺的時候，他還在工作。

21歲時，撒母耳·安特梅爾年薪已高達75000美元，年輕的律師們紛紛跑到法庭上去學習他的經驗。1931年，他在一樁訴訟案中得到的律師費也許是當時歷史上律師收入的最高紀錄：100萬美元。

但失眠仍如影隨形。他讀書讀到大半夜，然後清晨5點就起床閱讀信件。當大多數人剛剛開始工作的時候，他差不多已經做完一天之中一半的工作量。他一直活到81歲，一生沒睡過一個好覺。要是他為失眠而煩躁憂慮的話，他這輩子早就毀了。

我們一生之中有三分之一的時間在睡眠中度過，可是沒有人知道睡眠究竟是什麼。我們只知道睡眠是一種習慣，是一種讓自然天性得到恢復的休息狀態。但我們不清楚每個不同的個體需要幾小時的睡眠，更不清楚我們是否非得睡覺。

很荒謬嗎？一戰期間，一個名叫保羅．柯恩的匈牙利士兵，腦前葉被子彈射穿。傷癒後，奇怪的事情發生了，他再也無法入睡。無論醫生做什麼，用了各種鎮靜劑和麻醉劑，甚至是使用催眠術，柯恩始終都無法入睡，哪怕是讓他感到睏倦都不可能。

醫生們都說他活不久，但他卻跟他們開了個玩笑。他找到一份工作，健健康康地生活了許多年。他會躺下閉目養神，但無論如何都不會進入夢鄉。他的病例是醫學上一個難解之題，也推翻了我們對睡眠的很多看法。

有些人需要的睡眠時間遠比別人多。托斯卡尼每晚只需睡5個小時，而凱文．柯立芝每天的睡眠時間比他的兩倍還多——每天睡11個小時。換句話說，托斯卡尼的一生中大約有五分之一的時間在睡覺，而柯立芝一生中卻幾乎有一半的時間在睡覺。

為失眠而困擾比失眠本身產生的損害要大得多。比如說，我的一個學生，來自紐澤西州山田公園的伊拉．桑德勒，就幾乎因為忍受不了長期的失眠症而想尋找自殺。

伊拉．桑德勒告訴我：「我真的以為自己罹患了精神病，麻煩就在於此，我以前睡眠特別好，鬧鐘都吵不醒，結果每天早上上班都遲到。我為此而擔心，而事實上老闆已經警告過我了，要我必須按時上班。我知道如果我再睡過頭，我就會丟掉我的飯碗。

「我跟朋友說起此事，有位朋友建議我在睡覺前把注意力集中到鬧鐘上。從此，我開始了我的失眠生涯。那該死的滴答滴答鬧鐘聲無法擺脫，讓我整夜難以入眠，輾轉反側。好不容易到了早晨，我病了，因為疲勞和憂慮而病了。這種狀態持續了兩個月，我已經無法用言語來形容受到的非人折磨，我確信我會精神失常。有時我會在屋裡來來回回走上幾個鐘頭，非常想從窗戶跳出去一了百了。」

「最後我不得不去看一位我熟識的醫生，他說：『伊拉，我幫不了你。沒人能幫得了你，因為是你自己帶來的毛病。每天晚上上床，如果你不能入睡，那就忘記所有的事情吧！對自己說：『我絲毫不在乎睡得著睡不著，就算醒著躺到天明，我也無所謂。』閉上你的眼睛，說：『只要我靜靜地躺著，不去擔憂什麼，我仍然能夠得到休息。』」

桑德勒說：「我照著他的話去做，兩周之內我的情況漸漸好轉，不到一個月，我每天能睡上8小時，精神也恢復正常了。」

折磨伊拉．桑德勒的不是失眠本身，而是失眠引起的焦慮。

芝加哥大學教授納山尼爾．克萊特曼博士在睡眠方面做了無人能比的大量研究工作。作為一名世界頂級的睡眠問題專家，他宣稱還沒聽說過有誰是死於失眠的。無可否認，人們會為失眠而憂慮，直至抵抗力下降，被病魔吞噬。但這是由於憂慮所造成的後果而非失眠本身。

克萊特曼博士說，那些為失眠而憂慮的人通常獲得的睡眠比自己所意識到的要多得多。那些發誓說「昨晚眼睛都沒閉一下」的人，可能不知不覺地睡了幾個鐘頭。例如，19世紀最淵博的思想家赫爾伯特・斯賓賽，老年時仍是孑然一身。他棲身於寄宿宿舍，整天喋喋不休地訴說自己的失眠問題，弄得別人煩不勝煩，他在耳朵裡戴上耳塞來逃避吵鬧獲得安靜，有時甚至靠吃鴉片來催生睡眠。一天晚上，他和牛津大學的塞斯教授同住旅館的一個房間，第二天早上斯賓塞宣稱他整夜沒闔眼，而事實上塞斯才一宿沒睡著，他聽斯賓賽的鼾聲聽了一整夜。

要想睡個好覺的首要條件就是要有安全感。我們得感覺到有一種比我們自身更強大的力量在照顧我們直到天明。著名的西部騎士避難所湯瑪斯・海斯洛浦博士在英國醫學會上的一次演講中強調了這一點。他說：「經過多年的實踐，我發現催生睡眠最好的原動力之一就是祈禱。我是完全以一個醫療工作者的身份來說這句話的。習慣性地祈禱，是最有效最正規的方式，讓精神得到充實，神經得到鎮定。」

「聽命上帝，順其自然。」

簡奈特・麥克唐納告訴我，當她精神不振、憂慮重重、無法入眠的時候，她總是能夠透過反覆誦讀「聖經」第23章的方式來獲得安全感：「耶和華是我的牧者，我必不至缺乏。他使我躺臥在青草地上，領我在可安歇的水邊……」

但如果你不信教，同時必須辛勤工作的話，那就要學會在身體上放鬆。大衛・哈樂德・芬克博士曾寫過一本書，叫做「從神經緊張中解脫出來」，提出解決失眠問題的最好方法是和自己的身體交談。根據芬克博士的觀點，語言是各種催眠法的關鍵點。如果你始終無法入眠，那就是因為你和自己談論的是一個失眠的案例。要從失眠狀態中解脫出來，就要放鬆自己，對你身上的肌肉說：「放鬆，放鬆，一切放鬆。」我們都知道，肌肉緊張時，精神和神經就不可能放鬆。所以，如果我們想入睡的話，就必須先放鬆肌肉。芬克博士建議把一個枕頭放在膝蓋下面來減輕腿的緊張，把小枕頭墊在手臂底下來減輕手臂壓力，讓自己的下巴、眼睛、手臂和雙腿放鬆，我們就會在不知不覺中入睡。我知道這很管用，因為我嘗試過。

還有一種治療失眠的有效方法，就是透過園藝、游泳、打網球、打高爾夫球、滑雪或一些簡單卻消耗體力工作，使自己在體力上疲倦。著名作家希爾多·德萊塞就是這麼做的。當他還是一個為生活掙扎的年輕作家時，也曾經為失眠憂慮過。於是，他找到一份到紐約中央鐵路當鐵路工人的工作。在打了一天的釘子，鏟了一天的石子之後，他筋疲力盡，甚至昏昏欲睡，無法坐在那裡把晚飯吃完。

假如我們足夠疲倦，大自然會強迫我們入睡，即便我們是在走路。比如說，我13歲的時候，父親裝了一車肥豬運去密蘇里州的聖喬城。因為有兩張火車票，他就帶著我一起去了。直到那時，我還從沒去過超過4000人口的小鎮。當來到有著60000人口的聖喬城，我激動萬分。我看到了6層高的摩天大樓、街上的小轎車……如此種種宏偉的景象。至今我仍能閉上眼睛，看到小汽車的樣子，聽到小汽車的聲音。讓我激動萬分的一天過去了，我和父親乘火車回密蘇里州的萊文伍德。淩晨兩點到達後，我們還得走4英哩路回到農場。這就是故事的重點：我已經筋疲力盡了，以至於我走路的時候就睡著了，而且居然還做夢。我經常在騎馬的時候睡著，而我現在還活著呢！

當人們完全筋疲力盡的時候，他們的睡眠雷打不動，哪怕恐怖攻擊來襲，哪怕戰爭爆發。著名的神經科醫生佛斯特·甘迺迪博士告訴我說，1918年英國第五軍大撤退時，他就親眼看見筋疲力盡的士兵當場倒下，一下子就睡著了，彷彿昏迷過去一樣。哪怕他用手撐開眼皮，他們仍不會醒來。他注意到他們所有人的瞳孔都在眼眶向上翻起。甘迺迪博士說：「從那以後，每當我睡不著的時候，就把我的眼珠翻到那個位置。我發現，幾秒鐘之內我就會哈欠連天、睏倦襲來，這是一種我們自身無法控制的反應能力。」

從來沒有一個人能夠用抗拒睡眠來自殺。不論一個人意志有多堅定，大自然都會強迫他入睡。我們可以很長時間不吃不喝，但要是不睡覺，一定撐不了多久。

談到自殺，我想到亨利·C·林克博士在他的著作「人類再發現」中提到的一個案例。林克博士是心理諮詢公司的副總裁，他曾經和許多憂慮沮喪的人交談過。在「消除恐懼和憂慮」一章中，他談到一個曾經想要自殺的人。林克博士說：「你如果非要自殺，那你至少要死得像個英雄。繞著這個街區跑，直到你累死為止吧！」

他試了，不只一次，而是好幾次。每一次他都會感覺好一些，是在精神上而不是肉體上。到了第3個晚上，他終於達到林克博士最初想要達到的目的——他身體非常疲勞（也非常放鬆），以至於他睡得一動也不動。後來他參加了一個健身俱樂部，參加各種競技體育項目，不久他就感覺好了很多，他想永遠地活下去！所以，要想遠離失眠的困擾，應當遵循以下5條法則：

一、如果你睡不著，就照撒母耳·安特梅爾那樣去做，起來工作或看書，直到你感到睏倦為止。

二、記住，從來沒有人因缺乏睡眠而死，為失眠憂慮會比失眠本身對你產生更大的損害。

三、試著祈禱吧！或者反覆誦讀「聖經」第23章，就像簡奈特·麥克唐納所做的那樣。

四、放鬆你的身體。

五、多運動，讓自己筋疲力盡而無法保持清醒。

PART *6*

小結

避免疲勞憂慮，使你精神百倍的6個方法：

原則一

在感到疲勞之前休息。

●

原則二

學會在工作時放鬆。

●

原則三

學會在家裡放鬆。

●

原則四

採用以下4種良好的工作習慣：

1. 清理你桌上所有與手頭事務無關的檔案。
2. 按照事情的輕重緩急來處理。
3. 遇到問題時，如果需要做決定，
就當時當場解決，不要拖延。
4. 學會組織、分層負責和監督。

●

原則五

在工作中投入熱情來防止憂慮和疲勞。

●

原則六

記住，從來沒有人因缺乏睡眠而死，

為失眠憂慮會比失眠本身對你產生更大的損害。

PART 7

「我是如何克服憂慮的」30個真實故事

"How I Conquered Worry"

30 True Stories

1
六大麻煩一起降臨

我們所擔心和煩惱的事情有99%都不會發生。
成天擔心沒有發生的事情，
以及永遠不會發生的事情，是愚蠢和悲哀的。

C. I. 布萊克伍德（C.I. Blackwood）

1943年的夏天，似乎世界上半數的煩惱都降臨在我身上。

40多年來，我都過著正常、無憂無慮的生活，有事也只是作為一個丈夫、父親和商人所經常遇到的問題而已。我通常都能夠輕而易舉地處理這些小問題，但突然間，砰砰砰砰！我的天啊！竟然有6個大麻煩一起降臨；我夜夜不能入眠，大多是由於害怕白天的到來，因為我面臨著以下6個重大憂慮：

1. 我開辦的商學院瀕臨破產的邊緣，因為所有男孩子都上了前線，而大多數女孩子無師自通地在軍火廠裡打工所賺的錢，比在我商學院的畢業生去商業公司賺得還要多。
2. 我的大兒子正在服兵役，跟所有參軍孩子的父母們一樣，我無時無刻不在擔心他的安全。
3. 奧克拉荷馬市政府已開始對大片土地進行徵收來修建機場，而我的房子——以前是我父親的房子——正好位於這一大片土地的正中央。我知道我能獲得的只是土地總價值十分之一的補償，更糟的是，我會失去我的房子；而那時房子又少，我擔心能否找到另一處房子作為我們一家六口的棲身之所。我擔心我們或許不得不住帳篷；我甚至擔心我們是否買得起帳篷。

4. 我家旁邊挖了一大條排水渠，導致我家地裡的水井乾涸了。因為這塊土地已經被徵收了，所以再挖一口新井無異於浪費500美元。我不得不連續兩個月每天早上用水桶取水餵牲口，我擔心只要戰爭沒完，我就每天都得這麼做。
5. 我家離我的商學院有10英哩遠，而我擁有的是一張「乙級汽油卡」，那就意味著我不能購買新輪胎。因此，我十分擔心，萬一我那輛老福特爆胎了，我就沒辦法去上班。
6. 我的大女兒提前一年高中畢業，她一心想上大學，但我沒錢負擔學費。我知道她一定會傷心欲絕。

一天下午，我端坐在辦公室裡，為這些煩惱愁眉不展。我決定把它們全都寫下來，因為似乎沒有人比我的煩惱更多了。只要給我一個機會，我並不介意去解決煩惱，但面對這些困難，我似乎完全無能為力，我沒辦法解決。所以我把這張用打字機打出來的困難清單存好，幾個月以後，我已經忘了這件事了。18個月之後，當我整理檔案時，碰巧又看到這張記載了一度令我幾乎崩潰的困難清單。我饒富興味地看了一遍，獲益良多。現在我發現所有的困難都已煙消雲散。讓我們來看看事情發生了什麼樣的改觀：

1. 我關於商學院會不得不關門的擔心純粹是瞎操心，因為政府已經開始資助商學院來培訓退伍軍人。我的學校很快又爆滿了。

2. 關於兒子安全的擔心沒有必要。他已經安然無恙地經歷過了戰爭。
3. 我關於土地被徵收用來建機場的擔心也是多餘的，因為離我農場1哩遠的地方發現了石油，建造機場的計畫被終止。
4. 關於沒有井可以汲水來餵牲口的擔心也是不必要的，因為當我得知土地不再被徵收之後，就立刻花錢打了一口新井，井底更深，水源連綿不絕。
5. 我關於輪胎突然爆裂的擔心也是沒有必要的。因為我將那個舊輪胎翻新之後，只要謹慎駕駛，它絕對能撐下去。
6. 我關於大女兒上大學的擔心也是不必要的。因為開學前60天，我奇蹟般地獲得了一個可以在上班時間之外查帳的工作機會，它使我能夠及時送她上大學。

我常常聽人講，我們所擔心和煩惱的事情有99％都不會發生，但這種說法真正讓我心領神會，是在我偶然翻到那張我在18個月前那個悶悶不樂的下午寫下的煩惱清單的時候。

現在，我十分感激我能遇到以前那些煩惱。那段經歷為我上了無法磨滅的一課，它使我明白，**成天擔心沒有發生的事情，以及永遠不會發生的事情，是愚蠢和悲哀的**。

記住，今天就是你昨天所擔心的明天。問問自己：我怎樣才能「知道」現在我所擔心的事，真的會發生呢？

2
我能夠迅速變得樂觀起來

讀讀歷史吧！試著去獲得一個上下五千年的視角——
就永恆而言，「你的」煩惱只是滄海一粟。

著名經濟學家
羅傑・W・巴伯森（Roger W. Babson）

每當發現自己對現狀悲觀失望時，我可以在一小時之內將煩惱拋到九霄雲外，使自己成為一個完完全全的樂觀主義者。

我是這樣做的：進入書房，閉上眼睛，徑直走向擺放著歷史類書籍的書架跟前。閉著眼睛抽本書——不用知道是普理斯科特寫的「墨西哥征服史」，還是蘇東尼所著的「12個凱薩的生平」。仍舊閉著眼睛，很隨意地打開書。然後，睜開眼，讀上一個小時。我越讀越能真切地意識到這個世界總是充滿了苦難，文明總是在懸崖的邊緣搖搖欲墜。歷史的每一頁寫滿了悲劇故事：戰爭、饑荒、貧窮、瘟疫以及人類之間倒行逆施。閱讀了一小時的歷史書之後，我意識到，儘管目前形勢惡劣，但總比以前要好得多。這使我能夠以他們的視角，來認清並正視現在所遇到的麻煩，並且明白整個世界正漸漸變得更好。

這個方法值得用一整章來重點推介。

讀讀歷史吧！試著去獲得一個上下五千年的視角——就永恆而言，「你的」煩惱只是滄海一粟。

3
我是如何克服自卑的心理

我母親對我的信心讓人垂憐，她的信念鼓舞我參加比賽。
這件事提升了我的視野、拓寬了我的眼界，
使我意識到自己具有以前做夢都不敢想的潛在能力。

美國奧克拉荷馬州原參議員
艾爾瑪・湯瑪斯（Elmer Thomas）

我15歲時，經常為煩惱、恐懼和自卑所折磨和困擾。相對我的年齡來說，我實在是高得離譜，但卻瘦得像籬笆牆。我身高6.2英呎，體重卻僅有118磅。個子雖然高，身體卻很孱弱，沒法和其他小男孩在棒球場或田徑場上一決高下。他們取笑我，叫我「瘦竹竿」。為此我十分憂愁，充滿自卑，怕見生人。而我的確也很少與人見面，因為我家的農莊遠離公路，被茂密的原始樹林所包圍，自始至終都沒有被開發過。我們的住處離公路有半英哩遠，除了父母和兄弟姐妹，我經常是一連七八天都看不到任何陌生人。

如果我輕易地被這些煩惱和恐懼所擊倒，那我這輩子就是徹頭徹尾的失敗了。每一天、每一小時，我一直在怨念自己高如竹竿卻骨瘦如柴的孱弱身體。我的大腦無法思考其他事情。我侷促不安、恐懼難當，當時的狀況如此嚴重，以至於我都難以描述。我母親知道了我的感受——她曾經在學校當過老師——因此她對我說：「孩子，你應該去接受高等教育。你必須靠你的智慧生活，因為你的身體是個不利條件。」

既然我父母沒有能力送我去大學念書，我知道我得自己努力奮鬥。有一年冬天，我鋪設陷阱，獵捉到了負鼠、臭鼬、貂和浣熊。來年春天，這些獸皮賣得了4美元，然後用那些錢買了兩頭小豬。我先用流質飼料餵養兩頭小豬，然後又改用玉米餵養。第二年秋天，我把兩隻豬賣掉了，得到40美元。帶著賣豬得來的錢，我來到位於印第安那州丹維爾市的中央師範學院。我每週的膳食費是1.4美元，房租每星期是0.5美元。我穿著母親為我做的棕色襯衫（很顯然，母親用棕色是因為它耐髒），我穿著父親曾經穿過的西裝。父親的衣服對我來說不合身，我腳上那雙父親穿過的鞋同樣不合適——那種鞋子兩側有鬆緊帶，你一穿上它們就自然伸展開，但是父親那雙鞋的鬆緊帶早就失去了彈性，加上前端非常寬鬆，因此我走路的時候，鞋子幾乎從我腳上掉下來。我覺得非常尷尬，不敢和其他學生往來，所以獨自坐在房間裡看書。當時我最大的期望，就是能夠多買一些既合身又不丟臉的衣服。

沒過多久，發生了4件幫助我克服憂慮和自卑感的事。其中一件事不僅給了我勇氣、希望和信心，還完全改變了我今後的生活。我簡單描述一下這幾件事：

第一件事：在進入師範學院僅僅8個星期之後，我參加了一次考試，獲得一張可以在鄉村公立學校教書的三等獎證書。誠然，這份證書只有6個月的期限，但它證明了別人對我有信心——這是除了我母親之外，第一次有人對我有信心。

第二件事：一所位於「快樂穀」的鄉村學校董事會雇用了我，每天給我2美元或者每月給我40美元。這更有力地證明有人對我有信心。

第三件事：剛領到第一份薪水，我就去商店買衣服，穿上它們之後，我再也不會覺得羞恥。如果現在有人給我100萬美元，我也不會像當初花幾美元從商店裡買那些衣服一樣那麼興奮。

第四件事：我一生之中真正的轉捩點——我抗爭窘迫和自卑的第一次大勝利，發生在印第安那州班橋鎮每年舉行一次的「普特南縣集會」上。我母親鼓勵我參加一項將在集會上舉行的公開演講比賽。對我來說，這可是天方夜譚。我連和一個人面對面談話的勇氣都沒有，更不用說面對一群人。但我母親對我的信心讓人垂憐——我是她的精神支柱，她的信念鼓舞我參加比賽。我選擇了我唯一有資格演講的題目——「美國的自由藝術」。坦白說，當我開始準備這次演講時，並不知道自由藝術為何物。但這也無妨，因為我的聽眾們也不懂。我熟記那份辭藻華麗的演講稿，並對著樹木和乳牛練習了不下100遍。由於母親的緣故我想好好表現一下，因此我必須飽含深情的表現那場演說——無論如何，我獲得了第一名。我當場就呆住了！人群中響起一片歡呼聲。而那些曾奚落、譏笑我並稱我為「瘦竹竿」的男孩們，現在卻拍著我的背說：「艾爾瑪，我早就知道你行的！」我母親摟著我，喜極而泣。現在我回顧過去，清楚地看到，那次演講比賽的獲勝，是我一生中的轉捩點。當地報紙在頭版刊登了一篇報導，預言我前程遠大。那次比賽中的獲勝使我在當地聲名鵲起，為我贏得了聲望。而比這些更重要的是，這件事使我的信心增加了上百倍。現在我很清楚地意識到，如果我沒有贏得那次比賽，恐怕我一輩子也當不上美國參議院議員，因為這件事提升了我的視野、拓寬了我的眼界，使我意識到自己具有以前做夢都不敢想的潛在能力——然而，最重要的是，我在那場演講比賽中得到第一名的獎勵是中央師範學院一年的獎學金。

現在，我渴望接受更多的教育。因此，在接下來的幾年裡——1896年至1900年——這幾年當中，我一邊教書，一邊上學。為了支付我在迪保大學的費用，我曾在餐館當過服務生、看過鍋爐、修過草坪，當過記帳員，夏天還去麥田和玉米田勞作，並在公路施工中挑石子修路。

1896年，我只有19歲，但我已作了28場演說，呼籲人們為威廉·傑寧斯·布利恩競選總統投上一票。為布利恩競選到處演講拉選票的激動，使我產生了從政的願望。因此在進入迪保大學之後，我就選修法律和公開演說兩門課程。1899年，我代表學校參加了在印弟安納波里斯市舉行的和巴特勒學院的辯論賽，這次比賽的辯題是「美國參議員是否應由公眾選出」。我又在另外一場演講比賽中獲勝，成為1900屆班刊「幻景」和校刊的總編輯。

拿到迪保大學的學士學位之後·我聽從了賀瑞斯·格里利的建議，沒有去西部而是去了西南部。我來到一個新地方——奧克拉荷馬。當基俄瓦、康曼奇、阿帕奇的印第安人保留區公開放領之後，我也申請到一塊土地，並在奧克拉荷馬州的勞頓市開設一家法律事務所。我在奧克拉荷馬州參議院做了13年，在州議會下院做了4年。在我50歲那年，我終於實現了自己一生中最大的抱負：從奧克拉荷馬州被選入美國參議院。從1927年3月4日起，我一直供職於該處。自從奧克拉荷馬州和印第安領地在1907年11月16日合併成為新的奧克拉荷馬州之後，我連續獲得了該州自由黨的榮譽提名——先是進入州參議院，然後進入州議會，最後進入美國議院。

我講述這些往事，並非意在炫耀我的成就，而且人們大概也不會有什麼興趣。我這樣做完全是希望為那目前飽受煩惱、羞怯以及自卑感折磨的可憐小夥子們增添一些新的勇氣和自信心。想當初，我在穿著父親的那身舊衣服以及那雙幾乎要從腳上脫落的鞋子時，那種煩惱、羞怯以及自卑感幾乎毀了我。

（編者注：有件事十分有趣，艾爾瑪·湯瑪斯年輕時因為衣服不合身而感到羞恥，但他後來卻當選為美國參議院最佳服裝先生。）

4
我曾住在阿拉的花園裡

當強烈而炙熱的狂風吹進我們的生活，
而我們又無法阻擋時，讓我們接受這種不可避免的命運吧，
然後再忙著收拾殘局也爲時不晚。

牛津大學圖書館創始人湯瑪斯·鮑德萊先生的後裔、牛津大學圖書館「撒哈拉之風」、「先知」和14卷其他著作的作者
R.V. C. 鮑德萊（R.V.C. Bodley）

1918年，我離開自己熟悉的世界，來到非洲西北部，和阿拉伯人一起住在撒哈拉大沙漠，那個被稱為「阿拉的花園」的地方。我在那兒待了整整7個年頭，並學習那些遊牧民族的語言。我穿著他們的服飾，吃著他們的食物，接納他們的生活方式，而在過去的20年之中幾乎沒有改變。我成了羊群的主人，睡在阿拉伯人帳篷裡的地面上。我還對他們的宗教進行了詳細的研究——事實上，後來我寫了一本關於穆罕默德的書，名叫「先知」。

和這群居無定所的牧羊人在一起的那7年，是我一生中最平靜、最滿足的一段時間。

我有著豐富多彩的經歷：我父母親都是英國人，而我卻生在巴黎，在法國待了9年。後來，我在著名的英國伊頓公學和皇家軍事學院

上學。然後，再以英國軍官的身份在印度服役6年；在那裡，我打馬球、打獵，並到喜馬拉雅山探險，當然，也過著軍人的生活。我經歷過一戰，戰後我以一名助理軍事武官的身份被選派參與加巴黎和會。我深深地震驚和失望於我在那裡見到的一切。我曾相信在西線4年的殺戮是為了拯救人類文明。但在巴黎和會上，我卻親眼目睹那些自私自利的政客為二戰埋下了禍根——每個國家都為自己謀取最大利益，挑撥其他各國之間的關係形成敵對狀態，並讓秘密外交的各種陰謀死灰復燃。

我開始厭倦戰爭，厭倦軍隊，並厭倦整個社會。在我的職業生涯中，我第一次徹夜無眠，為自己應當做些什麼而感到煩惱。好友勞埃德．喬治建議我走仕途，正當我考慮要不要接受他的勸告時，一件奇怪的事發生了，這件事改變並決定了我後來7年的人生道路。這件事全部發生在一次與「泰德」勞倫斯不到200秒鐘的談話中，而他是一戰中最引人矚目、最富浪漫色彩的「阿拉伯半島的勞倫斯」。他曾經和阿拉伯人一起住在沙漠裡並且建議我也這麼做。起初，這個建議聽起來令人匪夷所思。

不過，既然我已經決定離開軍隊，我就得找點事情做。私人老闆可不希望雇用像我這種曾經在正規軍隊當過軍官的人——尤其當時的勞動市場充斥著求職人才。因此我採納了勞倫斯的建議，前去和阿拉伯人一起生活。

我很高興自己當初做出這樣的選擇。他們教會了我如何征服憂慮。像所有虔誠的穆斯林一樣，他們都是宿命論者。他們堅信穆罕默德在「古蘭經」上所寫的每一個字都是阿拉的預言。所以，當「古蘭經」上說「真主創造了你和你所有的行為」時，他們也就逐字逐句地接受下來。這也就可以用來解釋他們為何能夠平靜地生活，而當事情出錯時，也不會發毫無必要的脾氣。他們知道，一切皆是命中註定，除真主外無人能夠改變。然而，這並不意味著他們在面臨災難時就會束手待斃。為闡明這一觀點，我想把我住在撒哈拉時所經歷的一場強烈、炙熱的風暴告訴大家。

那場暴風咆哮著、尖叫著，一連刮了三天三夜。風勢如此強勁而猛烈，以至於把撒哈拉的沙子吹起，穿越幾百英哩的地中海，一直吹到法國的隆河河谷。那次的暴風如火烤一般，我覺得我的頭髮似乎全被燒焦了，要從我的頭上掉下去。喉嚨乾澀，眼睛灼痛，嘴裡裝滿了沙子。我覺得自己彷彿站在玻璃廠的熔爐前，我被折磨得幾近瘋狂，處於正常人所能承受的崩潰邊緣。不過這些阿拉伯人並沒有怨天尤人，他們只是聳聳肩膀，說道：「麥克托伯！」——這是註定的。

但是暴風剛剛過去，他們就立即開展行動：他們屠殺了所有的小羊，因為他們知道小羊們已經活不了了；另外，立即殺死小羊還可以挽救母羊。殺死小羊之後，羊群被趕到南方喝水。這一切都進行得很冷靜，沒有對自己的損失憂慮、抱怨或悲痛。部落首領說：「這還不算壞。我們可能會損失所有的一切，但是感謝真主，我們還留下了40%的羊群，我們還能從頭再來。」

我記得還有一次：當我們駕車橫越大沙漠時，有一個輪胎爆胎了。而司機又忘了修理備用胎，因此我們的汽車只剩下3個輪胎。我很氣惱，情緒激動，問那些阿拉伯人下一步該怎麼辦。他們提醒我說，著急上火於事無補，只會讓人更煩躁。他們說，輪胎爆胎是阿拉的旨意，沒辦法去解決。於是，我們重新發動，靠著3個輪胎往前走，沒過多久，車嘎嘎響，又停了下來——原來是汽油用完了！但酋長只說了一聲：「麥克托伯！」他們並沒有因為司機沒帶夠汽油而向他大吼大叫，大家都保持著冷靜，徒步向目的地走去，一路上邊走邊唱。

和阿拉伯人住在一起的7年讓我深信美國和歐洲常見的神經過敏、精神失常和酗酒，都是我們所講的那種匆忙、疲累的文明生活的產物。

住在撒哈拉，我就無憂無慮。我在這個「阿拉的花園」找到了寧靜的滿足感和身體上的健康，而這正是大多數人帶著緊張和絕望在努力尋找的東西。

許多人嘲笑宿命論。也許他們是對的，可是誰又知道呢？但是，我們都應當能夠看得出來，很多事情是命中註定的。例如，如果我沒有在1919年8月一個悶熱的下午12點過3分的時候，和「阿拉伯的勞倫斯」交談，那麼從那以後我的人生將全部改寫。回首往事，發現我的生活一次次地受到許多我無法控制的事件影響。阿拉伯人稱其為「麥克托伯」、「吉斯米特」，也就是阿拉的旨意。你也可以稱呼它別的東西，只要你願意。它的確對你存在奇異的影響。我只知道，在我離開撒哈拉17年後的今天，我依然繼續著從阿拉伯人那裡學來的對待不可避免之事的樂觀態度。這種人生哲學，比使用上千支鎮靜劑更能安撫我緊張、不安的情緒。

當強烈而炙熱的狂風吹進我們的生活，而我們又無法阻擋時，讓我們接受這種不可避免的命運吧（見PART3-4），然後再忙著收拾殘局也為時不晚。

5
我消除煩惱的5種方法

我對於每天這種如同冒險的生活興奮不已，
而一個處於興奮狀態的人，是永遠不會為煩惱所累的。
把每一天當作我一生中的第一天，同時也是最後一天。

威廉·利奧·菲爾普斯教授（Professor William Lyon Phelps）

「在比利·菲爾普斯教授去世前不久，我曾有幸在耶魯大學和他相處了一個下午。這裡是我在採訪他的過程中，用筆記記下他用來驅除煩惱的5種方法。——戴爾·卡內基」

方法一：我24歲的時候，視力突然直線下降。看書還不到三四分鐘，眼睛就彷彿扎滿了針一樣；即使不看書，眼睛也特別敏感，甚至不敢對著窗外看。我去紐哈芬和紐約向最優秀的眼科大夫求醫，但無濟於事。每天下午4點以後，我所能做的只是坐在房間裡最暗的角落椅子上，等待睡覺時間的到來。我驚懼萬分，害怕自己不得不放棄教師的職業，去西部當個伐木工人。接著，發生了一件能夠顯示人的精神意志對肉體疾病奇蹟般效果的奇異事件。我的眼睛在那個不快樂的冬天實在是差到了極點。我接受了一個邀請，前去為一群大學生作演講。當時，整個大廳被天花板上懸掛的多盞大燈照得宛若白日，強烈的燈光劇烈地刺激著我的眼睛，當我坐在臺上，我不得不盯著地板看。然而在我30分鐘的演講時間內，我絲毫感覺不到疼痛，同時我還可以目不轉睛地直接看著那幾盞燈。但在演講結束之後，我的眼痛又開始了。

當時我就在想，如果我能全神貫注地做一件事情——不是短短的30分鐘，而是整整一個星期的話，也許我就可以痊癒。很明顯，這是心理上的強大戰勝肉體上的不適。

後來我有一次乘船越過海洋時，又有了類似的經歷。那一次，我的腰部突然疼痛難當，以至於走不了路。如果我試著站直身子，更是痛上加痛。正是在那種狀況下，我應邀在甲板上作了一番演說。當我開始演講時，所有的疼痛都煙消雲散，遠離我的身子而去；我站得筆直，完美地走來走去，一連講了一個小時。演講結束之後，我很悠閒地走回自己的房間。那一刻，我以為自己的腰痛痊癒了。但那只是短暫的，腰痛不久又襲來。

這些經歷讓我深深感受到，人精神狀態的極端重要性。它們教會我要盡一切可能享受生活所帶給你的美好。所以，我現在都會努力過好，把每一天當作我一生中的第一天，同時也是最後一天。我對於每天這種如同冒險的生活興奮不已。而一個處於興奮狀態的人，是永遠不會為煩惱所累的。我很喜歡我每天的教學工作，為此我還寫了一本書叫做「教學的樂趣」。教學對我來說，不僅僅是一種藝術、一種職業，它更是一種酷愛。我像畫家熱愛繪畫、歌手熱愛唱歌一樣熱愛著教學。我每天早上起床之前，只要想到我的學生，心裡就充滿了無限的喜悅和幸福。我一直認為人生成功的最大因素就是「熱情」。

方法二：我發現我可以透過閱讀一本引人入勝的好書，將煩惱拋到九霄雲外。我在59歲那年，曾經度過了相當長時間的精神失常。那段日子裡，我開始閱讀大衛．阿萊克．威爾遜的偉大作品「卡萊爾的一生」。這給了我極大的精神鼓舞，因為我讀得太專注了以至於忘記精神上的消沉。

方法三：還有一次，我的精神十分萎靡不振，因此我強迫自己每小時都要劇烈運動一次。每天早上，我都要打五六場激烈的網球，然後沖個澡，吃中飯，接下來下午再打18洞的高爾夫球。星期五晚上，我會一直跳舞至淩晨1點。我堅信流很多汗是非常有幫助的，我發現沮喪和憂愁全都隨汗腺系統流走了。

方法四：很早以前我就知道如何避免匆匆忙忙，避免在緊張的狀態下工作。我一直想學習威伯．克羅斯的人生哲學。當他擔任康乃狄克州的州長時，他曾對我說：「有時候我會同時處理很多事情，我會先坐下來抽我的煙斗，放鬆一會。一個小時之內什麼也不做。」

方法五：我也知道，耐心和時間是解決我們煩惱的一條途徑。當我為某事而煩惱時，我就試著從正確的視角來看待這些煩惱。我會對自己說：「兩個月後，我就不會再為這些破事煩惱了，因此，我現在又何必為它而煩惱呢？為什麼我現在不採取兩個月以後的那種生活態度呢？」

總結來說，菲爾普斯教授消除煩惱的方法有以下5條：

第一，活出熱情、活出樂趣。「把每一天當作我一生中的第一天，同時也是最後一天。」

第二，讀一本有趣的書。「曾經度過了相當長時間的精神失常……我開始閱讀「卡萊爾的一生」。……因為我讀得太專注了以至於忘記精神上的消沉。」

第三，讓自己動起來。「當我的精神萎靡不振時，我強迫自己每小時都要劇烈運動一次。」

第四，工作時要學會放鬆。「很早以前我就知道如何避免匆匆忙忙，避免在緊張的狀態下工作。」

第五，「我試著從正確的視角來看待這些煩惱」。我對自己說：「兩個月後，我就不會再為這些破事煩惱了，因此，我現在又何必為它而煩惱呢？為什麼我現在不採取兩個月以後的那種生活態度呢？」

6
熬過昨天，就不懼今天

熬過了昨天，就不會懼怕今天，
我不允許自己去猜測明天將會發生什麼。
對未來的恐懼只會讓我們變成懦夫。

陶樂絲・迪克斯（Dorothy Dix）

我曾在貧困和疾病的深淵裡跋涉。每當別人問起是什麼力量支撐我渡過難關的，我總是回答：「我熬過了昨天，就不會懼怕今天，我不允許自己去猜測明天將會發生什麼。」

我一直都明白什麼是需求、奮鬥、焦慮和絕望。我總是不得不超負荷地工作。回首從前，我覺得人生像是一個戰場，充滿了破滅的夢想、殘敗的希望和粉碎的幻想。在那場戰鬥中，我很無力地為機會而戰，精神和肉體都傷痕累累，身體殘疾，老態龍鍾。

但是，我沒有憐憫自己，也不為已成昨日雲煙的悲傷而流淚，也不嫉妒那些未曾經歷過我這一切的幸運女性。因為我實實在在地生活過了，而她們只是簡單地存在著。我已嚐遍了生活的苦酒，而她們只是啜飲了一口表面的那層泡沫。我知道的事情，她們永遠無法得知。我看得到的一些事情，她們永遠無法看清。只有用淚水洗淨了眼睛的婦人，才能擁有開闊的視野，笑對世界。

我從苦難這座大學裡學到了寶貴的人生哲學，而這是生活安逸的女人無法學到的。我學會了活在今天，而不是因為擔心明天而自尋煩惱。對未來的恐懼只會讓我們變成懦夫。我將恐懼從自己身上驅趕出去，因為經驗教會我，當我害怕的那一刻來臨時，我自然而然會滋生去應對它的勇氣和智慧。那些小的惱怒不再影響我的情緒。當你有了這種極度不幸的經歷之後，即使僕人沒有在洗手碗下放上托盤，或者是廚師把湯潑出來，你也能泰然處之了。

我已經學會不要對別人抱有太高的期望，因此我依然能從那些不太真誠的朋友或說我壞話的熟人那裡，獲得交往的愉快。尤其要說的是，我還獲得了幽默感，因為有如此多的事情讓我哭笑不得。而如果一個女人能笑對煩惱而非著急上火，那麼這個世界上再也沒有什麼東西可以傷害她了。對於遭遇那麼多的困難艱苦，我絲毫不感到懊悔，因為透過這些東西，我的觸角可以伸到生活的每一個角落，而這值得我曾為之付出的代價。

陶樂絲・迪克斯靠著「活在每一天」的信念戰勝了煩惱。

7
我並不曾期望能活到天明

上帝會看護你的。

J. C. 潘尼（J.C. Penney）

[1902年4月14日，一個年輕人懷揣著500美元現金，以及一個要賺100萬美金的夢想，在懷俄明州的克默拉開了一家小商店。克默拉是一個坐落於裡威斯．克拉克公司運輸鐵道上只有1000人的礦山小鎮。那個年輕人和他的妻子住在小商店上只有半層樓高的閣樓裡，用一個大箱子當桌子，用一些小箱子當椅子。他年輕的妻子用毯子裹著孩子，讓他睡在櫃檯下方，這樣方便她幫助丈夫招呼客人。如今，世界上最大的連鎖商店以「J.C.潘尼」的名字命名，店面超過1600家，遍佈全美每一個州。最近我和潘尼先生共進晚餐，席間，他跟我講述了他生命中最戲劇性的那段經歷。]

多年以前，我度過了一段艱難時光。我煩惱而絕望。但我的煩惱和J. C.潘尼公司毫無瓜葛。那時公司經營穩定，生意興隆，但在1929年破產之前，我卻以個人名義做出了一些很不明智的承諾。和其他人一樣，我也被指責，說我不負責任。我心力交瘁、夜不能寐，終於演變成一種叫做「帶狀皰疹」的極為痛苦的疾病——一種突發性紅疹。我向在密西根州巴托港凱洛格療養院工作的內科醫生艾爾默·艾格萊斯頓大夫求治——他和我在密蘇里州哈密爾頓上同一間中學。艾格萊斯頓大夫要求我臥床休息，並警告我，說我是一個很嚴重的病人。他們對我進行了一次很嚴格的治療，但無濟於事。我的身體一天比一天更虛弱，精神和肉體上都開始崩潰，充滿絕望，看不到一絲希望。沒有什麼值得掛念的，我認為自己在這世界上連一個朋友都沒有，甚至連家人都開始反對我。一天晚上，艾格萊斯頓大夫讓我服了一劑鎮靜劑，但藥效很快就消失了，我被一個巨大的可怕念頭弄醒——這可能是我這輩子最後一個晚上了。從床上爬起來，我為夫人和兒子寫了訣別書，說我並不期望還能活到天明。

第二天早上，當我醒來時，我驚異地發現自己還活著。下了樓，我聽到小教堂裡的歌聲，這是每天早上都會做的功課。我依然能夠記得他們所唱的讚美詩：「上帝會看護你的。」進了小教堂，我帶著一顆疲倦的心聽著讚美詩，聽他們朗讀經文、做禱告。突然間，一些我無法解釋的事情發生了，我只能說那是一個奇蹟，剎那間我覺得自己好像被人從地牢的黑暗中接到了溫暖、明亮的陽光普照之下。我覺得自己彷彿從地獄來到了天堂。我感覺到了以前從未感覺到上帝的力量。我茅塞頓開，原來我所有的煩惱都是自找的。我知道上帝和他的博愛一直在幫我。從那時起，一直到如今，我的生活中一直遠離煩惱。現在我已經71歲了，一生中最有戲劇性的也是最輝煌的20分鐘就是在小教堂度過的那個早晨：「上帝會看護你的。」

J.C.潘尼幾乎是在瞬間學會了如何戰勝煩惱，因為他發現了最佳的療法。

8
去健身房練拳擊或者在戶外健行

當你煩惱的時候，少用大腦，多用肌肉，
其結果將會令你跌破眼鏡。
一旦開始運動，煩惱立刻消散。

羅德思獎學金紐約代理處前主席、
紐約州羅茲市運動委員會奧林匹克前世界次重量級拳王
艾迪・伊甘上校（Colonel Eddie Eagan）

每當我發現自己心事重重，或者在精神上像駱駝於埃及尋找水源般繞圈子不停旋轉的時候，我就會進行一場激烈的體能訓練讓自己筋疲力盡，而煩惱憂慮也會煙消雲散。這些活動可能是跑跑步，或是在鄉村徒步遠足，或是打半個小時的沙袋，或是去體育館打網球。不管是做什麼樣的體育活動，都能讓我精神煥發。有一個週末，我做了很多項運動，例如繞著高爾夫球場跑了一圈，打了一場激烈的網球，或去阿第倫達克斯山滑雪。當我身體疲倦時，我的精神也會隨之從一堆法律問題中解脫出來得到休息，因此等我再度回去工作時，我就會覺得神清氣爽，活力四射。

在我所工作的紐約，我時常有機會去耶魯健身俱樂部，在那裡度過一小時。在滑冰或作激烈運動的時候沒有任何人還能夠煩惱。因為他忙得根本沒有時間去煩惱。這時，因煩惱而生的精神大山很快就變成了無足掛齒的小丘，新的念頭和新的行動很快就能將它「撫平」。

我發現運動是煩惱的最好解藥。當你煩惱的時候，少用大腦，多用肌肉，其結果將會令你跌破眼鏡。這種方法對我來說效果極佳——一旦開始運動，煩惱立刻消散。

9
我曾經是「維吉尼亞的煩惱大王」

如果你能把你用於擔心煩惱的一半時間
和精力用於解決問題，你將不會再有任何煩惱。

吉姆·波德塞爾（Jim Birdsall）

17年前，當我在維吉尼亞州的布萊克斯堡軍事學院上學時，我曾作為「維吉尼亞煩惱大王」而人盡皆知。我陷入深深的煩惱之中，以至於常常病倒。事實上，我太經常生病了，以至於學校的醫院常年為我保留一張病床。每當護士看到我又找上門來時，就會立即跑來為我打針，任何事情都會讓我煩惱。有時我甚至會忘了自己究竟在煩惱什麼，我擔心甚至害怕會因為成績不好而被學校掃地出門，我的物理和其他學科的考試也沒有過，我知道我得保持在75分至84分之間的平均分。我還擔心我的健康狀況：嚴重消化不良和失眠。我擔心我的財務問題。我還會因為不能買巧克力送給我的女朋友，或不能經常帶她去跳舞而感覺很糟。我擔心她會嫁給別的軍校學生。我整天整夜地擔心一些難以捉摸的事情，日益消瘦。

在絕望之下，我把我的煩惱一股腦兒向身為管理學教授的杜克·巴德教授訴說。

我與巴德教授待在一起的那15分鐘對我的健康及幸福所產生的意義，遠遠要超過我在大學4年裡所有其他時間的總和。「吉姆，」他對我說：「你應該坐下來，面對現實。如果你能把你用於擔心煩惱的一半時間和精力用於解決它們，你將不會再有任何煩惱。擔心、憂慮是你的一個惡習。」

他給了我3個法則，以幫助我改變擔憂的習慣：

第一，準確查明你在擔心什麼。

第二，找出問題的根源

第三，行勝於言。立刻做一些建設性的事，以解決問題。

談完之後，我擬定了一些有建設性的計畫。我不再因物理考試沒過而煩惱，而是反問自己為什麼會這樣。我知道那並不是因為我笨，而是因為當時我身為「維吉尼亞理工大學」的總編輯而無暇顧及。

我認為我之所以物理考試沒過，是因為我對這門學科興致缺缺。而我之所以沒有刻苦努力地學習，是因為我認為對我將來從事工業工程師的職業來說它並不能起到多大的幫助。但我現在改變了態度。我告訴自己：「如果校方要求我們在取得學位前必須通過物理考試，我怎麼能懷疑他們的智慧呢？」

所以，我又開始埋頭鑽研起物理。這一次我通過了考試，而不是浪費時間去埋怨物理有多麼難學，我學得很刻苦。

我還以做兼職的方式——例如在大學的舞會上推銷果汁——解決了我的財政問題。而曾向我父親借過的錢，畢業後不久就全部還清了。

我還解決了我的愛情難題——我向自己所愛的女子求婚——我當

初很擔心她會嫁給其他學員。現在她已是吉姆·波德塞爾夫人。

回首往事，我發現我當時的問題在於糊裡糊塗、不願去尋找煩惱的原因，並實實在在地面對它們。

吉姆·波德塞爾學會了消除煩惱，是因為他分析了自己的問題。事實上，他正是使用了「PART2-1如何分析和解決焦慮問題」這一章所提到的基本原則。

10
支撐我走下去的一句話

他送我來，並和我在一起——
天父並沒有將我遺棄。
——聖經．新約

約瑟夫．希蘇博士（Dr. Joseph R. Sizoo）

多年以前，我的生活似乎被許多我無法掌控的力量所壓制。有一天早上，我很偶然、很湊巧地打開「聖經．新約」，目光落在其中一句話上：「他送我來，並和我在一起——天父從沒有將我遺棄。」從那一刻起，我的生活改頭換面——對我而言，所有的事物都和以前截然不同了。我想我現在沒有一天不是在重複這句話。這些年來，許多人前來徵求我的看法，我就送給他們這句亙古不變的話。自從我第一眼看到這句話以後，我就尋找到了支撐我走下去的力量。我與他同行，並從他那裡發現了和平與力量。對我來說，它是宗教的精華之所在。它存在於萬物的本源之中，讓生活變得有意義，它是我生命中的金科玉律。

11
我跌到谷底並存活下來

精疲力竭就是最好的安眠藥。
偶爾忍受一下痛苦的經歷未嘗不是一件好事。

泰德·埃里克森（Ted Ericksen）

我以前是個惹人厭的「煩惱大王」。但現在不再是了。1942年的夏天，我有過一次使煩惱從我的生活中全部消失的經歷——我希望永遠消失。相比之下，那次經歷使其它煩惱都顯得更微小了。

一直以來，我都想在阿拉斯加的商業漁船上度過一個夏天。因此在1942年，我簽訂了一份合約，去阿拉斯加州科地亞克一艘長32英呎拖網捕鮭魚的漁船上工作。在這種規模的船上，全體船員只有3名：船長負責監督管理，二副輔佐船長，剩下的那個則是日常打雜的水手，一般都由斯堪地納維亞人擔任，而我就是斯堪地納維亞人。

因為用拖網捕鮭魚必須按照潮汐的規律進行，因此我常常要每天工作20小時。有一次，我按照這樣的規律作息整整工作了一個星期。別人都不願意做的事我都做：清洗甲板、保管設備。在狹小的船艙裡用一個燒木材的小爐子做飯，而船艙馬達散發出來的熱氣和煙霧令我很不舒服。我還得洗盤子、修船，把鮭魚從我們船上拋到另一艘小船，送往罐頭工廠。儘管我穿著橡膠長筒靴，可是靴子裡面總是灌滿了水，我卻沒有時間把水倒掉。但跟我的主業相比，這些工作都只能算是遊戲。我的主業就是所謂的「拉網」。簡單來說，就是站在船尾，把漁網的浮標和邊線拉上來就可以了。至少，這些是你所能夠想到的。但事實上漁網太重了，當我試著把它拉上來時，它卻紋絲不動。有一次我又試著把漁網拉上來的時候，我卻實際上把船給拖靠到了岸邊。既然漁網紋絲不動，我只好使出吃奶的力氣了。我連續做了好幾個星期，累得筋疲力盡，恐怖般地全身疼痛，而且一痛就是好幾個月。

當我最後好不容易有時間休息時，我就在一個臨時拼湊起來的櫃子上放好我那條濕漉漉的床墊，倒頭就睡。我全身疼痛，但我卻睡得好像服用了安眠藥似的——其實，精疲力竭就是最好的安眠藥。

現在，我很高興當初忍受了那麼多的疼痛和疲勞，因為它幫我停止煩惱。現在，每當我遭遇困難，我不會再去煩惱，而是反問自己：「艾利克森，這個事情會比拖網更糟嗎？」我總是一成不變地答道：「不，沒有事情會會比那更糟的了！」於是我振作起來，勇敢地去面對。我相信，偶爾忍受一下痛苦的經歷未嘗不是一件好事。我很高興知道自己曾跌到谷底並生存下來，相較來說，它使得我們日常生活中遇到的問題都可以迎刃而解。

12
我曾狠狠嘲笑自己

不妨「嘲笑一下」自己那些愚蠢的憂慮，
那你就一定可以將它們笑出九霄雲外！

「銷售5大黃金法則」的創作者
波希・H・惠亭（Percy H. Whiting）

我從各種各樣疾病下死裡逃生的次數比這個世界上任何一個人都多——包括活著的、死了的和半死不活的。

我並非尋常所見的那種憂鬱症患者。我父親開了一間藥鋪，我從小就成長在那樣的環境中。每天我都和大夫、護士們聊天，所以我比門外漢們懂得更多疾病的名稱和病症。

我並非尋常所見的那種憂鬱症患者，但有時我確有某些病症！我可能為某種疾病而擔心一兩個鐘頭，然後在不知不覺中就有了那種疾病的全部病症。

我回想起有一次，在我居住的馬塞諸塞州的大巴林頓鎮，我們遭遇了一場相當嚴重的白喉病。在父親開的藥鋪裡，我日復一日地為受傳染的病人們賣藥。接著，我所害怕的惡夢還是如期而至——我自己也感染上了白喉病。我敢肯定我的確感染上了。我躺在床上，十分擔心，結果還真的出現了一些標準症狀。我請醫生來為我看病。他為我仔細地檢查了一遍，然後說：「是的，波希，你的確已經感染上了。」聞聽此言，我心情反而輕鬆了。當我得病之後，我就不再害怕任何疾病了。於是，我轉過身子呼呼大睡。第二天早上，我發現我又健康如初了。

在很多年內，我一直是人們關注和同情的焦點，因為我得了一些不尋常而且非常奇異的疾病——我曾經幾次「死」於破傷風和狂犬病。後來，我又病情惡化到得了一些更加難以想像的疾病，特別是癌症和肺結核。

現在我能夠對這一切置之一笑了，但當時卻是一幕人間慘劇。多年來我真的一直心存恐懼，總害怕自己正走在墳墓的邊緣上。比如到了春天，我該為自己買套裝的時候，我就會問自己：「既然已經知道自己活不久了，不能再穿這些衣服了，為什麼還要浪費這些錢呢？」

然而，我高興地報告我的進展 ，在過去的10年當中，我甚至一次也沒有「死」過呢！

我是如何停止「死亡」的呢？那就是無情地嘲笑自己這些荒唐的想像。每當我感覺到那些恐怖的病症又來臨時，我就會嘲笑自己，說：「嘿！惠亭，20多年來，你接二連三地『死』於一些致命的疾病，然而你現在卻非常的健康。最近一家保險公司甚至還願意接受你更多的人壽保險。惠亭，難道你不應該站到一邊去，好好地嘲笑自己是個大笨蛋嗎？」

不久我就發現如果我能夠嘲笑自己，就不會為一些事情而煩惱了。所以從那以後，我就一直嘲笑自己。

這篇故事的關鍵點就是：別對自己太嚴肅。

不妨「嘲笑一下」自己那些愚蠢的憂慮，那你就一定可以將它們笑出九霄雲外。

13 我總是保證自己的補給線暢通

當我開始新的冒險時，
我總會爲自己預留一條後路。

世界著名、廣受歡迎的牛仔歌手
吉恩·奧特里（Gene Autry）

我料想絕大部分煩惱都是關於家庭糾紛和金錢。很幸運地，我娶了奧克拉荷馬州一個小鎮上和我有著相同家庭背景和興趣愛好的女子為妻。我們都試著遵守黃金法則，所以我們將家庭糾紛降到了最小。

我同時做了兩件事情，以把我財務方面的煩惱減到最小：

第一，我始終遵守對任何事情都要百分之百誠實的原則。如果借了別人的錢，就得如數償還。不誠實引起的煩惱難道還不夠多嗎？

第二，當我開始新的冒險時，我總會為自己預留一條後路。軍事專家曾說過，打仗的第一原則就是要保證補給線暢通。我料想這個原則幾乎同樣適用於處理個人事務。例如，作為從小在德州和奧克拉荷馬州生活的小夥子，在國家被乾旱所壓垮時，我見證了真正的貧窮。我們勞作不息，但也只能勉強糊口。我們窮困潦倒，以至於我的父親不得不駕著敞篷車，帶著用於交換和交換得來的馬匹，在這個國家裡到處奔波。我想得到一份穩定的工作，所以我在一家火車站的代理處謀了一份差事，並在空閒時間學習發電報。後來，我在佛理斯科鐵路公司找一份輪班員的工作。我被派往各地，為其他生病、休假或忙不過來的火車站站員換班。這份工作每個月可以賺到150美元。後來，當我開始為了過更好的生活而奔波時，我依然覺得鐵路上的工作意味著經濟上的安全，因此我總是為自己保留一條退路，可以隨時回到那項工作上。這就是我的補給線，我從來不會切斷，直到我在一個新的、更好的位置上站穩為止。

比如說，追溯到1928年，當時我擔任奧克拉荷馬州切爾西市佛裡斯科鐵路公司的換班員。一天晚上，一個陌生人走了進來，想要發一封電報。當時他聽到我一邊彈著吉他，一邊唱著牛仔歌曲。於是他告訴我說，我挺不錯的，還說我應該去紐約的舞臺或者電臺謀一份差事。我很自然地覺得他是在吹捧我，但當我看到他簽在電報上的名字時，我幾乎停止了呼吸——威爾．羅傑斯！

我並沒有馬上動身去紐約，而是把這件事前思後想了9個月。最後我得出結論，去紐約，我沒有任何損失，而且一定能收穫一些東西，我會帶給這個古老的城市一場熱情的混亂。我有鐵路通行證，乘車不花錢。我還可以坐在座位上睡大覺，而且可以一日三餐裡享受一些三明治和水果。

於是我動身了。到了紐約，我以每週5美元的價格住進一間帶有傢俱的房間，在快餐店打發肚子，在街上遊蕩了10個星期，卻沒有任何進展。如果回去無事可做的話，那我一定會急得生病的。我已在鐵路公司待了5年，這就意味著我有優先權，但為了保護這項權利，我不能離職90天以上。而到那時為止，我已在紐約待了70天，於是我趕緊用我的通行證，飛速趕回奧克拉荷馬州，重新開始工作，以保證我的補給線暢通。

工作了一段時間，存了點錢，然後又來到紐約作新的嘗試。這次我有轉機。有一天，在等待一家錄音室的面試時，我為那些女接待員們彈吉他唱了一首歌「珍妮，我夢到丁香花開的時節」。正當我唱那首歌的時候，正好歌曲的作者納特・希爾德克勞特走進了辦公室。當然，他很高興自己的歌被別人傳唱。因此他向我寫了張便條，介紹我去維克多唱片公司碰碰運氣。我製作了一張唱片，但結果不太理想——說是太僵硬、太自我了。於是我帶著維克多唱片公司錄音師的忠告，回到了圖爾沙，白天去鐵路公司上班，晚上為當地的電臺節目演唱牛仔歌曲。我喜歡這樣的安排，這意味著我能保證我的補給線暢通，因此我沒有後顧之憂。

我在圖爾沙的克烏電臺演唱了9個月。那段時間裡，吉米・朗和我合寫了一首叫做「我那滿頭銀髮的父親」的歌，逐漸流行起來。美國唱片公司的老闆亞瑟・沙得利甚至要我製作一張唱片，也好評如潮。另外，我還製作了許多其他唱片，每張售價50美元，最後我終於找到了一份在芝加哥WLS電臺演唱牛仔歌曲的工作。每週能賺40美元。在那唱了4年之後，我的薪水漲到了每週90美元，同時我每晚都在劇院作個人表演，還能有300美元入帳。

接著，到了1934年，我打開了局面，獲得很多機會。禮儀聯盟成立了，要清理電影。於是好萊塢的製片人決定拍攝牛仔題材的電影，但他們需要一種全新的牛仔——會唱歌的。美國唱片公司的老闆同時也是共和影片集團的合夥人，他對他的合作夥伴說：「如果你們想找一個能唱歌的牛仔，我的唱片公司裡正好有一個這樣的人，他為我們製作唱片。」就這樣，我闖進了電影圈。我開始拍攝唱歌牛仔的電影，週薪為100美元。我十分懷疑自己能否拍好電影，但我並不擔心。因為我知道，我還可以回到我原來的工作崗位上去。

我在電影方面取得的成功，大大超過了我的預期。現在，我每年能賺到10萬美元，其中包括我所有影片紅利的一半。儘管如此，我意識到這種狀況不會永遠持續下去，但我一點也不擔心。我知道，不管發生什麼事情——即使是我一文不名了——我還可以隨時回到奧克拉荷馬州，在佛理斯科鐵路公司裡謀得一份工作——我一直保證著補給線暢通。

14
我在印度聽到來自主的召喚

一個聲音對我說「如果你願意把它還給我 ，
不再患得患失，我將爲你照顧它。」
我回答說 ，主啊 ，我無條件答應。

美國最有感染力的演說家之一、同輩人中最有名的傳教士
E．斯坦利．瓊斯（E. Stanley Jones）

我把我一生中的40個年頭都奉獻給了在印度的傳教工作。起初，我無法忍受當地的酷熱，加之任務繁重，壓力重重，搞得我疲憊不堪。8年之後，由於我備受大腦疲勞、精疲力竭的折磨，竟然瀕臨崩潰，而且不止一次，而是很多次。後來，我接到上級指令，回美國療養一年。在返回美國的船上，我在作一次周日早晨的佈道時，再度精神崩潰，船醫要求我在剩下的旅途中臥床休息。

在美國療養一年之後，我又啟程返回印度。但在半途停了下來，為馬尼拉的大學生們作了一次佈道會。在這類緊張的會議之間，我又數度瀕臨崩潰。醫生警告我說，如果我非要返回印度，我非死在路上不可。儘管他們語氣嚴厲，我還是置若罔聞，繼續趕往印度，但此時我心頭已是烏雲密佈。到了孟買，我已瀕臨崩潰，於是，我徑直去了一座山上休養生息數月。然後我又回到平地，繼續我的工作。但無濟

於事，我又開始精神崩潰，並被強制回到山上休養了很長一段時間。然後，我又回到平原地帶，卻又再次很震驚很崩潰地發現自己已經無法正常工作。我在精神上、情緒上、身體上都已經耗盡，完全到了山窮水盡的地步。我害怕自己的身體會迅速垮掉。

我意識到如果不從別處得到幫助，也許我就不得不放棄傳教生涯，回到美國的農場工作，並試著恢復健康。那段時間真是我一生中最悲慘的時期之一了。那時，我正在勒克瑙主持一系列會議。某天晚上我在祈禱的時候，發生了一件完全改變我生活的事。當我祈禱時——那時我並沒特別想到我自己——似乎聽到有一個聲音在說：「你是否已準備好要接受我的召喚，完成交給你的工作？」

我答道：「不，主啊，我已耗盡，到了山窮水盡的地步了。」

那個聲音回答說：「如果你願意把它還給我，不再患得患失，我將為你照顧它。」

我立即回答：「主啊，我無條件答應。」

一個巨大、祥和的力量進入我的心中，彌漫了我的整個身體。我知道事情已經完成了！生命——豐富、充足的生命——完全佔據了我。那晚，我一下子情緒高昂，在回家的路上，我飄飄然幾乎腳不點地。每一寸土地都顯得如此神聖高潔。隨後幾天，我幾乎忘了自己還存在著。那幾天時光飛逝，白天我奮力工作，夜晚還挑燈夜戰，到了要睡覺的時候，我還在奇怪這世界上為什麼還存在著上床睡覺這回事，因為我絲毫感覺不到疲倦。我似乎被生活、和平、休息以及上帝所牢牢佔據。

問題是我是否該把這些講出來。我有點猶豫，但又覺得這麼做是應該的——而且我的確是這麼做了。從今以後就得自己去闖。從那以後，我生命中的艱難歲月已過去，但舊日的那些煩惱再也沒有隔日重現，我從來沒有這麼健康過。但我獲得的不僅是肉體上的健康，我似乎獲得了新生命，無論是身體、精神，還是意志。自那之後，我的生命到了一個永恆的、更高的高度。而我並沒做什麼，只是去接受它。

那件事發生以後許多年，我環遊世界，經常每天做3場演講，而且還能有時間和精力寫「印度的基督」及其他11本書。而在這些工作量之下，我從未錯過或遲到過一次約會。曾經讓我煩擾不堪的那些煩惱早已煙消雲散，現在我都63歲了，卻依然活力充沛，享受著為他人貢獻的無窮樂趣。

我想，我所經歷過的身體上和精神上的轉變，也許可以從心理學上來分析和解釋。不過沒關係，因為生命如此宏大，三言兩語解釋不清。

我永遠記得：31年前，當我處在人生的低谷時，我的一生完全被盧克瑙的那個夜晚所轉變和點亮。一個聲音對我說：「如果你願意把它還給我，不再患得患失，我將為你照顧它。」我回答說：「主啊，我無條件答應。」

15
當警長來到我家門前

我已跌到了谷底且已經撐了過去。
除了向上，我無路可走。

荷馬・克洛伊（Homer Croy）

我一生中最悲苦的時刻，發生在1933年的某一天。那一天，警長來到我家門前，而我卻從後門溜了出去。我失去了在長島佛理斯特山斯坦迪希路10號的家，而我的孩子們都在那裡出生，我和我的家人也在那裡居住了18年。我根本沒想過這種事情會發生在我身上。12年前，我覺得自己是世界第一等。我把我的小說「水塔以西」的電影版權以好萊塢才有的最高價格賣出去。我和家人在國外住了兩年，夏天我們住在瑞士，冬天則住在法國的瑞維拉——就像那些閒適的富翁一樣。

有6個月的時光我都在巴黎度過，寫了一本名叫「他們得來巴黎看看」的小說。後來由威爾・羅傑斯主演了這本小說改編成的電影，這也是他主演的第一部有聲電影。他們想把我留在好萊塢，為羅傑斯繼續寫幾部電影劇本，但我拒絕了，還是回到了紐約。而我的麻煩就從此開始！

漸漸地，我認為自己擁有一些尚未開發的潛能，開始把自己幻想成一位精明的商人。有人跟我說，約翰·嘉科伯·阿斯特在紐約投資購置空地，賺了上百萬。阿斯特何許人也？他只不過是一個口音很重、移民到美國的不法商販。他都能成功，為什麼我就不能呢？我馬上就要成為大富翁啦！我開始閱讀有關遊艇方面的雜誌。

然而我只有無知的勇氣，對房地產卻一竅不通，就像愛斯基摩人不懂煉油爐一般。我應該從哪裡籌錢，開始描畫我的宏偉藍圖呢？那很簡單：我抵押了我的房子，然後用這筆錢買下佛理斯特山最好的一塊建築用地。我將待價而沽，直到漲到頂點時再出手，那時我就可以錦衣玉食啦！而在此之前我從未出售過哪怕一個玩具娃娃手帕那麼大的地產。我開始憐憫那些整天在辦公室裡做苦工、工資微薄的職員。我對自己說，上帝並未賜予每個人天才的創富能力。

很突然地，大蕭條像堪薩斯的狂風一般橫掃我的事業，就像龍捲風搖撼雞籠，我被吹得七零八落。

每個月我都得為那塊上好的地傾注220美元。唉，回想起來，那幾個月真是來勢洶洶啊！另外，我還得為那座被抵押的房子還款，並且要養活一家老小。我煩惱不堪。我曾試著為雜誌社寫一些幽默小品。但我的幽默小品卻像「舊約」中的哀歌！我什麼都賣不出去。我寫的小說也宣告失敗。我山窮水盡，除了打字機和口中的金牙以外，我沒有任何東西可以拿去抵押借款。牛奶公司不再為我送牛奶，煤氣公司停止了供氣，我不得不買了一個廣告中常見的露營用小火爐應付了事，它有一個裝汽油的汽缸，你可以手動為它加油，它會一下子迸出火苗，就像一隻憤怒的鵝。

我們的煤炭也用完了，公司要和我們打官司。我們唯一賴以取暖的就是那個壁爐了。我晚上經常悄悄出去，到那些有錢人正在建造房子的工地附近撿一些木板……而我本來是想成為這些富豪行列中的一員的。

我煩惱不堪，難以入眠。我經常大半夜起來，在外面一走就是數小時來讓自己筋疲力盡，這樣我才能入睡。

我失去的不僅僅是我所買的那塊空地，還有我傾注在上面的全部心血。

銀行停止了我用房子所做的抵押，把我和家人全都轟到了大街上。

還好，我們設法找到了幾美元，租了一間小套房。1933年的最後一天，我們搬了過去。我坐在行李箱上，張目四顧。這時，我母親常說的一句諺語突然湧入我的腦中：「不要為打翻了的牛奶哭泣！」可是，這不是牛奶，這是我的全部心血！

我在那裡坐了好久，自言自語：「好吧！我已跌到了谷底且已經撐了過去。除了向上，我無路可走。」

我開始想到那些抵押貸款沒有從我身邊奪走的美好事物——我的身體還是健康的，朋友們都還在我的身邊。每一天我將重複母親常說的那句關於打翻牛奶的諺語。

我把花在煩惱上的精力轉而用在工作上。慢慢地，我的情況開始好轉。現在我甚至感謝我曾經歷過的悲慘事情——它給了我力量、堅韌和信心。現在我知道什麼是跌到了谷底，我還知道天無絕人之路，我更知道我們能夠比我們想像的承受更多東西。當一些小煩惱、小焦慮和小障礙來打擾我時，我就會回憶起當年坐在行李箱上對自己說的話來驅逐它們——「我已跌到了谷底且已經撐了過去。除了向上，我無路可走。」

什麼是這裡的準則？
不要回顧那些過去的塵埃。
接受無法改變的事實。
如果你不能跌得再低，
你就得努力向上。

16
憂慮曾是我最強悍的對手

你可眞是夠蠢，竟然會爲一些尚未發生，
而且可能永遠都不會發生的事情擔心煩惱！
人生苦短，你的生命也許只有幾年的時間，
所以應該懂得享受生活。

傑克・德賽（Jack Dempsey）

在我的職業拳擊生涯中，比起其他那些重量級選手，「憂慮」幾乎是我所遇到最難對付的對手。我意識到自己必須儘快消除憂慮，因為它的存在會不斷蠶食我的戰鬥力，破壞我的成就。於是，我漸漸地總結出一系列調整自己的措施，以下就是其中的幾點內容：

1. 為了在整個比賽中不斷地鼓舞士氣，我總是做一些激勵自己的心理暗示。例如，當我和佛波比賽的時候，內心不斷告誡自己：「沒人能阻擋我！他傷不了我！我根本感覺不出任何擊打！我不會受傷！不論發生什麼，我一定要勇往直前！」這種積極的態度，使我變得更加主動，並且給予我很大的幫助，整個比賽過程中我都如此地全神貫注以至於感覺不出對手的拳頭落在我的臉上。在我的職業生涯中，嘴唇曾被擊破，眼睛曾被打傷，肋骨也曾被打斷，而且佛波有一次還擊時把我打出場外，摔在一位記者身上，連同他的那架打字機也砸壞了。即使這樣，我對佛波的拳頭並沒有任何感覺。僅有一回我真正感覺到拳擊帶來的感受：那天晚上，李斯特·強生一拳打斷了我的3根肋骨。雖然我依舊沒感覺到拳頭的重量，但傷勢波及肺部，影響到了我的呼吸。我可以坦白地說，除此之外，我對任何擊打都沒有感覺。

2. 我還要提醒自己的另一點就是不要煩惱，那樣做是徒勞無益的。在我參加大型比賽之前的訓練期間，我的煩惱會一股腦地接踵而至。那時候，我經常心煩意亂，徹夜不眠。我擔心自己會在第一回合被對方打斷手，或扭傷腳，或眼睛被嚴重擊傷，這樣我就不能繼續發揮自己的實力了。後來，當我再次處於這種狀態時，我先是爬下床，對著鏡子，好好反省一下。我會對自己說：「你可真是夠蠢，竟然會為一些尚未發生，而且可能永遠都不會發生的事情擔心煩惱！人生苦短，你的生命也許只有幾年的時間，所以應該懂得享受生活。」接著，我繼續對自己進行心理暗示：「當下，你的健康是最重要的。除了你的健康之外，沒有任何東西比它更重要。」我不斷地提醒自己，失眠和憂慮會損害我的健康。我發現，就這樣一次又一次地提醒著自己，日復一日，年復一年，幾乎已經成為了一種習慣，因此現在的我可以很容易地清除所有的煩惱。

3. 最後一種，也是最好的一種方法——祈禱！在接受比賽訓練時，我總會祈禱；在每回合的拳擊比賽之前，我總會祈禱，這使我有了繼續進行比賽的信心和勇氣；在上床睡覺之前，我總會祈禱；即使在每日就餐之前我也總在祈禱！你們會問我的這些禱告最終應驗了嗎？答案是肯定的。

17
祈禱自己不被送進孤兒院

要記住，不管遇到什麼困難，
只要你還活著，那你就是最幸運的人了！

凱薩琳·哈爾特（Kathleen Halter）

我小時候的生活充滿了不幸與恐懼。那時我母親患有嚴重的心臟病，經常看見她突然暈倒在地上。這種情況讓我們非常擔心，因為當時認為所有失去母親的孩子都會被當作孤兒送到密蘇里州東林頓鎮的衛斯理中心孤兒院。一想到會被送到那裡去，我就非常害怕。還只有6歲的我經常祈禱：「親愛的上帝，請讓我母親繼續活下去，直到我長大了，可以不用去孤兒院生活。」

20年以後，我的哥哥梅勒在一次事故中受到了嚴重的外傷，臨終前疼痛整整折磨了他兩年的時間。那時他根本不能自理，吃東西、在床上翻轉側身都得靠我去幫助他。為了減輕他忍受的疼痛，我必須每隔3小時為他注射一針嗎啡，不管晚上或白天都要連續地注射，就這樣持續了兩年直到他去世。那時，我在密蘇里州沃倫鎮上的衛斯理中心學院教音樂課程。當鄰居們聽到我哥哥痛苦得大聲呼叫時，就會打電話到學校找我，我會立即放下手中的工作，趕回家再為我哥哥注射一針嗎啡。每天晚上，我在上床之前都把鬧鐘調好，以便準時起床為哥哥打針。記得在冬天的夜晚，我想到了一個好辦法以至於每回起床不那麼失落：我會把一瓶牛奶放在窗外，當鬧鐘響時，窗外的牛奶已經結冰，變成我最喜歡的霜淇淋，這樣一來也就成了我起床的另一種動力。

經歷了這麼多的痛苦和磨難，我總結出兩點重要的方法可以使自己避免陷入煩惱憂慮、忿忿不平之中。

第一，我讓自己忙碌於工作，每天都教上12到14小時的音樂課，就沒空再顧慮自己的煩惱了。而當我為自己感到難過時，我就一遍又一遍地對自己說：「聽著，只要你還能走路，還能養活自己，沒病痛沒災難的，那麼你就是這個世界上最快樂的人了。要記住，不管遇到什麼困難，只要你還活著，那你就是最幸運的人了！」

第二，我努力使自己抱有一種感激的心態來對待身邊所發生的每一件事情。每天早晨醒來時，我就會感謝上帝：感謝我能活著起來，自己準備早點吃飯。儘管我遭遇到了許多困難，但我仍然是密蘇里州華林頓最快樂的人——學會感激，努力朝著這一方向前進，無論別人怎麼樣，我都會使自己成為這個鎮上最知道感恩的人，因為這樣能為我帶來最大的快樂。

這位密蘇里州的音樂教師向我們提供了兩條原則：**她使自己保持忙碌的狀態而沒有時間去顧慮自己的煩惱；同時，又要求自己心存感激。**這樣做對你也許同樣有用。

18 不要自我麻煩

讓我痊癒的是我內心態度的轉變。

卡梅隆・希普（Cameron Shipp）

在加州的華納兄弟電影公司廣告部工作的幾年時間裡我度過了不少快樂的時光，那時我幾乎天天在工作室裡寫作，為各大報紙和期刊記錄有關華納兄弟電影公司眾明星們的故事。

然而沒過多久，機遇降臨到我的身上。我被任命為廣告部主管助理，其實，這期間公司整個行政體制都發生了轉變，我也因此被賦予「行政助理」的頭銜。

隨之而來的就是擁有了個人冰箱的獨立辦公室，配備了兩名秘書，以及總計75名從事寫作與播音工作的員工。一切改變叫我印象深刻，我立即添置了一套名牌西服，各種場合的演講都要儘量保持高貴的態度，並開始著手一系列備案工作，商定決議以及每天與速食為伴。

我確信整個公司公關政策的導向都落在我一個人的肩上，並確信那些諸如貝蒂・大衛斯、奧莉薇・黛・哈弗蘭、詹姆斯・卡格尼、愛德華‧羅賓遜、埃洛‧弗林、亨佛萊‧鮑嘉、安‧謝麗丹、亞曆克‧史密斯和艾倫‧黑爾的名人們，他們個人和公共的形象都掌握在我的手中。

就這樣過了不到一個月的時間，我意識到我好像得了胃潰瘍，最壞的估計可能是胃癌。

我當時的職務是銀幕公關委員會主席，我非常喜歡這個工作，可以在會議上見到自己的老朋友。但是這樣的聚會後來就演變成了極為恐怖的事情，每次會議過後，我心情都極為糟糕。每晚駕車回家的路上我都要在半路停下來，確信自己還有能力繼續開車回家。要做的事情真是太多了，顯然為我留下的時間越來越少，事情都很重要，但我卻有些力不從心。

說實話，這是我人生中最痛苦的階段，感覺什麼東西在緊扼住自己的命脈，我變瘦了，經常失眠，還經常胃痛。

所以我到了一位著名理療專家那裡去就診，這還是我的一個同事為我介紹的，說他那裡的病人中有很多是從事和我相同的工作。

這個專家的問題言簡意賅，主要詢問疼痛的位置和我個人的工作性質。他似乎對我的工作更感興趣，不過在歷經兩個星期的檢查後我消除了這方面的疑慮。最後他叫我到診療室為我做診斷：

「希普先生，」他為我遞來一支香煙，繼續說：「我們做了一系列的身體檢查，雖然說這些都是必要的，但是從我開始見到你給出的初步判斷就可以確定你並沒有得胃潰瘍。

「但是當時我知道，因為你的性格和工作性質的關係，以至於最初我說什麼你也不會相信，那麼最終讓我們看看檢查的結果告訴我們什麼答案。」

他為我詳細地看了看各種檢查的化驗結果以及X光片的診斷，這一切都說明我沒有患胃潰瘍。

這個醫生接著說：「現在你明白了吧，雖然這樣做花了你很多的錢，但對你個人來說還是相當值得的，我給你的處方很簡單：不要憂慮。」

正當我要反駁時，他搶著說：「聽著聽著，我知道你不可能馬上按這個處方去做，所以我可以為你開一些藥，其中只含有一些顛茄的成分，隨便你怎麼服用都不會有危險，吃完的時候還可以過來取，這些藥可以讓你放鬆。」

「但是你要記住：你並不需要這些藥，你所需要的是拋開憂慮。」

「如果你又開始憂慮起來，你可以回來繼續診治，不過我要收取更多的費用，你覺得怎麼樣呢？」

我真希望告訴大家聽了醫生的勸誡後能立刻好起來，但我並沒有。我吃了幾個星期的藥，一感到焦慮就吃上幾片，效果的確很好。

但是我從內心為自己感到羞愧。我是一個正常人，幾乎和林肯一樣高，身材魁梧，體重將近200磅，而我卻僅能依靠著小小的藥片來放鬆自己。當我的朋友問我為什麼要吃藥時，我難以向他們吐露真言。於是我開始自嘲：「看看你自己吧，現在就像一個白癡，你過於擔心自己和那些無關緊要的事情了，公司裡那些名人在你接管他們的公共活動策劃時就已經出名了，如果你哪天不幸去世，即使他們沒有你的協助也會過得非常好。要向艾森豪、馬歇爾將軍等人那樣，即使帶兵打仗、浴血奮戰也不曾依靠藥物來解決他們的憂慮。然而區區一個銀幕公關委員會主席的職務就搞得你不得不靠藥物來使自己擺脫憂慮的煩惱，而你的胃就像是刮了一陣堪薩斯州的旋風，攪得你心神不寧。」

我開始遠離這些藥物，一段時間之後，我就能把藥丟進下水道，準時回家小憩一會兒，再起來準備晚飯，開始過著規律的生活。就這樣我再也沒有去醫生那裡看病了。

但是我欠那個醫生太多了，不僅僅是用錢來衡量。他教會我怎樣自嘲，但是他所做的非常人性化，並沒有直接嘲笑我，他對我謹小慎微，為我留足了面子，因為他一眼就看穿了我是怎樣的一個人。正像他當時就明白的（雖然我現在才瞭解）那些藥根本不起作用——讓我痊癒的是我內心態度的轉變。

這個故事的寓意就在於提醒那些現在正服用抗焦慮藥物的人們應該做什麼，那就是放鬆！

19
不再煩惱的方法如此簡單

明天的煩惱，加上昨天的煩惱，
再與今天的合併起來，形成了最沉重的負擔。
你爲什麼不將全部的煩惱都扔進廢紙簍裡呢？

雷文德・威廉・伍德（Reverend Willian Wood）

很多年以前，我患上了嚴重的胃病，弄得自己十分痛苦。整個晚上都睡不好，經常會因胃痛醒來兩三次。我的父親就是死於胃癌，病重期間受盡了折磨，那時我心理也很害怕，擔心會是同樣的結局，或者至少也是胃潰瘍。於是我懷著不安的心情到一家診所接受全面檢查。那裡著名的胃科專家用螢光染色檢查和X光透視了我的胃部。他為我開了一些幫助我睡眠的藥物；努力安慰我不要再擔心，檢查結果顯示我沒有得胃癌或胃潰瘍的徵兆，我的胃痛純粹是心理因素造成的。由於我是牧師，因此他問我的第一個問題是：「你在教堂中的工作是不是壓力很大？」

我其實早已知道自己的生活狀態是多麼糟糕了：我要做的工作太多了。除了每個星期天常規的佈道以外還要主持教堂的各種活動，同時我還擔任了紅十字會主席、吉瓦尼斯俱樂部會長的職務。而且我每週還要主持兩三次葬禮，以及各種其他活動。

我這種工作上的壓力始終存在，根本沒法放鬆下來。這樣忙碌的生活，讓我做什麼事都非常憂慮。得知醫生的建議後，我讓自己每週一都放一天的假，同時減少多種社會工作及活動。

有一天，我在清理桌子時，突然來了一陣靈感，事實證明這種做法對我很有幫助。當時，我正在清理抽屜，發現其中堆了一大堆以前講道的筆記和備忘錄。經過一番整理，我把那些沒有用的東西扔進了廢紙簍裡。突然，我彷彿明白了些什麼，並對自己說：「比爾，為什麼對自己的煩惱不能像對這些舊筆記一樣呢？你為什麼不將昨天全部的煩惱也扔進廢紙簍裡呢？」這一念頭瞬間給了我靈感——教我怎樣如釋重負。從此，再有任何不能解決的問題時，我都把它們像廢紙一樣扔進廢紙簍裡，不予理睬。

有一天我幫太太擦乾她洗過的盤子。突然又產生了另一種念頭。我太太一邊洗盤子，一邊哼著歌，我對自己說：「瞧，你太太多麼快樂，結婚18年來，她就這樣度過了18年。假如在我們結婚之前，她就知道要這樣生活下去，肯定會讓任何一個女人膽戰心驚。」

接著，我對自己說：「你太太之所以不像你剛才想的那樣，是因為她每天只洗當天的盤子。」於是，我終於明白了困擾我已久的謎團——一直以來我總希望能在當天解決昨天已留下來的、今天尚未解決的和明天將要發生的事情。

現在我才發現自己其實是最傻的。每個星期天的早晨，我居然能夠站在講臺上，告訴別人怎樣更好地活下去，而我自己卻一味地緊張、匆忙和煩惱，我對自己的行為感到羞愧無比。

就這樣煩惱再也不會干擾我了，胃痛消失了，也不再失眠了。現在我可以將昨天的煩惱像廢紙一樣團起來扔進紙簍。同時，再也不去為那些還沒有發生的事情而憂慮了。

你還記得本書中曾引用過這樣一句話：「明天的煩惱，加上昨天的煩惱，再與今天的合併起來，形成了最沉重的負擔。」為什麼要這樣呢？

20
找到憂慮的癥結

悲哀的根源在於你有餘暇爲你
是否快樂而煩擾自己。
——蕭伯納

迪爾·休斯（Del Hughes）

1943年，我當時因為肋骨折斷3根，肺部穿孔，住進了新墨西哥州阿布奎基市一家軍隊醫院。這件事我永遠不會忘記，那是在夏威夷的一次陸戰隊兩棲登陸演習中，當時我正在準備從小艇跳到沙灘上，碰巧一陣大浪撲來，猛地把小艇托起來，巨大的力量使我失去了平衡，我一下子被甩了下來。摔在地上不能動彈，後來檢查發現我折斷了3根肋骨，並且其中一根刺進了我右邊的肺部。

儘管在醫院裡休養了將近3個月的時間，但醫生說我的傷勢完全沒有好轉的趨勢，這讓我更加痛苦。反覆思考後我才發現原來是多日以來的憂慮阻礙了我身體的恢復。其實我先前的生活充滿了樂趣，但是在醫院的這3個月以來，我一天24小時都得躺在病床上，什麼都做不了只能胡思亂想。想的東西越多，就越煩惱：我擔心自己是否還能自立於這個世界，會不會讓自己的餘生以殘疾為伴，是否還能結婚過上正常人的生活。

於是我懇求醫生安排我到隔壁病房，那是一間被稱為「鄉間俱樂部」的病房，因為病人們在這裡幾乎可以完全自由地活動。

在這個特殊的病房裡，我逐漸對「橋牌」產生濃厚的興趣。我用了6個星期的時間學習遊戲法則，和其他夥伴一起搭檔，另外還閱讀了一些有關橋牌的書籍。6個星期後，我幾乎每天晚上都打橋牌，與此同時我又對油畫產生了極濃厚的興趣，在每天下午3至5點，我都在一位老師的指導下學習油畫。我的一些作品畫得極好，你甚至一眼就可以看出我畫的是什麼東西。我還學習了另外一門手藝：雕刻肥皂和木頭，並閱讀了許多相關書籍，發現其中蘊含著極大的樂趣。我讓自己變得十分忙碌，因此沒有時間去顧及我的康復情況。我仔細閱讀著紅十字捐贈給醫院的心理書籍，從中領悟了一些東西。到了第3個月的月底，醫院的全體醫護人員來向我道賀，說我傷勢恢復極佳，超出了他們的預料。當時我感覺幸福極了，那是自我出生以來所聽見最甜蜜的一句話，激動和喜悅的心情溢於言表。

在此我想重申一點，當我無聊地躺在醫院床上為我的將來煩惱時，我的病情沒有任何好轉，想想那只是用煩惱來蠶食我的身軀，甚至連我那些折斷的肋骨也難以儘快恢復。但後來我還是可以專心地打橋牌、畫油畫和雕刻，那樣的生活讓我忘記了各種煩惱和憂慮，於是，醫生立即跑來祝賀我，說我「康復得近乎神速」。

現在我過著正常而健康的生活，我的肺功能也和你們一樣正常。

還記得蕭伯納說的一句話嗎？「悲哀的根源在於你有餘暇為你是否快樂而煩擾自己」。儘快活躍起來，使你自己變得充實而忙碌，這樣煩惱就不會侵蝕你的身體。

21
時間可以解決一切

只要我有足夠的時間來消化這些煩惱，
它們最終就會自動消失，不再來麻煩我。
時間可以解決你許多的問題，
其實今天的時間也許就可以解決你今天所煩惱的事。

路易斯‧蒙田特（Louis T. Montant. Jr.）

「憂慮」曾使我喪失生命中寶貴的10年時光。從18歲至28歲期間，本應是年輕人最有收穫、最豐富多彩的歲月，而我卻恰恰相反。

現在我已經明白，失去這10年的時光是我自己一手造成的，與他人無關。

我對任何事情都感到厭煩：我的工作、健康、家庭以及內心的自卑感。為此，我害怕在路上遇見熟人，所以我在街上碰到某位朋友，也會假裝沒有看到，因為我害怕遭到他的嘲笑和奚落。

我不習慣與陌生人交流——無論什麼時候只要有陌生人在場，我都會感到渾身不自在——因此有一次在連續2個星期的時間裡，我失去了3個工作機會，儘管我知道我有能力去做，但是我缺乏勇氣面對新的老闆。

然後，到了8年前的某天下午，我征服了一切的煩惱——從那時開始，我就很少煩惱了。改變發生在那天下午，我待在某人的辦公室裡。那人看上去一點煩惱都沒有，而且是我所認識的人當中最快樂的一個。他在1929年發了一筆大財，可是後來卻賠得分文不剩。1932年他又東山再起，賺了一筆錢，不幸的是又賠光了。然後在1937年他又賺錢了，結果還是賠得一分不剩。他幾經破產，債主幾乎把他逼上了絕路。他所遭遇的這些事足以使任何人精神崩潰，甚至自殺，而他卻從來沒有為此過分擔心。

我當時坐在他的辦公室，希望上帝也能叫我像他一樣，我心中充滿了敬佩。

在我們談話的時候，他順便把那天早晨收到的一封信扔給我，說：「你看看這個。」

看了之後我才發現那封信措辭強硬，裡面還涉及了一些令人尷尬的問題。如果換作我遇到同樣的事情，我可就要不知所措了。我說：「比爾，你打算如何回覆？」

「哦，」比爾說，「讓我跟你說一個小秘密吧。當你下一次真的碰到一些令你煩惱的事時，不妨拿出一支筆和一張紙，詳細地寫下你所煩惱的事。然後，將那張紙放在你右下方的抽屜裡。等過了兩個禮拜之後，再取出來看看。如果你第二次閱讀時，認為那些事仍讓你感到煩惱，那麼再將它放回去，再放上一兩個星期。雖然就這麼放著，但與此同時，你會自然而然地覺得當初那些煩惱的事情可能有了轉機。而且我發現，只要我有足夠的時間來消化這些煩惱，它們最終就會自動消失，不再來麻煩我。」

我這一生都會記住比爾給我的忠告。經過無數次的實踐檢驗後我發覺自己的憂慮逐漸變少了。這個故事給我們大家的啟示就是：

時間可以解決你許多的問題，其實今天的時間也許就可以解決你今天所煩惱的事。

22
做最壞的打算

如果我不曾接受過死亡的威脅並試圖克服它，
我不相信自己還能活到今天，
結果肯定是因爲恐懼和驚慌致死。

約瑟夫・利恩（Joseph L. Ryan）

多年以前，我曾為一場法庭辯論充當證人，最終使我精神上極度緊張和煩惱。我在結束那一切以後，坐完火車剛到家裡就突然病倒了，情況十分嚴重——我得了心臟病，當時發現自己幾乎喘不過氣來了。

回家以後，醫生趕來為我打了一針。當時我沒在床上，因為身體極度虛弱，連回房間的力氣都沒有了，只能待在客廳的長靠椅上。當我神志恢復以後，發現教區的牧師站在眼前，正準備為我作臨終前的洗禮。

我發現家人都來到我的面前，滿臉憂愁悲痛的樣子。我知道自己將不久於人世。後來，醫生囑託我妻子做好心理準備：我可能會在30分鐘之內死去。那時我的心臟已經不堪一擊了，醫生警告我不能說話，連手指頭也不得動彈，只能靜靜地待在那裡。

我從來就不算什麼聖徒，但我懂得在冥冥中萬事萬物都是註定好的，不要和上帝爭論什麼！所以我可以安心地閉上眼睛，心無雜念，對自己說：「該來的，總是會來的。」

經過這樣的思考過後，我感覺全身似乎都放鬆了。那些曾伴隨身邊的恐懼感也消失了，我可以鎮靜地問自己，自己可以面對最糟糕的事情是什麼？可能是隨之而來的一陣心絞痛，不過人已經死了，一切的疼痛也就過去了。我知道我馬上就要去見造物主，安息在祥和的氣氛中。

我就這樣躺在客廳的沙發上，過了大約有1小時的時間，我突然發覺事實並非像自己預想的那樣糟糕——我還活著。於是，我開始捫心自問，如果我能繼續活下去，將要怎樣面對餘下的生活。我決定努力恢復自己的健康，不再為一些事情緊張憂慮，我要重新煥發活力。

那已經是4年前的事了，現在我的身體恢復得很快，連醫生都對我的心電圖感到吃驚不已。我不再自尋煩惱，對自己的人生設置了新的起點，對自己的生命有了新的感受。但我必須承認，如果我不曾接受過死亡的威脅並試圖克服它，我不相信自己還能活到今天，結果肯定是因為恐懼和驚慌致死。

利恩先生之所以能夠活到現在，是因為他使用了這條萬能法則：**做最壞的打算。**

23
要拿得起放得下

當我放下手頭工作去做另一項工作時，
我會完全拋開之前所想的問題。
當我離開辦公桌之後，我就訓練自己
把與工作有關的煩惱從大腦中清理出去。

歐樂威・泰德（Ordway Tead）

憂慮是一種習慣——一種我多年以前就已經克服了的壞習慣。我覺得自己能夠克服這習慣完全依賴於3件事的影響。

第一，我太忙了，根本沒有時間去顧慮那些憂慮。我的生活中有3項主要工作，而每一項工作本身是全天性質的工作：在哥倫比亞大學講課，同時擔任紐約市高等教育委員會主席，還要掌管哈鉑出版公司的經濟及社會叢書部門。每天忙於這3項工作，使我根本沒有時間去自尋煩惱。

第二，我是一個拿得起放得下的人。當我放下手頭工作去做另一項工作時，我會完全拋開之前所想的問題。我覺得這種工作間的轉換能夠激勵我，讓我精神倍增，使我僵硬的思維得到休息，思路會更加清晰。

第三，當我離開辦公桌之後，我就訓練自己把與工作有關的煩惱從大腦中清理出去。這些問題總是持續不斷地出現，每個尚未解決的問題都會叫我分神。如果我每天晚上再把這些工作上的問題帶回家，為它們煩惱，那我的健康就全完了。另外，我也將失去解決煩惱的能力。

歐樂威·泰德這3項很好的工作習慣，對你是否有借鑒意義？

24
繼續憂慮的後果很嚴重

我相信自己這樣每天忙碌的狀態，
可以不再受到煩惱的干擾，因而延長了我的壽命。

棒球老將
康尼・邁克（Connie Mack）

我在職業棒球界工作了超過63年的時間。當我在19世紀首次加入球隊時，根本沒有薪水。我們只能在空地上打球，奔跑的時候經常被地上的罐子、套馬的項圈等東西絆倒。比賽結束之後，我們就摘下帽子，傳過來向周圍的觀眾們收錢。但是這些錢對我們來說，實在是太少了。尤其是我——承擔著必須養活單身母親及弟弟妹妹的責任。有時候，球隊為了賺錢，必須在戶外做一些演出，才能使球賽繼續下去。

我曾經為了很多事情而煩惱憂慮：我掌管的球隊那時候連續7年都排在最後一位，而且在8年之內輸了800場球。這一連串的失敗叫我寢食難安。但我從25年前開始就不再煩惱了，因為我知道這樣下去的唯一結果就是因憂愁而過早病逝。

現在回首以往所遭受的種種經歷（我是在林肯總統時代出生

的），我認為自己能夠征服所有煩惱是因為從以下幾點中得到啟發：

第一，我認為那樣做簡直毫無用處。除了對我的棒球職業生涯造成威脅之外，煩惱不會將我怎樣。

第二，我知道煩惱會毀了我的身體。

第三，我讓自己忙著計畫籌備如何在將來的比賽中獲勝，以至於沒有任何時間去想煩惱的事情。

第四，我定了一個法則：在球賽過後24小時內，我不能指責任何球員。我以前總是和球員們在一起行動。如果球隊在比賽中輸了，賽後我總是會狠狠地去批評球員們的一些錯誤，而且爭論著究竟是誰造成了失敗。後來我發覺這樣只會增加我的煩惱。而且當著其他球員的面批評某位球員，只會產生相反的作用，對於日後整個團隊合作相當不利。因此，後來我逐漸改變自己過於激動的做法，既然我沒有把握在球賽剛結束後控制自己的情緒，那我只好為自己立一個法則：即使比賽以失敗告終，也不能當即批評，一直要等到第二天，我才和他們討論為何失敗。其實等到隔天的時候，我已經更加清醒而鎮靜，可以和球員們冷靜地討論失敗的原因，平心靜氣地與他們交流，而球員也會認真聽取意見，不再生氣或狡辯。

第五，我會努力讚揚球員們，激勵他們求勝的慾望，而不是像以前那樣臨近比賽還要指指點點，挑他們的錯誤。我儘量對每個人都說些讚揚的話。

第六，後來我發現，身體疲倦時反而會不在狀態內，這樣就更容易讓自己陷入煩惱之中。所以，我每天晚上要保證10小時的睡眠，每天下午還要午睡一會兒。即使是5分鐘的小睡時間，對我來說也大有幫助。

第七，我相信自己這樣每天忙碌的狀態，可以不再受到煩惱的干擾，因而延長了我的壽命。現在我已經85歲了，但我還不想退休。等到我開始把這些故事一遍又一遍地重複時，我才知道自己確實已經老了。

康尼從來沒有讀過「如何停止憂慮」，所以他為自己制定了一條原則。為什麼你不試著也做一份類似的東西？那麼就在這裡寫下那些在過去對你有用的排解憂慮方法吧。

我排解憂慮的方法：

1 ____________________

2 ____________________

3 ____________________

4 ____________________

25
每次只處理一件事

我逐漸發覺憂慮的影響並非是外在的原因，
而是源自內心深處。
不再為一個星期之前的憂慮而繼續煩惱。

「看看你自己」的作者
約翰・米勒（John Homer Miller）

多年以前我就發覺自己並不能擺脫憂慮的困擾，但是我能夠轉變自己的思維來抵消它們的影響。我逐漸發覺憂慮的影響並非是外在的原因，而是源自內心深處。

隨著時光的流逝，經歷了許多事情以後，我發覺時間會打發掉原來的那些憂慮。事實上，我很難再想起一周以前自己到底為什麼而憂慮了。因此我為自己制定了一個法則：不再為一個星期之前的憂慮而繼續煩惱。當然，我不是每次都能把那些憂慮完完全全地忘掉，但是無論那些事情最終解決與否，我會堅決將那些已經困擾了我近7天的事情從腦海裡忘掉。

威廉・奧斯勒爵士是我所敬仰的人，他不僅是一名醫生，更是一位作家。他的著作「生活的藝術」一書使我受益匪淺。他的論點幫助我克服了自己的憂慮：「與其他任何事相比，我更應該盡力做好今天的事情，讓時間去幫助我們解決過去遺留下來的那些問題吧。」

在處理一些棘手的問題時，我經常會想起當年父親為我講過的一個故事。他說過在賓夕法尼亞州的狩獵俱樂部門口經常會懸掛著一個鳥籠，裡面有一隻會學舌的鸚鵡，當人們經過門口時，牠總會一次又一次地重複自己學過的那句鳥語：「先生們，一次一個！」我覺得這種處理方式對我很有幫助，能夠讓我在面對一些重要而緊迫的任務時更加沉著冷靜，沒錯，不能慌張，每次處理好一件事情。

這樣我們又能總結出一條克服憂慮的方法：**活在今天**。為什麼你不翻翻前面幾頁已經談過這個原則的那一章呢？

26
尋找人生的那一扇門

只有這樣專注於當天的事情才能叫我
不必爲以前或是以後的事情擔心。

約瑟夫·柯特（Joseph M. Cotter）

從童年到青年再到自己更加成熟時，我始終都生活在煩惱之中。我的煩惱千奇百怪，什麼都有。其中有些是實際生活所帶來的煩惱，但大部分卻是胡亂猜想出來的。我覺得自己很少能在某種情況下不會煩惱——從那時起，我就開始擔心自己是否遺漏了什麼東西。

就在兩年前，我開始了新的生活方式。這要求我要仔細分析自己曾經的過失，並且要針對自己的道德觀進行自檢，從而全面徹底地瞭解內心中的自我。透過這樣的方式，我釐清了所有煩惱的原因。

事實上，我每天的生活都會對昨天發生的事，以及未來發生的失去擔心和憂慮。

不斷有人這樣告誡我：「明天你就會為今天的事情而憂慮」。但這句話對我並沒有什麼作用。有人建議我將一天24小時的時間全部排滿；還有人建議我只要為當天的事努力就足夠了，不必顧慮太多；只有這樣專注於當天的事情才能叫我不必為以前或是以後的事情擔心。這些說法儘管很有道理，但是對我一點也沒用。

直到後來，我終於找到了答案。你知道我是在哪裡找到的嗎？那是1945年5月31日晚上7點，在西北鐵路公司的一個月臺上。對我來說，那一刻是如此的重要，因此我一直記得十分清楚。

我當時正在火車站為朋友送行，她們度完假準備搭乘「洛杉磯市」號快車離開。當時戰爭仍在進行，裡面人潮擁擠。我徑直沿著軌道向火車頭走去。我站在那裡觀看那閃著亮光的龐大引擎，然後把視線移向鐵道的前方，發現了一座巨大的信號燈台，當時正好顯示的是黃燈。突然，黃色瞬間變成了綠色。耳邊傳來了火車汽笛的聲音，我聽見站務人員高喊一聲：「全部上車！」接著，在幾秒鐘之內，列車就已經駛出車站，開始了長達2300英里的旅程。

我開始思考起來——感覺剛才發生的這一系列事情似乎給了我一點點感悟。沒錯，我的確經歷了一次奇蹟，一瞬間突然真相大白——火車為我提供了那個讓我苦苦追尋已久的答案。當貨車司機看見一盞綠燈時，就開始了漫長的旅程。倘若換了是我，我只擔心是否整段路程都會是綠燈。當然，這是不可能的，但是對生活的期望卻如此——坐在人生的車站裡，結果哪裡也去不了，因為前面將要發生什麼樣的事始終困擾著我。

為此我進行了深刻的反思。那位火車司機並沒有為前面旅程中可能遇到的麻煩而憂愁。火車可能會出現延誤、減速，但正是因為有這些情況產生，人們才採用了信號系統。黃燈意味著減速、慢行，紅燈提示前面有危險，應該停車。這樣一來火車就可以安全行駛了，所以這是一種很好的信號系統。

我問自己，為什麼不能制定一套良好的信號系統呢？我終於找到了答案——我本來就有。上帝早已賜予我們每一個人，他控制著一切，因此顯得如此平常而簡單。而我又是從哪裡發現的呢？如果上帝為我們打開了一扇門，為什麼不去問問他？我正是那樣做的。

現在，透過每天早上的祈禱，我會獲得那一天的綠燈。但有時也會遇到黃燈，那麼我會慢下來，輕鬆一下。甚至我會遇到紅燈，那我就讓自己趕緊停下來以免承受不了。

當我在兩年前的那一天發現這個奧秘之後，就不再有煩惱糾纏我了。在這兩年之內，我遇到了大約700多盞綠燈，使我不必煩惱下一盞燈是什麼顏色，我的人生之旅也更為輕鬆愉快。從此以後，不管前面的信號燈是什麼顏色，我都知道自己該怎樣去面對。

27 洛克菲勒的快樂法則

避免煩惱 ，放鬆心情，控制飲食。

約翰·洛克菲勒（John D. ROCKEFELLER）在他33歲時就賺到了人生中的第一桶金——100萬美元。43歲時，他首創了世界上最大的壟斷企業——標準石油公司。但是當他到了53歲時發生了怎樣的事情？他被煩惱所糾纏，各種煩惱和緊張的生活狀態已經讓他吃不消了。為他寫個人傳記的作家約翰·溫克勒說：他此時「看起來像個木乃伊」。

洛克菲勒53歲時得了一種奇怪的消化性疾病，整個頭髮全部掉光了，甚至連眼睫毛也一樣，只剩下一綹淡淡的眉毛。

「當時他的身體非常差勁。」溫克勒說：「有一段時間，他只能靠喝人奶維持生命。」醫生們為他作出的診斷為「脫毛症」，這種病通常是由於精神過度緊張造成的。患病期間他的頭光禿禿的，他不得不戴上帽子，否則樣子很古怪。後來，他為自己訂製了一些假髮，每頂假髮500美元。從此他就一直戴著這些假髮。

洛克菲勒原先的身體狀態非常好，十分健壯。由於他從小在農場長大，經過鍛煉的他肩膀又寬又壯，腰桿筆直，並且行走起來步伐矯健。

可是在53歲的時候——這正是大多數男人的壯年時期，洛克菲勒的雙肩卻已經開始萎縮下垂，走起路來身體也搖搖晃晃的。據另一位為他寫傳記的作家佛林說：「當他照鏡子時，看見的卻是個老態龍鍾的人。夜以繼日的工作、沒完沒了的煩惱、毫無規律的生活習慣、夜晚經常失眠，以及缺乏必要的運動和休息，這些足以奪走他的健康。」雖然他現在成了世界上最富有的人，但他只能吃些甚至連窮鬼都不屑一顧的廉價食品。當時他每週的收入高達100萬美元，而他每週在食物上的花費卻僅有2美元，因為醫生告誡他以現在的身體狀態來說只能允許他吃一些酸牛奶和餅乾。他的皮膚早已失去光澤，骨瘦如柴，而金錢這時候也沒有用了，只能為他支付條件最好的醫療費用，以此來維持他虛弱的生命。

這究竟是怎麼造成的呢？煩惱、驚恐、高度壓力和緊張的生活！正是他把自己「推」到了墳墓的邊緣。洛克菲勒早在23歲的時候，就立志要追求他內心的目標。據他的朋友說：「除生意上的好消息以外，沒有任何事情能令他開懷大笑。當他賺到了一大筆錢時，會高興得忘乎所以，開心地跳起舞來。但如果生意遇到了不順，他人也會隨之病倒。」

有一次，洛克菲勒在五大湖上托運一批價值4萬美元的穀物，但他為了節省並沒有支付保險費用。因為保險費太「高」了——要150美元。誰知那天晚上，據說有暴風雨襲來，洛克菲勒十分擔心他的貨物會因此付之東流。第二天早上，當他的合夥者喬治·加勒來到辦公室時，發現洛克菲勒早已在那裡，急得團團轉。

「快！」他發抖地說：「如果時間還不算晚的話，看看現在是否還能投保！」加勒立即到保險辦事處買好了保險，可是當他回到辦公室時，卻發現洛克菲勒的情緒更糟糕了。原來此時恰好來了一封電報，寫道：貨物已經卸下，未受到暴風雨襲擊。他之所以比以前更加沮喪，是因為他已經浪費了150美元！事實上，他對這樣的事實實在承受不起，只好回家去休息。想想看，那時他的公司每年做著50多萬美元的生意，而他卻為僅僅150美元的保險費而失魂落魄，甚至因此而病倒在床上。他根本沒有時間放鬆自己，也沒有時間休息，除了賺錢和教堂生活之外，其他活動寥寥無幾。

當洛克菲勒的合夥人加勒和其他3個朋友花了2000美元買下一艘二手遊艇時，洛克菲勒對此難以置信，並拒絕搭乘那艘遊艇出航。一個星期六的下午，加勒發現洛克菲勒還在辦公室工作，就誠懇地勸他：「走吧，洛克！我們乘船出去玩玩吧，把手頭的工作先放一邊，出去快活一下！」這樣的衷心之言卻惹來了洛克菲勒的憤怒。

「喬治．加勒，」他警告說：「你是這世界上我見過最能揮霍的人了！你現在正在破壞銀行的信用，這也是我的信用。將來你會把我們的生意毀掉。不行，我可不能乘你的遊艇，我永遠不願見到它！」於是，他整個星期六下午都在辦公室裡拼命地工作。

「缺乏幽默感和洞察力」，這是洛克菲勒最大的特點。幾年之後，他說：「每天晚上睡覺之前，我都會提醒自己，我的成功也許只是暫時性的！」

他手上已經有幾百萬美元的財富了，但他每晚睡覺之前還會擔心失去一切。正是這些憂慮拖垮了他的身體。他沒有時間放鬆或者娛樂，也從未進過戲院，從未打過紙牌，從未參加過任何聚會。這正如馬克．漢娜所說的：「他為金錢而瘋狂，他在別的事情上很正常，唯獨對金錢著魔。」

洛克菲勒曾經在俄亥俄州克利夫蘭市向一位鄰居承認，說：「希望有人愛我。」但是他那過分冷漠多疑的性格，很少有人會喜歡。摩根曾經與他組織過生意。「我不喜歡那種人，」他一臉不屑地說：「我不願再和他有任何往來。」洛克菲勒的親弟弟對他的性格也不能容忍，甚至把自己孩子的棺木從家族祖墳中移走。他說：「在我的親身骨肉中，任何一個人都不可能在約翰·D·洛克菲勒所控制的土地上安息。」洛克菲勒的職員和同事在公司裡也很敬畏他。但具有諷刺性意義的是，他竟然也怕他的員工在辦公室以外的地方隨意說話，「洩露公司的秘密」。

他對人類天性沒有任何希望，有一次他和一位獨立製造商簽訂了10年合作協議，甚至要那位商人保證不告訴任何人，這其中也包括他的妻子在內。「閉緊你的嘴巴努力工作。」這就是他的座右銘。

隨後幾年時間他的財富像維蘇威火山的岩漿那樣源源不斷地流入保險庫，然而正當他的事業蒸蒸日上之時，他的私人世界卻在頃刻之間崩潰。許多書刊和文章都公開譴責「標準石油公司」不擇手段以給予回扣的方式攫取財富的行為——因為它和鐵路公司之間的秘密交易，無情地擊垮了所有其他競爭者。

在盛產石油的賓夕法尼亞州，當地居民最痛恨的就是洛克菲勒。在商業上被他擊敗的那些競爭對手甚至把他的人像掛在樹上，恨不得親手將繩子套在他那萎縮的脖子上，並將他吊死在那裡。他還受到了許多帶有攻擊性的信件，其中不乏各種恐嚇與威脅。因此他雇用了許多保鏢，以防不測。他嘗試著對這些言論和行為不予理會，甚至還有一次，他以諷刺的口吻說：「你們儘管罵我，但即使那樣，我還是會按自己的方式辦事。」可是最後他還是覺得自己畢竟是一個普通人，無法忍受那麼多人對他的仇恨和敵視，憂慮感已經逐漸向他襲來，蠶食著他的身體，他就要堅持不住了，面對內心的憂慮這一新的對手從內部向他發起進攻，令他毫無辦法。

起初，「他試圖隱瞞自己的症狀」。但是，隨之而來的失眠、消化不良、脫髮等等這些煩惱和精神及肉體上所遭遇的病徵卻是無法遮掩的。最後，醫生只好坦白地告訴他，說他要想活命只有兩種選擇：財富和煩惱或是性命。並進一步明確警告他：他必須在退休和死亡之間做出選擇。他最終還是選擇了退休以保存自己的性命。不過在這以前各種煩惱、貪婪、恐懼已經徹底破壞了他的身體健康。

美國最著名的傳記女作家伊達．塔貝去採訪他的時候，幾乎不敢相信眼前這個53歲的人就是他。她寫道：「他的臉上佈滿了蒼老，我從未見過他那樣老的人。」那樣老的人？這又是為什麼呢？洛克菲勒可比當時重新收回菲律賓的麥克阿瑟將軍還要年輕幾歲呀！但實際上他的身體狀況已經非常糟糕，就連伊達．塔貝見了都為他深感悲哀。其實她當時正在撰寫那本有名的著作，以揭發「標準石油公司」的罪惡行徑，她當然不會喜歡這個一手締造了這個帝國的創始人。但是，當她看見洛克菲勒在主日學校教書，焦急地搜尋其他人的臉孔時，她在記錄中寫道：「我有一種前所未有的感覺，這種感覺與日俱增。我真為他惋惜。我知道如果在一個人的內心當中沒有知心的夥伴的確是一件很恐怖的事。」

隨後醫生們制訂方案挽救洛克菲勒的性命，他們為他擬定了3條法則——這成為他後來奉行不渝的3條法則：

第一，避免煩惱。在任何情況下，都不為任何事煩惱。

第二，放鬆心情，多做適當的戶外運動。

第三，控制飲食，隨時保持半饑餓的狀態。

洛克菲勒從此以後嚴格遵守這3條法則，在他的餘生度過了相當平穩的一段生活。他退休了，但是卻學打高爾夫球，修整庭院，並嘗試著和鄰居們在一起聊天。他還出去打牌、唱歌。

但他同時還做了一些其他的事。溫克勒說：「正是那段痛苦的日子和失眠的夜晚，讓洛克菲勒有時間進行自我反省。」他開始為別人著想，曾經一度停止去想還能怎樣賺更多的錢，而開始思考如何用這些錢去為人類帶來幸福。

洛克菲勒現在開始考慮如何把數百萬的財富捐贈出去。別小看捐錢這件事，雖然是白給人家的，但有時候還真不容易。例如，他有一次準備向一座教堂捐獻，但全國各地的傳教士一致反對，稱其為「腐敗的金錢」！但他還是那樣的性格，不管這些反對聲音繼續捐獻。當他獲知密西根湖岸的一家學院因為抵押權問題未能解決而被迫關閉時，他立刻捐出好幾百萬美元給這家學院，後來將它建設成目前舉世聞名的芝加哥大學。

他甚至還盡力幫助那些黑人，例如塔斯基吉黑人大學的教育家華盛頓・卡佛爾需要一筆基金完成一項課題研究，洛克菲勒聽了二話不說，捐出鉅款進行資助。

他在衛生事業上也做出過種種援助，例如出資協助消滅腸道鉤蟲。當著名的鉤蟲專家史泰爾博士說：「只要價值50美分的藥品供應，就可以治好一個人的病，可是誰會捐這些錢呢？」洛克菲勒立即捐了出來。正是他捐出的數百萬美元解除了曾經爆發於美國南方的這種疾病。然後，他又採取了更進一步的行動，成立了一個龐大的國際性基金會——洛克菲勒基金會。這個組織主要致力於消滅全世界各地的疾病、文盲及落後。

我也曾受益於這一組織的影響力，因為洛克菲勒基金會曾救過我一命：1932年我在中國，那時候由於遭受生化武器的襲擊，霍亂蔓延整個北京城區，那裡的人們像蒼蠅一樣白白喪生。而在這種恐怖驚慌的氛圍之中，我們仍然能夠去洛克菲勒醫學院在北京的駐地接受預防疫苗的注射，最終使我們免受感染。那時我才第一次明白洛克菲勒的百萬美元財富對全世界貢獻的意義是如此之大。

洛克菲勒基金會這種壯舉是前所未有的。他本人深知有很多學者正在做各種有意義的活動，他們要默默進行艱苦的研究工作，要建立起一所所學校，而醫生要與某些疾病鬥爭，但是這些高尚的人們卻經常因為經費短缺而不得不放棄自己的理想。可是洛克菲勒決定幫助這些未知領域的開拓者，但並不是「接管他們的工作和成果」，而是資助他們去完成心中想要奮鬥的目標。

如今你我都應該感謝約翰．D．洛克菲勒先生，因為在他基金會的資助下，人類發現了盤尼西林和其他多種新事物。你也應該感謝他，因為是他使你的孩子不會再患上「脊髓性腦膜炎」，而這種病的死亡率高達80%。你更應該感謝的是，他使我們克服了瘧疾、肺結核、流行性感冒、白喉和目前仍在危害世界各地的其他疾病。

洛克菲勒又是怎麼想的呢？他把錢捐出去之後，心靈上是否得到了一絲撫慰？不錯，他最後終於獲得了內心的滿足。「如果人們仍然認為，他在1900年以來因為人們對標準石油公司的偏見而一蹶不振，那他們就大錯特錯了！」亞倫．尼文斯說。

洛克菲勒的確變得十分快樂，他已經完全改變了，不再因什麼事而煩惱。事實上，即使在他被迫接受生命中最大的一次失敗時，他都不願因此而失去一個晚上的安穩睡眠。

事情是這樣的：由他一手創建的「標準石油公司」被政府勒令付出「歷史上最重的罰款」。根據美國政府提供的起訴書，「標準石油公司」是具有壟斷性的，這違反了「反托拉斯法案」的相關內容。雖然這場官司打了將近5年的時間，甚至還請來了全美國最優秀的法律人才為其辯護，但「標準石油公司」在法庭上最後還是以敗訴告終。

當南迪斯法官宣佈了他的判決之後，辯方律師此時已經不再擔心具體的損失了，而是更擔心老洛克菲勒無法接受這個事實，但他們卻不知道他已經完全改變了。

律師團中有一位律師在當天晚上致電洛克菲勒，儘量用委婉地語氣把法官的判決告訴他，然後這位律師很關切地問：「洛克菲勒先生，我希望這項判決不讓你煩惱，希望你今晚還能好好睡上一覺。」

你猜洛克菲勒怎樣了？他毫不遲疑地回答：「不要擔心，強生先生。我本來就想好好睡一覺。希望你也不要因為這件事干擾你的生活。晚安！」

這些話竟出自一個曾因損失了150美元而病倒在床上的人之口？是的，約翰．D．洛克菲勒是花了很長一段時間征服煩惱和憂愁的習慣。很顯然，他曾「死於」53歲，但他後來卻因此一直活到98歲！

28
不懂得讓自己放鬆無異於慢性自殺

一天當中，我總要將手中的工作停下幾次，
看看自己當時的狀態是否已經徹底放鬆。

保羅·辛普森（Paul Sampson）

6個月前，我處於一種高度緊張忙碌的狀態。我總是緊張兮兮的，從不讓自己放鬆下來。每晚回到家時，我無精打采、精神萎靡，心中充滿了憂慮和擔心。這是什麼原因呢？因為從來沒人對我說：「保羅，你正在慢性自殺。你為什麼不讓自己的生活節奏慢下來？為什麼不試著放鬆一下？」

每天早上，我總是匆匆起床。迅速吃完早餐，趕忙去刮臉、穿衣服，然後又匆匆忙忙開車上班。我緊緊地握住方向盤，好像它隨時會飛出窗外一樣。當我疲於奔命般地工作完以後，又匆忙地趕回家。到了晚上，我甚至急於讓自己馬上入睡。

這種緊張的生活狀態讓我有些承受不住，因此我決定去底特律找一位有名的精神科專家。他建議我平時儘量放鬆，雖然這樣對我來說不是很簡單——無論是在工作、開車、吃飯、入睡前，都要自己放鬆一段時間。他說，我現在的狀態無異於慢性自殺，因為我不知道如何讓自己放鬆下來。

從那以後，我就開始練習如何放鬆。每天晚上睡覺前，我不急著入睡，而是躺在床上，先使自己的身體徹底放鬆，呼吸趨向平穩，心無雜念，一會兒就進入夢鄉了。所以，我現在每天早上醒來都不再覺得疲憊不堪。這樣做的效果的確不錯，我以前每天早上醒來時，總覺得又累又緊張。而現在，即使我開車、吃飯的心情也輕鬆愉快多了。

不過，為了安全，我駕車時還是能提高注意力，但卻擺脫了以往的緊張情緒。最重要的是，我在上班時也能這樣。一天當中，我總要將手邊的工作停下幾次，看看自己當時的狀態是否已經徹底放鬆。現在，當電話鈴響起時，我不再像以前那樣急著接聽。有人對我講話時，我也會使自己更為平靜地去傾聽、接受。

結果？我的生活發生了極大變化，變得既輕鬆又愉快，以前那些時時困擾我的煩惱和緊張也都消失了。

29
奇蹟真的降臨在我身上

我懂得不能在沮喪的時候有太多的顧慮，
這樣一來，各種煩惱也逐漸減少，最終完全消失。

約翰・柏格夫人（Mrs. John Burger）

我已經被煩惱徹底擊敗了。思想一片混亂，我感到惶惑不安，覺得生活毫無樂趣。我的精神十分緊張，晚上睡不好，白天也無法休息。我的3個女兒都離我而去，和親戚們住在一起。我丈夫一個人住在外地，他從軍隊退役後準備成立一家法律事務所。我感到自己已經被戰後恢復時期那種不安和惶恐的情緒所感染。

我現在的狀態顯然威脅到了我丈夫的事業，以及正常家庭生活，同時也嚴重影響到了我自己。我丈夫找不到能夠出租的房子，唯一的解決方法就是自己建一棟。現在，所有的事情都已經安排妥當，只等我的身心恢復健康，而我越是著急，情況就越是糟糕。於是，我逐漸對任何事情都懷有一種深切的恐懼，再也無法相信自己，覺得自己就是個失敗的人。

在我看不到任何希望的時刻，我母親幫助了我，使我永遠難忘、終生感激。她鼓勵我盡全力和生活作鬥爭。她說現在的我是在對失敗妥協，是在逃避現實。

於是我叫自己振作起來。到了那個週末，我對父母說，他們可以回家了，因為我已經重拾對生活的希望。其實那時，我完成了一些幾乎不可能的工作：我一個人照顧兩個幼小的孩子，每晚都睡得很好，食慾也有所增加，覺得精神了許多。他們一個星期之後來看我的時候，發現我一邊熨衣服，一邊哼唱著小曲。那時，我真的感覺不錯，因為我已經展開一場自我戰鬥，而且獲得了勝利，並且我永遠也不會忘記這段痛苦的經歷……無論遇到什麼樣的糟糕情況．我都要努力，不輕言放棄！

從那時起，我讓自己沉浸在那些忙碌的工作中。最後，我把孩子全部都接回家來，和我丈夫一起住在新房子裡。我知道我可以讓這個可愛的家庭有一位健康、快樂的母親。我將盡力照顧好自己的家庭以及所有的事情——除了我自己。其實我太忙了，根本沒時間去想自己的事情。不過就在這時，我的奇蹟出現了。

我的身體恢復得越來越好，每天早上起床時心中都充滿了愉快，為了迎接新一天的到來。雖然在某些時候和情況下我偶爾也會沮喪，特別是我疲憊不堪時，但我懂得不能在沮喪的時候有太多的顧慮。這樣一來，各種煩惱也逐漸減少，最終完全消失。

時間已經走過一年了，現在我身邊有了一位既快樂又成功的丈夫，一個美麗的家庭和3個健康快樂的孩子。而我自己，也同樣快樂！

30
它賦予我新的人生

在讀過這本書之後，我展開了一種全新的生活 ，
不再讓焦慮來破壞我的健康和幸福。

霍爾康摩・法摩（Holcombe Farmer）

在3個月以前，我的狀態非常不好，整天心煩意亂，而且一連4天4夜都睡不著覺，甚至連續18天只能進食一些流質食物。有時我還不能忍受那些食物的味道。精神上的折磨讓我十分痛苦，我懷疑地獄的折磨是否就如同我當時的樣子，覺得自己要發瘋致死。我知道應該想想辦法不能再這樣糟蹋自己。

當我看了「人性的優點」這本書之後，我的生活發生了極大的變化。在過去3個月當中，我實際上是依賴這本書活下來的；我仔細閱讀了這本書的每一個故事，急於從中找到新的生活方式，正是它改變了我，讓我的精神重新恢復了平靜，效果令人難以置信。

現在，我能勇敢地去面對每天的生活。因為透過此書，我已經知道過去自己那種痛不欲生的狀態，完全是由於我不能把煩惱拋開：不僅為當天的問題而煩惱，同時還為昨天所發生的事情，或明天將要發生的事情而憂慮。現在，當我發現自己又開始為某件事情煩惱時，我

會有自己的解決辦法：那就是停下來運用我從這本書中所學到的某些原則去解決。如果是今天必須完成的工作，我就立刻去做，然後把煩惱從大腦中清除。當我再次遭遇到類似以前的那些問題時，我已經能夠鎮靜地運用這本書第一章第二節的3個步驟來解決。第一，我問自己，可能發生最糟糕的情況是什麼。第二，我試著從內心去接受它。第三，我更注意怎樣去解決問題，看看我如何才能把損失降到最低。

如果我發現自己對一件事再也無能為力，而我又不願意為此而煩惱時，我會讓自己反覆誦讀下面這段簡短的祈禱：

「願主賜給我安寧，使我接受無法改變的事物；
賜給我勇氣，使我改變無法改變的事物；
賜給我智慧，使我分辨事物的真偽。」

在讀過這本書之後，我展開了一種全新的生活，不再讓焦慮來破壞我的健康和幸福。現在我每天晚上都能夠睡上9個小時，食慾也相當好。我面前的障礙已經消除，大門已經敞開。身邊無限美好的事物包圍著我，讓我盡情去享受。我應當感謝上帝賜給我新生，可以無憂無慮地生活在如此美麗的世界中。

我建議你也把這本書仔細閱讀一遍，每天放在自己的床邊。記錄下那些可以幫你解決自身問題的部分內容。認真研究、加以運用，因為這可不是一本普通的「書」，而是一本生活的「指南」——它可以引導你踏上美好生活的旅程。

人性的優點 佳句精選

PART *1*
面對憂慮的真相

1．在「今日艙」中生活

人生的首要之務並非擔憂難以預測的未來，
而是把握當下。
—湯瑪斯・卡萊爾・***P.18***

Our main business is not to see what lies dimly at a distance,
but to do what lies clearly at hand.
— *Thomas Carlyle*

隔絕那些已經逝去的昨天；按下另一個按鈕，
阻斷未知的將來。然後你就可以泰然自若了，
因為你擁有了一個完整的今天！
— ***P.19***

The iron doors shutting out the Past- the dead yesterdays.
Touch another and shut off, with a metal curtain,
the Future- the unborn tomorrows.
Then you are safe- safe for today!

與你的過去斷交，埋葬那些會把
傻子引上死亡之路的昨天。

— ***P.19***

Shut off the past! Let the dead past bury its dead.
...Shut out the yesterdays which have
lighted fools the way to dusty death.

不要去想明天如何，
人類自我救贖的日子就是今天。

— ***P.19***

There is no tomorrow.
The day of man's salvation is now.

將你的智慧、所有的熱情全部投入到今天的工作中，
這就是你能為未來所做的唯一準備。

— ***P.20***

The best possible way to prepare for tomorrow is
to concentrate with all your intelligence,
all your enthusiasm, on doing today's work superbly today.

不憂慮明天，那是明天才該考慮的事，
承受今天的痛苦就足夠了。

— ***P.20***

Take therefore no thought for the morrow;
for the morrow shall take thought for the things of itself.
Sufficient unto the day is the evil thereof.

無論多麼艱辛，人們都能夠將肩上的擔子扛到天黑。
人們可以辛勤地工作一整天，同樣，
人們也可以讓這一天的生活充滿溫馨與甜蜜，
純潔而簡單，直到夕陽西下……這就是生活的真正意義。

—羅伯特．路易斯．史蒂文生．***P.23***

Anyone can carry his burden, however hard,
until nightfall. Anyone can do his work,
however hard, for one day. Anyone can live sweetly,
patiently, lovingly, purely, till the sun goes down.
And this is all that life really means.

— *Robert Louis Stevenson*

對於一個聰明人來說，每一天都是新的。

— ***P.24***

Every day is new life to a wise man.

無論明天會多麼糟糕，我已經過了今天。

—賀瑞斯．***P.25***

To-morrow, do thy worst, for I have liv'd to-day.

— *Horace*

生命，在於生活，在於每日每時每件瑣事之中。

— ***P.25***

Life "is in the living, in the tissue of every day and hour."

今天是上帝所賜予的；
我們應該欣喜而樂在其中。

—聖經詩篇 **118:24**．***P.27***

This is the day which the Lord hath made;
we will rejoice and be glad in it.

— *Psalm 118:24*

2・讓你拋開煩惱的「萬能公式」

憂慮為人帶來的最壞影響是讓
我們無法在一件事上集中精力。

— ***P.30***

One of the worst features about worrying
is that it destroys our ability to concentrate.

我們一旦開始擔憂，就會開始胡思亂想，
同時難以做出判斷和決定。

— ***P.30***

When we worry, our minds jump here and there and everywhere,
and we lose all power of decision.

要接受既定的事實，接受已經發生的事情，
才是克服任何困難的第一步。

—威廉・詹姆斯・***P.31***

Acceptance of what has happened is the first step
in overcoming the consequences of any misfortune.

— *William James*

心理上的平靜來自接受最糟糕的境遇。
我認為在心理上這就意味著煥發新的活力。

—林語堂・**P.31**

True peace of mind comes from accepting the worst.
Psychologically, I thingk, it means a release of energy.

— *Lin Yutang*

3・憂慮的結果

那些不知該怎樣消除憂慮的人都會短命。

—亞利西斯・柯瑞爾博士・**P.36**

Those who do not know how to fight worry die young.

— *Dr. Alexis Carrel*

醫生所犯的最大錯誤在於，他們想要醫治患者的身體，
卻不嘗試醫治他們精神上的問題；
但實際上精神和肉體是一體的，治療的過程中不可分開處理。

—柏拉圖・**P.38**

The greatest mistake physicians make
is that they attempt to cure the body without
attempting to cure the mind; yet the mind and
body are one and should not be treated separately!

— *Plato*

我願意親自用我的雙手來處理你們的事務，
但不會讓它們傷及到我的肝和肺。

—蒙田・**P.41**

I am willing to take your affairs into
my hands but not into my liver and lungs.

— *Montaigne*

上帝可能原諒我們所犯的錯，
但我們的神經系統卻不能自我饒恕。

—威廉・詹姆斯・**P.44**

The Lord may forgive us our sins,
but the nervous system never does.

— *William James*

在現代城市的混亂中，只有能保持
內心平靜的人才不會被神經疾病所困擾。

—亞利西斯・柯瑞爾博士・**P.44**

Those who keep the peace of their inner selves
in the midst of the tumult of the
modern city are immune from nervous diseases.

— *Dr. Alexis Carrel*

我不知道有什麼會比一個人下定決心努力提升
他生活的希望而更為令人振奮了……
如果人能充滿信心地朝他理想的方向努力，
下定決心過他所想過的生活，有朝一日，
他一定會獲得意想不到的成功。

—梭羅・***P.45***

I know of no more encouraging fact than the
unquestionable ability of man to elevate his
life by a conscious endeavour. …
If one advances confidently in the direction of his dreams,
and endeavours to live the life he has imagined,
he will meet with a success unexpected in common hours.

— ***Thoreau***

PART 2
分析憂慮的基本技巧

1．如何分析和解決焦慮問題

世界上一半的焦慮，都是因為人們在掌握足以
做出決定的資訊之前，試圖去做決定而造成的。

— *P.51*

Half the worry in the world is caused by people
trying to make decisions before they have
sufficient knowledge on which to base a decision.

如果一個人可以將他的時間用於公正客觀地掌握事實，
那麼他的焦慮就會在知識的光芒中煙消雲散。

— *P.51*

If a man will devote his time to securing facts in an impartial,
objective way, his worries usually evaporate in the light of knowledge.

想避開認真思考的權宜之計是不存在的。

—湯瑪斯·愛迪生·**P.51**

There is no expedient to which a
man will not resort to avoid the labour of thinking.

— *Thomas Edison*

所有合我們意的，看來總像是真的；
所有不合我們意的，則令我們狂怒。

—安德列·莫洛亞·**P.52**

Everything that is in agreement with our personal
desires seems true. Everything that is not puts us into a rage.

— *Andre Maurois*

一個被陳述明白的問題，
是一個已經被解決一半的問題。

—查理斯·凱特靈·**P.53**

A problem well stated is a problem half solved.

— *Charles Kettering*

決定一旦做出，執行就是首要之務。
至於應負的責任和對結果的關心，
則應完全置之度外。
—威廉・詹姆士・**P.56**

When once a decision is reached
and execution is the order of the day,
dismiss absolutely all responsibility and
care about the outcome.
— *William James*

2・如何消除工作上50％的焦慮

我們總是在連問題是什麼都懶得搞清楚時，
不斷談論自己的麻煩，從而將自己置於焦慮之中。
— **P.59**

We used to work ourselves into a lather
discussing our troubles without ever troubling
to write out specifically what our problem was.

PART 3
如何在被擊垮之前改變憂慮的習慣

1．如何排除你內心中的憂慮

在圖書館和實驗室能找到真正的平靜。

—巴斯特．***P.68***

The peace that is found in libraries and laboratories.

— *Pasteur*

不論一個人多麼聰明，都不可能一心二用。

— ***P.68***

It is utterly impossible for any human mind,
no matter how brilliant,
to think of more than one thing at any given time.

我們不可能一邊激動、熱忱地去做那些令人興奮的事情，
同時又因為憂慮而被拖延下來。

— ***P.68***

We cannot be pepped up and enthusiastic about doing something exciting and feel dragged down by worry at the very same time.

我一定要讓自己沉浸在工作裡，否則就會因此悲痛欲絕。

—坦尼森．***P.69***

I must lose myself in action, lest I wither in despair.

— *Tennyson*

憂慮最能傷害你的時候，不是在你忙碌的時候，
而是在一天工作結束以後。

—詹姆斯．馬歇爾．***P.70***

Worry is most apt to ride you ragged not
when you are in action, but when day's work is done.

— *James L. Mursell*

舒適的安全感、內心的平靜以及快樂而祥和的感覺，
正是人們在專心工作時所表現出的精神狀態。

—約翰．考伯爾．伯斯．***P.71***

A certain comfortable security, a certain profound
inner peace, a kind of happy numbness,
soothes the nerves of the human animal
when absorbed in it's allotted task.

— *John Cowper Powys*

讓人愁苦的秘訣就是有空閒時間
去想自己到底快樂不快樂。
—喬治・伯納・蕭・***P.74***

The secret of being miserable is to have the leisure
to bother about whether you are happy or not.
— *George Bernard Shaw*

2・不因瑣事而垂頭喪氣

婚姻生活之所以不美滿的根本原因
往往都是起於一些瑣事。
— ***P.77***

Trivialities are at the bottom
of most marital unhappiness.

生命太短促了，不該再顧及小事。
—迪斯雷利・***P.79***

Life is too short to be little.
— *Disraeli*

我們應該把時間用於值得做的一些事情和感覺上，
去擁有偉大的思想、試圖體會真正的感情、
完成尚未完成的事業。

— ***P.79***

Let us devote our life to worth-while actions and feelings,
to great thoughts, real affections and enduring undertakings.

3．用概率戰勝憂慮

我們所有的憂慮和不快幾乎都是
來自本身的想像而並非現實。

—喬治·庫克將軍·***P.85***

Nearly all of our worries and unhappiness came
from our imagination and not from reality.

4．學會處理無法避免的事實

要樂於接受事實，只有接受已經發生的事實，
才算是踏出了克服隨之而來任何不幸的第一步。

—威廉·詹姆斯·***P.90***

Be willing to have it so. Acceptance of what has
happened is the first step to overcoming the
consequence of any misfortune.

— *William James*

我們必須接受現實並處理無法避免的事情。

— *P.91*

We must accept and co-operate with the inevitable.

教我不要為月亮哭泣，也不要為灑了的牛奶而後悔。

— *P.91*

Teach me neither to cry for the moon nor over spilt milk.

逆來順受，是你踏上人生旅途中最重要的一件事。

—叔本華．*P.91*

A good supply of resignation is of the first
importance in providing for the journey of life.

— *Schopenhauer*

環境本身並不能左右我們的快樂，
是我們對周圍環境的反應決定了我們的感受。

— *P.91*

Circumstances alone do not make us happy or unhappy.
It is the way we react to circumstances that determines our feelings

天國自在人心，想必地獄也是如此。

—耶穌・**P.91**

The kingdom of heaven is within you.
That is where the kingdom of hell is, too.

— *Jesus*

我接受一切的可能！

—瑪格麗特・富勒・**P.93**

I accept the Universe!

— *Margaret Fuller*

哦，要像樹和動物一樣，
去面對黑暗、暴風雨、饑餓、愚弄、意外和挫折。

—惠特曼・**P.93**

Oh, to confront night, storms, hunger,
Ridicule, accident, rebuffs as the trees and animals do.

— *Walt Whitman*

碰到那些我無法處理的事情，我就讓它們順其自然。

—亨利・福特・**P.94**

When I can't handle events, I let them handle themselves.

— ***Henry Ford***

快樂之道就是不去為自己能力以外的事情憂慮。

—愛比克泰德・**P.95**

There is only one way to happiness, and that is to cease worrying about things which are beyond the power of our will.

— ***Epictetus***

當我們停止為那些不可避免的事情抗爭時，
我們放開的雙手會為我們創造出更豐富的生活。

—麥考密克・**P.95**

When we stop fighting the inevitable,
we release energy which enables us to create a richer life.

— ***Elsie MacCormick***

要像楊柳一樣柔順，而不要像橡樹一樣僵直。

— ***P.96***

To bend like the willow; don't resist like the oak.

對必然發生的事，姑且輕快地去接受它吧。

— ***P.98***

Try to bear lightly what needs must be.

5．給憂慮一個「底限」

我相信人類的不幸，有相當一部分產生於
他們對某種事物的價值做出了錯誤的估計……

— ***P.103***

I conceive that a great part of the miseries
of mankind are brought upon them by the
false estimates they have made of the value of things......

我相信這是獲得內心平靜最大的秘訣之一——
要有正確的價值觀念。

— ***P.104***

I honestly believe that this is one of the greatest
secrets to true peace of mind- a decent sense of values.

6．不要去擔心已經發生過的事情

唯一可以使過去的錯誤顯得有價值的作法，
就是理性地分析那些已經發生的錯誤，
從中吸取教訓——然後再把它們忘掉。

— ***P.106***

There is only one way on God's green footstool that the past can be constructive; and that is by calmly analysing our past mistakes and profiting by them-and forgetting them.

不要為打翻的牛奶而哭泣。

— ***P.108***

Don't cry over spilt milk.

聰明的人永遠不會坐著緬懷損失，
而會愉悅地找出辦法彌補創傷。

—莎士比亞．***P.110***

Wise man never sit and wail their loss,
but cheerily seek how to redress their harms.

— *Shakespeare*

PART 4
7個培養平安快樂心的方法

1 · 可以改變你人生的八個字

人的思想決定一切。

—馬可 · 奧勒利烏斯 · ***P.116***

Our life is what our thoughts make it.

— *Marcus Aurelius*

你雖然並不是你現在想像中的那種樣子，
但你卻會在未來變成你所想的那種人。

—諾曼 · 文森 · 皮爾 · ***P.117***

You are not what you think you are;
but what you think, you are.

— *Norman Vincent Peale*

只要修正自己的思想，就沒有解決不了的事情。

— ***P.122***

I tell myself to get that camera back in focus,
and everything is OK.

思想存在於它本身之中，
能夠成為你的地獄，也能把你帶到天堂。

—約翰．密爾頓．***P.123***

The mind is its own place and in itself,
Can make a heaven of Hell, a hell of Heaven.

— ***John Milton***

除了你自己，沒有任何東西可以為你帶來平靜。

— ***P.124***

Nothing can bring you peace but yourself.

發生的任何事情無論好壞都不會傷害到一個人，
而關鍵是要看他對整件事的態度如何。

—蒙田．***P.124***

A man is not hurt so much by what happens,
as by his opinion of what happens.

— *Montaigne*

人們不能吸引他們所要的，卻可以吸引他們所有的……
能讓自己有所變化的主因就是我們自己……
一個人的思想直接造就了最終的結果……
只有將思想提升到一定高度以後，
才能振奮起來，克服困難，有所成就。

— ***P.127***

Men do not attract that which they want,
but that which they are. …
The divinity that shapes our ends is in ourselves.
It is our very self. …All that a man achieves is the
direct result of his own thoughts.

我們通常所說的邪惡，都能透過將內心的恐懼
變為奮鬥來轉變成令人鼓舞及振奮的事物。

—威廉・詹姆斯・***P.128***

Much of what we call Evil…can often be converted
into a bracing and tonic good by a simple change of the
sufferer's inner attitude from one of fear to one of fight.

— *William James*

2 · 不要想著報復別人

吃素菜，彼此相愛，
強如吃肥牛，彼此相恨。
—聖經箴言*15：17 · P.132*

Better is a dinner of herbs where love is,
than a stalled ox and hatred therewith.
— *Bible, Proverbs 15:17*

不要因為仇視你的敵人而燃起一把怒火，
卻把你自己燒傷。
—莎士比亞 · ***P.132***

Heat not a furnace for your foe so hot
That it do singe yourself.
— *Shakespeare*

我們應該永遠寬恕我們的仇人。
—耶穌 · ***P.132***

We should forgive our enemies "seventy times seven".
— *Jesus*

蠢人不懂得如何生氣，智者卻從不生氣。

— ***P.134***

A man is a fool who can't be angry,
but a man is wise who won't be angry.

每天晚上我都會去原諒所有的事情和所有的人。

—威廉・蓋諾・***P.134***

Every night, I forgive everything and everybody.

— ***William J. Gaynor***

我們應該盡可能不對任何人產生怨恨 。

—叔本華・***P.134***

If possible, no animosity should be felt for anyone.

— ***Schopenhauer***

棍棒和石頭也許能打斷我的骨頭，
可是言語卻永遠傷害不了我。

— ***P.134***

Stick and stones may break my bones,
but words can never hurt me.

我沒有時間和別人爭吵，我甚至沒有時間去懊悔，
更沒有任何人能強迫我降低身分去怨恨別人。

— ***P.136***

I have no time to quarrel, no time for regrets,
and no man can force me to stoop low enough to hate him.

哦，偉大的主呀，讓我處於別人的景況後再做評判吧！

— ***P.137***

O Great Spirit, keep me from ever judging and
criticizing a man until I have walked
in his moccasins for two weeks.

要愛你們的仇人，善待恨你們的人，
為那些詛咒你的人祈福，
為那些刁難你、迫害你的人禱告。

—耶穌．***P.138***

Love your enemies, bless them that curse you,
do good to them that hate you,
and pray for them which despitefully use you,
and persecute you.

— ***Jesus***

3．樂善好施，不求回報

感激別人是透過良好教育的積累而奠定的品格，
你真的很難在一般人身上看到。
—薩姆爾・詹森・**P.140**

Gratitude is a fruit of great cultivation.
You do not find it among gross people.
— *Dr. Samuel Johnson*

我今天要去見一些滿腹牢騷的人——
那些人自私、任性、絲毫不知感激。
但是我不會驚訝和困擾，
因為我無法想像一個沒有這些人的世界。
—馬可・奧勒利烏斯・**P.141**

I am going to meet people today who talk too
much- people who are selfish, egotistical, ungrateful.
But I won't be surprised or disturbed,
for I couldn't imagine a world without such people.
— *Marcus Aurelius*

理想的人，就是能夠樂於幫助別人的人。

—亞里斯多德・**P.143**

The ideal man takes joy in doing favours for others.

如果我們想獲得快樂，就不要想得到回報，
只享受給予的快樂吧！

— **P.143**

If we want to find happiness, let's stop
thinking about gratitude or ingratitude and
give for the inner joy of giving.

一個不知感恩的孩子，比毒蛇的牙齒還要尖利！

— **P.143**

How sharper than a serpent's tooth it is
to have a thankless child!

4·珍惜已經得到的恩惠

世界上最好的3位醫生……
是飲食醫生、平靜醫生和快樂醫生。

—約拿丹·斯威夫特·***P.148***

The best doctors in the world are Doctor Diet, Doctor Quiet,
and Doctor Merryman.

— ***Jonathan Swift***

我們很少能去想我們已經擁有的，
而總是幻想得到我們想要的。

—叔本華·***P.148***

We seldom think of what we have but always of what we lack.

— ***Schopenhauer***

要習慣於只看事物好的一面，
這樣做比每年賺1000多英鎊更有價值。

—薩姆爾·詹森·***P.151***

The habit of looking on the best side of every
event is worth more than a thousand pounds a year.

— ***Dr. Samuel Johnson***

生活中應該有兩個目標：首先，
要得到你所希望得到的。
然後，充分享受它帶來的樂趣。
只有最聰明的人才能做到第二步。
—羅根・皮爾薩爾・史密斯・**P.151**

There are two things to aim at in life:
first, to get what you want; and, after that,
to enjoy it. Only the wisest of mankind achieve the second.
— *Logan Pearsall Smith*

5・找回自我，保持本色

有一種人是最痛苦的，
那就是總去嘗試著成為別人那樣的人，
而失去了自己的思想和肉體。
—安吉羅・帕屈・**P.155**

Nobody is so miserable as he who longs to be somebody and
something other than the person he is in body and mind.
— *Angelo Patri*

你無須到處扮演大猩猩，你也不能成為一隻鸚鵡。
— **P.156**

You won't get anywhere playing the ape.
You can't be a parrot.

我寫不出一本可以和莎士比亞相媲美的書，
但我可以寫出一本具有自己特色的書。

—華特．羅利．***P.159***

I can't write a book commensurate with Shakespeare,
but I can write a book by me.

— ***Walter Raleigh***

你是這個世界上獨一無二的存在，應該為此而慶幸，
盡一切努力利用大自然所賦予你的一切。

— ***P.160***

You are something new in this world.
Be glad of it. Make the most of what nature gave you.

每個人在接受教育的過程中一定會發現，
羨慕就是無知，模仿就是自殺。

—愛默生．***P.160***

There is a time in every man's education
when he arrives at the conviction that
envy is ignorance; that imitation is suicide.

— ***Emerson***

大自然給予人們獨特的創造能力，
我們的能力除自己之外無人知曉，
而最終的謎底也都必須靠我們自己去揭曉。
—愛默生·**P.160**

The power which resides in him is new in nature,
and none but he knows what that is which he can do,
nor does he know until he has tried.
—*Emerson*

6·如果手裡僅存檸檬，就做杯檸檬汁吧！

人類最奇妙的特性之一，
就是把負面影響轉變為正面積極的力量。
—阿爾弗雷德·阿德勒·**P.162**

One of the wonder-filled characteristics of
human beings is "their power to turn a minus into a plus".
—*Alfred Adler*

兩個人從監獄的鐵柵欄向外看，
一個看見爛泥，另一個看到星星。
— **P.163**

Two men looked out from prison bars,
One saw the mud, the other saw stars.

快樂大多並不是一種滿足，更多的是勝利。

—哈瑞・愛默生・福斯狄克・***P.164***

Happiness is not mostly pleasure; it is mostly victory.

—*Harry Emerson Fosdick*

不僅能夠在必要的情況下忍受一切，

而且還要喜歡這一切。

—尼采・***P.167***

Not only to bear up under necessity but to love it.

—*Nietzsche*

我們的弱點對我們會有意想不到的幫助。

—威廉・詹姆斯 ***P.168***

Our very infirmities help us unexpectedly.

—*William James*

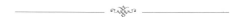

生命中最重要的並不是將你的收入資本化。
這種事任何一個傻子都會做，
真正重要的是從你的損失裡去獲得更多的利潤。
這一點需要聰明才智，也正是聰明人和傻子的區別。

—威廉・波里索・*P.169*

The most important thing in life is
not to capitalize on your gains. Any fool can do that.
The really important thing is
to profit from your losses. That requires intelligence;
and it makes the difference between a man of sense and a fool.

— *William Bolitho*

7・如何在14天內擺脫沮喪

一個對周遭漠不關心的人，他一生必會遭到重重的困難，
同時還會為他人帶來非常大的傷害和困擾。
迄今為止，人類所遭遇的失敗全都是這樣的人造成的。

—阿爾弗雷德・阿德勒・*P.176*

It is the individual who is not interested in his
fellow man who has the greatest difficulties in life and
Provides the greatest injury to others.
It is from among such individuals that
all human failures spring.

— *Alfred Adler*

所謂有意義的事，
在於能使別人臉上露出開心的微笑。
—穆罕默德．***P.177***

A good deed is one that brings a
smile of joy to the face of another.
— ***Mohammed***

幫助他人並不是一種責任，而是一種快樂，
因為這能增加你自己的健康和快樂。
—瑣羅亞斯德．***P.181***

Doing good to others is not a duty. It is a joy,
for it increases your own health and happiness.
— *Zoroaster.*

當你善待別人的時候，就是善待自己。
—富蘭克林．***P.182***

When you are good to others,
you are best to yourself.
— ***Benjamin Franklin***

予人玫瑰，手留餘香。

— ***P.183***

A bit of fragrance always clings to the
hand that gives you roses.

別人想要追尋的生活我們可能達不到，
但他們為此失去的也許正是我們想要的。

—耶穌．***P.185***

He that findeth his life shall lose it;
and he that loseth his life for my sake shall find it.

— *Jesus*

如果一個人想擁有超越一定限度的幸福，
那他必須更多地去取悅別人而不是他自己，
因為那樣可以使他從別人獲取的歡樂中得到更多的欣慰。

— ***P.185***

If he [man] is to extract any joy out of his span,
he must think and plan to make things better not
only for himself but others, since joy for himself
depends upon his joy in others and theirs in him.

PART 5
如何遠離想免受批評的憂慮

1．欣然接受成為眾矢之的

卑鄙者的快樂方式就是不斷地去
挖掘高尚者的缺點和錯誤。

—叔本華．***P.191***

Vulgar people take huge delight in the
faults and follies of great men.

— *Schopenhauer*

2．這樣做，任何非難都傷害不了你

我們很難去阻止別人對我們所做的那些不公正評判，
但我卻可以做一件更加重要的事情：
我可以決定自己是否會受那些人的干擾。

— ***P.195***

Although I couldn't keep people from criticizing me unjustly,
I could do something infinitely more important:
I could determine whether I would let the
unjust condemnation disturb me.

只要你認為是正確的事情就去做吧！
不要太在意別人的看法。

— *P.196*

Never be bothered by what people say,
as long as you know in your heart you are right.

3 · 我的「蠢事記錄簿」

沒有任何人應該為我的失敗承擔責任。
我是我自己最大的敵人——同時也是失敗的根源。

—拿破崙 · *P.199*

No one but myself can
be blamed for my fall. I have been my own greatest enemy-
the cause of my own disastrous fate.

— *Napoleon*

每個人每天至少有5分鐘是愚蠢的。
所謂智慧，就是如何將自己的愚蠢限制在這5分鐘之內。

—阿爾伯特 · 哈伯德 · *P.201*

Every man is a damn fool for at least five minutes every day.
Wisdom consists in not exceeding that limit.

— *Elbert Hubbard*

小人受到一點點批評就會大發脾氣，
而君子卻會從那些責備他們、反對他們，
以及想盡一切辦法阻礙他們的人身上學到更多的經驗。

— ***P.201***

The small man flies into a rage over the slightest criticism,
but the wise man is eager to learn from those who
have censured him and reproved him and
disputed the passage with him.

與其等我們的對手有機會批評我們，
還不如先讓我們克服自己的弱點。

— ***P.201***

Instead of waiting for our enemies to criticize us or our work,
let's beat them to it.

對手的意見，比我們自己看到的更接近實際情況。

—羅切馮卡・***P.202***

The opinions of our enemies come nearer to the
truth about us than do our own opinions.

— ***La Rochefoucauld***

如果聽到別人指責我們，不要為自己辯護——
那是傻瓜的做法。

— ***P.202***

If we hear someone has spoken ill of us, let's not
try to defend ourselves. Every fool does that.

如果批評我的人知道我所有的錯誤的話，
他對我的批評一定會比現在嚴厲得多。

— ***P.202***

If my critic had known about all my other fault,
he would have criticized me much more severely than he did.

PART 6
常保持充沛活力的6種方法

1．如何每天多清醒一小時

透過放鬆，你可以不再憂慮。

— ***P.208***

You cannot continue to worry if you relax.

休息並不是完全不做事情，休息就是修復。

—丹尼爾．優西林．***P.209***

Rest is not a matter of doing
absolutely nothing. Rest is repair.

— ***Daniel W. Josselyn***

愛迪生把他巨大的精力和耐力
歸因於他有隨時能夠入睡的習慣。

— ***P.210***

Edison attributed his enormous energy and
endurance to his habit of sleeping whenever he wanted to.

能坐著就絕不站著，能躺著就絕不坐著。

—亨利．福特．***P.210***

I never stand up when I can sit down;
and I never sit down when I can lie down.

— *Henry Ford*

2．疲勞的原因與如何消除疲勞

我們所忍受的疲勞中，絕大部分都是源於心理因素。
實際上，純粹的生理疲勞是很少的。

—***J.A.***．海德費．***P.213***

The greater part of the fatigue from which we suffer is of mental origin; in fact, exhaustion of purely physical origin is rare.

— *J.A. Hadfield*

一個健康坐著的工作者，他的疲勞百分之百
是受心理因素或者說是情感因素的影響。

— ***P.214***

One hundred percent of the fatigue of the sedentary worker in good health is due to psychological factors, by which we mean emotional factors.

緊張是一種習慣，放鬆也是一種習慣，
我們應該打破壞習慣，養成好習慣。

—威廉・詹姆斯・***P.215***

Tension is a habit. Relaxing is a habit.
And bad habits can be broken, good habits formed.

— *William James*

所謂放鬆就是讓所有的緊張和努力不復存在，
只想到舒適和放鬆。

— ***P.216***

Relaxation is the absence of all tension and effort.
Think ease and relaxation.

3・如何防止疲勞，永保青春

對你周圍的人充滿興趣。對於那些和你分享生活的人，
懷有一種友善而健康的態度。

— ***P.221***

Get interested in people! Develop a friendly,
healthy interest in the people who share your life.

再沒有比緊張和疲勞更使你看起來蒼老了。

— ***P.221***

Nothing will make you look old
sooner than tension and fatigue.

4．預防疲勞和憂慮的4種良好工作習慣

秩序是上帝的第一法則。

—波普．***P.224***

Order is Heaven's first law.

— *Pope*

人不會因過度勞累而死，
只會因為精力不濟和憂慮重重而死。

—查理斯．伊萬斯．胡格斯．***P.226***

Men do not die from overwork.
They die from dissipation and worry.

— *Charles Evans Hughes*

5 · 如何驅逐煩悶

工作效能降低的唯一原因就是煩悶。

—愛德華 · 桑代克 · ***P.231***

Boredom is the only real cause
of diminution of work.

— *Edward Thorndike*

我們的疲勞往往不是由工作引起，
而是憂慮、挫折感和怨恨所導致的。

— ***P.231***

Our fatigue is often caused not by work,
but by worry, frustration, and resentment.

最幸運的人，
是那些能做自己喜歡的事情的人。

— ***P.231***

The lucky folks are the ones that get to
do the things they enjoy doing.

如果你『假裝』對工作感興趣，
這一點點假裝會使你興趣成真，
也能夠減少你的疲勞、緊張和憂慮。

— ***P.233***

If you act "as if" you are interested in your job,
that bit of acting will tend to make your interest real.
It will also tend to decrease your fatigue,
your tensions, and your worries.

我們的生活是由我們的思想所創造的。

—馬克斯．奧勒留斯．***P.236***

Our life is what our thoughts make it.

— *Marcus Aurelius*

6．如何遠離失眠的困擾

為失眠而困擾比失眠本身產生的損害要大得多。

— ***P.238***

Worrying about insomnia will hurt you
far more than insomnia.

那些為失眠而憂慮的人通常獲得的
睡眠比自己所意識到的要多得多。

—克萊特曼博士．***P.239***

The people who worry about insomnia
usually sleep far more than they realise.

— *Dr. Kleitman*

要想睡個好覺的首要條件就是要有安全感。

— ***P.240***

The first requisite for a good night's
sleep is a feeling of security.

PART 7
「我是如何克服憂慮的」30個真實故事

1・六大麻煩一起降臨

……我們所擔心和煩惱的事情有99%都不會發生……

— ***P.248***

Ninety-nine per cent of the things we worry and stew and fret about never happen.

……成天擔心沒有發生的事情，
以及永遠不會發生的事情，是愚蠢和悲哀的。

—***C. I.*** 布萊克伍德・***P.248***

It is folly and tragedy of stewing about events that haven't happened- events that are beyond our control and may never happen.

— *C.I. Blackwood*

2．我能夠迅速變得樂觀起來

讀讀歷史吧！試著去獲得一個上下五千年的視角——
就永恆而言，「你的」煩惱只是滄海一粟。

—羅傑．***W***．巴伯森．***P.250***

Read history! Try to get the viewpoint of ten thousand years—
and see how trivial YOUR troubles are, in terms of eternity!

— *Roger W. Babson*

3．我是如何克服自卑的心理

我母親對我的信心讓人垂憐，她的信念鼓舞我參加比賽。
這件事提升了我的視野、拓寬了我的眼界，
使我意識到自己具有以前做夢都不敢想的潛在能力。

—艾爾瑪．湯瑪斯．***P.253***

My mother's faith in me was almost pathetic.
Her faith inspired me to enter the contest.
It lifted my sights, widened my horizons,
and made me realise that I had latent abilities
that I never dreamed I possessed.

— *Elmer Thomas*

4 · 我曾住在阿拉的花園裡

部落首領說：「這還不算壞。
我們可能會損失所有的一切，但是感謝真主，
我們還留下了40%的羊群，我們還能從頭再來。」

—***R.V.C.*** 鮑德萊 · ***P.258***

The tribal chief said: "It is not too bad.
We might have lost everything. But praise God,
we have forty per cent of our sheep left to make a new start."

— *R.V.C. Bodley*

我在這個「阿拉的花園」
找到了寧靜的滿足感和身體上的健康，
而這正是大多數人帶著緊張和絕望在努力尋找的東西。

—***R.V.C.*** 鮑德萊 · ***P.259***

I found there, in the Garden of Allah,
the serene contentment and physical
well-being that so many of us are seeking
with tenseness and despair.

— *R.V.C. Bodley*

當強烈而炙熱的狂風吹進我們的生活，
而我們又無法阻擋時，讓我們接受這種不可避免的命運吧，
然後再忙著收拾殘局也為時不晚。

—***R.V.C.*** 鮑德萊．***P.259***

When the fierce, burning winds blow over our lives-
and we cannot prevent them- let us, too,
accept the inevitable. And then get busy and pick up the pieces!

— R.V.C. Bodley

5．我消除煩惱的5種方法

把每一天當作我一生中的第一天，
同時也是最後一天。

—威廉．利奧．菲爾普斯教授．***P.261***

I live every day now as if it were the first day
I had ever seen and the last I were going to see.

— Professor William Lyon Phelps

我對於每天這種如同冒險的生活興奮不已，
而一個處於興奮狀態的人，是永遠不會為煩惱所累的。

—威廉．利奧．菲爾普斯教授．***P.261***

I am excited about the daily adventure of living,
and nobody in a state of excitement
will be unduly troubled with worries.

— Professor William Lyon Phelps

當我為某事而煩惱時，
我就試著從正確的視角來看待這些煩惱。

—威廉・利奧・菲爾普斯教授・***P.262***

When I am worried about something,
I try to see my troubles in their proper perspective.

— Professor William Lyon Phelps

6・熬過昨天，就不懼今天

熬過了昨天，就不會懼怕今天，
我不允許自己去猜測明天將會發生什麼。

—陶樂絲・迪克斯・***P.264***

I stood yesterday. I can stand today.
And I will not permit myself to think about
what might happen tomorrow.

— Dorothy Dix

只有用淚水洗淨了眼睛的婦人，
才能擁有開闊的視野，笑對世界。
—陶樂絲・迪克斯・***P.264***

It is only the women whose eyes have been washed
clear with tears who get the broad vision that
makes them little sisters to all the world.
— ***Dorothy Dix***

我學會了活在今天，
而不是因為擔心明天而自尋煩惱。
—陶樂絲・迪克斯・***P.265***

I have learned to live each day as it comes
and not to borrow trouble by dreading the morrow.
— ***Dorothy Dix***

對未來的恐懼只會讓我們變成懦夫。
—陶樂絲・迪克斯・***P.265***

It is the dark menace of the future
that makes cowards of us.
— ***Dorothy Dix***

7．我並不曾期望能活到天明

上帝會看護你的。

— ***P.267***

God will take care of you.

8．去健身房練拳擊或者在戶外健行

當你煩惱的時候，少用大腦，多用肌肉，
其結果將會令你跌破眼鏡。

—艾迪．伊甘上校．***P.269***

Use your muscles more and your brain
less when you are worried,
and you will be surprised at the result.

— *Colonel Eddie Eagan*

一旦開始運動，煩惱立刻消散。

—艾迪．伊甘上校．***P.269***

It works that way with me-worry
goes when exercise begins.

— *Colonel Eddie Eagan*

9．我曾經是「維吉尼亞的煩惱大王」

如果你能把你用於擔心煩惱的一半時間和
精力用於解決問題，你將不會再有任何煩惱。

—吉姆．波德塞爾．***P.271***

If you devoted half as much time and energy to
solving your problems as you do to worrying
about them, you wouldn't have any worries.

— *Jim Birdsall*

10．支撐我走下去的一句話

他送我來，並和我在一起——天父並沒有將我遺棄。

—聖經．新約．***P.273***

He that sent me is with me-
the Father hath not left me alone.

— *New Testament*

11．我跌到谷底並存活下來

精疲力竭就是最好的安眠藥。

—泰德．埃里克森．***P.275***

I was drugged by complete exhaustion.

— *Ted Ericksen*

偶爾忍受一下痛苦的經歷未嘗不是一件好事。

—泰德·埃里克森·***P.275***

It is a good thing to have to endure an
agonising experience occasionally.

— Ted Ericksen

12．我曾狠狠嘲笑自己

不妨「嘲笑一下」自己那些愚蠢的憂慮，
那你就一定可以將它們笑出九霄雲外。

—波希·***H***·惠亭·***P.277***

Try "just laughing" at some of your sillier worries,
and see if you can't laugh them out of existence.

— Percy H. Whiting

13．我總是保證自己的補給線暢通

當我開始新的冒險時，
我總會為自己預留一條後路。

— 吉恩·奧特里·***P.279***

When I started a new venture,
I always kept on ace in the hole.

— Gene Autry

14．我在印度聽到來自主的召喚

那個聲音回答說：「如果你願意把它還給我，
不再患得患失，我將為你照顧它。」
我立即回答：「主啊，我無條件答應。」
—***E***．斯坦利．瓊斯．***P.284***

The voice replied "If you will turn that over to Me and
not worry about it, I will take care of it.
I quickly answered: "Lord, I close the bargain right here".
— *E. Stanley Jones*

15．當警長來到我家門前

我已跌到了谷底且已經撐了過去。
除了向上，我無路可走。
—荷馬．克洛伊．***P.288***

I've hit bottom and I've stood it.
There's no place to go now but up.
— *Homer Croy*

16．憂慮曾是我最強悍的對手

你可真是夠蠢，竟然會為一些尚未發生，
而且可能永遠都不會發生的事情擔心煩惱！
人生苦短，你的生命也許只有幾年的時間，
所以應該懂得享受生活。

—傑克．德賽．***P.291***

What a fool you are to be worrying about something
than hasn't happened and may never happen. Life is short.
I have only a few years to live, so I must enjoy life.

— *Jack Dempsey*

17．祈禱自己不被送進孤兒院

要記住不管遇到什麼困難，只要你還活著，
那你就是最幸運的人了！

—凱瑟琳．哈爾特．***P.294***

No matter what happens, never forget that
as long as you live! Never! Never!

— *Kathleen Halter*

18．不要自找麻煩

讓我痊癒的是我內心態度的轉變。

—卡梅隆．希普．*P.298*

The cure was in a change in my mental attitude.

— *Cameron Shipp*

19．不再煩惱的方法如此簡單

你為什麼不將昨天全部的煩惱也扔進廢紙簍裡呢？

—雷文德．威廉．伍德．*P.300*

Why don't you crumple up your worries about yesterday's problems and toss them into the wastebasket?

— *Reverend William Wood*

明天的煩惱，加上昨天的煩惱，
再與今天的合併起來，形成了最沉重的負擔。

—雷文德．威廉．伍德．*P.301*

The load of tomorrow, added to that of yesterday, carried today, makes the strongest falter.

— *Reverend William Wood*

20．找到憂慮的癥結

悲哀的根源在於你有餘暇為你是否快樂而煩擾自己。

—蕭伯納．*P.303*

The secret of being miserable is to have the leisure to bother about whether you are happy or not.

— *George Bernard Shaw*

21．時間可以解決一切

只要我有足夠的時間來消化這些煩惱，
它們最終就會自動消失，不再來麻煩我。

—路易斯．蒙田特．*P.305*

If only I have patience, the worry that is trying to harass me will often collapse like a pricked balloon.

— *Louis T. Montant, Jr.*

時間可以解決你許多的問題，
其實今天的時間也許就可以解決你今天所煩惱的事。

—路易斯．蒙田特．*P.305*

Times solves a lot of things. Time may also solve what you are worrying about today.

— *Louis T. Montant, Jr.*

22．做最壞的打算

如果我不曾接受過死亡的威脅並試圖克服它，
我不相信自己還能活到今天，
結果肯定是因為恐懼和驚慌致死。

—約瑟夫．利恩．*P.307*

I can honestly say that if I hadn't faced the worst-
my imminent death- and then tried to improve upon it,
I don't believe I would be here today.
If I hadn't accepted the worst, I believe
I would have died from my own fear and panic.

— *Joseph L. Ryan*

23．要拿得起放得下

當我放下手頭工作去做另一項工作時，
我會完全拋開之前所想的問題。

—歐樂威．泰德．*P.308*

When I turn from one
task to another, I dismiss all thoughts of the
problems I had been thinking about previously.

— *Ordway Tead*

當我離開辦公桌之後，我就訓練自己把與
工作有關的煩惱從大腦中清理出去。

—歐樂威・泰德・***P.309***

I have had to school myself to dismiss all these
problems from my mind when I close my office desk.

— *Ordway Tead*

24・繼續憂慮的後果很嚴重

我相信自己這樣每天忙碌的狀態，
可以不再受到煩惱的干擾，因而延長了我的壽命。

—康尼・邁克・***P.312***

I believe I have avoided worries and lengthened
my life by continuing to be active.

— *Connie Mack*

25・每次只處理一件事

我逐漸發覺憂慮的影響並非是外在的原因，
而是源自於內心深處。

—約翰・米勒・***P.313***

I discovered that my worries were not
outside but inside myself.

— *John Homer Miller*

不再為一個星期之前的憂慮而繼續煩惱。

—約翰・米勒・***P.313***

Never to fret over a problem until it is at least a week old.

— ***John Homer Miller***

與其他任何事相比，我更應該盡力做好今天的事情，
讓時間去幫助我們解決過去遺留下來的那些問題吧。

—威廉・奧斯勒爵士・***P.313***

More than to anything else, I owe whatever success
I have had to the power of settling down to the day's
work and trying to do it well to the best of my
ability and letting the future take care of itself.

— ***Sir William Osler***

「活在今天。」

— ***P.314***

Live in day-tight compartments.

26．尋找人生的那一扇門

只有這樣專注於當天的事情，才能叫我
不必為以前或是以後的事情擔心。

— 約瑟夫．柯特．***P.316***

I should make the most of my opportunities each day.
I was told that if I did that, I would be so busy
I would have no time to worry about any
other day- past or future.

— *Joseph M. Cotter*

27．洛克菲勒的快樂法則

避免煩惱，放鬆心情，控制飲食。

— ***P.322***

Avoid worry, Relax, Watch your diet.

28．不懂得讓自己放鬆無異於慢性自殺

一天當中，我總要將手邊的工作停下幾次，
看看自己當時的狀態是否已經徹底放鬆。

— 保羅．辛普森．***P.327***

Several times a day I stop everything and take
inventory of myself to see if I am entirely relaxed.

— *Paul Sampson*

29・奇蹟真的降臨在我身上

雖然在某些時候和情況下我偶爾也會沮喪，
特別是我疲憊不堪時，
但我懂得不能在沮喪的時候有太多的顧慮，
這樣一來，各種煩惱也逐漸減少，最終完全消失。

— 約翰・柏格夫人・***P.329***

Although days of depression did creep in
occasionally after that, especially when I was tired,
I would tell myself not to think or try to
reason with myself on those days —
and gradually they became fewer and
fewer and finally disappeared.

— *Mrs. John Burger*

30・它賦予我新的人生

在讀過這本書之後，我展開了一種全新的生活，
不再讓焦慮來破壞我的健康和幸福。

— 霍爾康摩・法摩・***P.331***

Since reading this book, I am really experiencing
a new and glorious way of life. I am no longer
destroying my health and happiness by anxiety.

— *Holcombe Farmer*

Memo

Memo

人性的優點/戴爾.卡內基著；盛世教育譯. -- 三版.
-- 臺北市：笛藤出版圖書有限公司, 2023.02
面；　公分
譯自：How to Stop Worrying & Start Living
ISBN 978-957-710-886-9(平裝)

1.CST: 成功法 2.CST: 憂慮 3.CST: 生活指導

177.2　　112000544

卡內基成功學經典

人性的優點

附全文配樂朗讀線上音檔

How to Stop Worrying & Start Living

2023年3月2日　三版第1刷　定價380元

著　　者	戴爾・卡內基
翻　　譯	盛世教育
內頁設計	碼非創意
封面設計	王舒玗
總 編 輯	洪季楨
編輯企畫	笛藤出版
發 行 所	八方出版股份有限公司
發 行 人	林建仲
地　　址	台北市中山區長安東路二段171號3樓3室
電　　話	(02) 2777-3682
傳　　真	(02) 2777-3672
總 經 銷	聯合發行股份有限公司
地　　址	新北市新店區寶橋路235巷6弄6號2樓
電　　話	(02)2917-8022・(02)2917-8042
製 版 廠	造極彩色印刷製版股份有限公司
地　　址	新北市中和區中山路二段380巷7號1樓
電　　話	(02)2240-0333・(02)2248-3904
郵撥帳戶	八方出版股份有限公司
郵撥帳號	19809050